木質構造接合部設計事例集

Design Practice for Engineered Timber Joints

2012

日本建築学会

本書のご利用にあたって
本書は，作成時点での最新の学術的知見をもとに，技術者の判断に資する技術の考え方や可能性を示したものであり，法令等の補完や根拠を示すものではありません．また，本書の数値は推奨値であり，それを満足しないことが直ちに建築物の安全性を脅かすものでもありません．ご利用に際しては，本書が最新版であることをご確認ください．本会は，本書に起因する損害に対しては一切の責任を有しません．

ご案内
本書の著作権・出版権は(一社)日本建築学会にあります．本書より著書・論文等への引用・転載にあたっては必ず本会の許諾を得てください．
Ⓡ〈学術著作権協会委託出版物〉
本書の無断複写は，著作権法上での例外を除き禁じられています．本書を複写される場合は，(一社)学術著作権協会（03-3475-5618）の許諾を受けてください．

　　　　　　　　　　　　　　　　　　　　一般社団法人　日本建築学会

序

　日本建築学会は，1944年に木造建築物の構造に関する規準「木造建築物の強度計算（案）」を作成して以来，法規の改正や耐震設計法の高度化に伴って多くの改訂を重ね，木造建築物の構造安全性の向上に寄与してきた．近年では，2002年に材料の許容応力度に関する項目を改訂して最新の規格やSI単位への対応を図り，2006年には接合部の設計法を中心に改訂を行い，終局性状を考慮した接合部の設計方法の体系化を行った．

　この2006年の改訂と共に木質構造に対する一般社会の注目度が高まり，それに伴って2009年には「木質構造接合部設計マニュアル」が，2010年には「木質構造基礎理論」が相次いで刊行され，「木質構造設計規準・同解説」を補完する技術資料として活用されている．

　今回，関係各委員のご尽力により，「木質構造接合部設計事例集」を刊行することとなった．本書は，2006年版「木質構造設計規準・同解説　－許容応力度・許容耐力設計法－」に従って接合部の設計を行う際の補足資料となるものである．本書が木質構造の実務設計者や研究者等にとって有益なものとなることを願っている．

2012年10月

日本建築学会

本書作成関係委員 (2012年10月)
—— (五十音順・敬称略) ——

構造委員会本委員会
主　査　　中島　正愛
幹　事　　大森　博司　　倉本　　洋　　三浦　賢治
委　員　　（省略）

木質構造運営委員会
主　査　　河合　直人
幹　事　　五十田　博　　腰原　幹雄
委　員　　稲山　正弘　　井上　正文　　大橋　好光　　軽部　正彦
　　　　　坂田　弘安　　貞広　　修　　槌本　敬大　　長尾　博文
　　　　　中村　　昇　　村上　雅英　　安村　　基

木質構造性能規準検討小委員会
主　査　　安村　　基
幹　事　　槌本　敬大　　三宅　辰哉
委　員　　青木　謙治　　五十田　博　　大橋　好光　　河合　直人
　　　　　小林　研治　　中川　貴文　　村上　雅英

木質構造接合部設計事例集刊行対応ワーキンググループ
主　査　　安村　　基
幹　事　　青木　謙治
委　員　　五十田　博　　大岡　悦子　　小野塚　真規　　小林　研治
　　　　　槌本　敬大　　寺田　岳彦　　鳥羽　展彰　　中川　貴文
　　　　　原田　浩司　　孕石　剛志

執筆者一覧
—— （筆頭は責任者．以下五十音順．敬称略） ——

第1章　はじめに
　　　　青木謙治　　安村　基

第2章　接合部の耐力計算
　　　　安村　基　　河合直人　　孕石剛志

第3章　接合形式別耐力計算例
　　　　鳥羽展彰　　小林研治　　村上雅英

第4章　接合部設計例
　　　　小野塚真規　　五十田博　　鳥羽展彰　　原田浩司
　　　　三宅辰哉

第5章　設計資料
　　　　孕石剛志　　青木謙治　　小林研治　　寺田岳彦

付録
　　　　中川貴文

木質構造接合部設計事例集

目　　次

第1章　はじめに
  1.1　本書の目的 ·· 1
  1.2　適用範囲 ·· 2
  1.3　用語と使用記号 ·· 2
      1.3.1　用語の定義 ·· 2
      1.3.2　本書でよく用いられる用語 ·· 2
      1.3.3　使用記号 ·· 4

第2章　接合部の耐力計算
  2.1　接合部耐力計算の流れ ·· 7
  2.2　単位接合部 ·· 9
      2.2.1　荷重継続期間影響係数（$_jK_d$） ··· 9
      2.2.2　含水率影響係数（$_jK_m$） ··· 10
      2.2.3　終局強度比（r_u） ··· 10
      2.2.4　降伏せん断耐力（p_y） ··· 10
  2.3　接合部［全体］ ··· 15
      2.3.1　接合具の配置 ·· 16
      2.3.2　接合部［全体］の基準終局せん断耐力の算定と破壊モードの検定 ·· 18
      2.3.3　接合部［全体］の設計用許容せん断耐力の算定 ·················· 25

第3章　接合形式別耐力計算例
  3.1　本章の目的と適用範囲 ·· 29
  3.2　計算シートの解説 ·· 30
      3.2.1　入力・計算結果部 ·· 30
      3.2.2　単位接合部の許容せん断耐力計算部 ···································· 31

  3.2.3 接合部［全体］の許容せん断耐力計算部 ･････････････････････ 32
 3.3 接合形式別耐力計算例 ･･ 33
  【計算例1】接合形式（ⅰ）：木材側材2面せん断型（ボルト）･･･････････ 33
  【計算例2】接合形式（ⅱ）：鋼板添え板2面せん断型（ボルト）･･･････ 34
  【計算例3】接合形式（ⅲ）：鋼板挿入2面せん断型（ドリフトピン）････ 35
  【計算例4】接合形式（ⅲ）：鋼板挿入2面せん断型（ボルト）･･･････ 36
  【計算例5】接合形式（ⅳ）：木材側材1面せん断型（ボルト）･･･････ 37
  【計算例6】接合形式（ⅴ）：鋼板添え板1面せん断型（ボルト）･･･････ 38
  【計算例7】接合形式（ⅴ）：鋼板添え板1面せん断型（ラグスクリュー）･･ 39

第4章　接合部設計例

 4.1 木質構造における接合部の特徴 ････････････････････････････････････ 40
 4.2 木質構造接合部のパターン ･･ 40
 4.3 部位別接合部の設計例 ･･ 41
  【設計例1】柱脚 ･･ 42
  【設計例2】登り梁・小梁接合部 ････････････････････････････････････ 47
  【設計例3】梁継手 ･･ 52
  【設計例4】タイバー端部 ･･ 54
  【設計例5】頂部 ･･ 57
  【設計例6】ブレース端部 ･･ 59
  【設計例7】トラス端部 ･･ 62

第5章　設計資料

 5.1 ボルト・ドリフトピン ･･ 66
  5.1.1 接合形式と降伏モードおよび関連係数の整理 ･･････････････････ 66
  5.1.2 単位接合部の長期許容せん断耐力表 ･･････････････････････････ 71
  5.1.3 接合部耐力表 ･･ 76
    接合部耐力表インデックス ････････････････････････････････ 78
  5.1.4 木材の破壊が生じない条件 ･･････････････････････････････････ 118
  5.1.5 設計上の留意事項 ･･ 129

  5.2 ラグスクリュー・釘 ･･･ 135
    5.2.1 接合形式と降伏モードおよび関連係数の整理 ････････････ 135
    5.2.2 釘：単位接合部の長期許容せん断耐力表 ･･････････････････ 137
    5.2.3 ラグスクリュー：単位接合部の長期許容せん断耐力表 ･･････ 138
  5.3 接合具の仕様 ･･ 139
    5.3.1 主な鋼材，ボルト等の種別と使用部位 ････････････････････ 139
    5.3.2 ボルト，ドリフトピン，ラグスクリュー ･･････････････････ 140
    5.3.3 製作金物 ･･ 142
  5.4 鋼材部分（金物）の接合部強度 ･･････････････････････････････････ 143
    5.4.1 ボルトと鋼板の接合部耐力 ････････････････････････････････ 143
    5.4.2 鋼材同士のボルト配置 ････････････････････････････････････ 144
    5.4.3 溶接部の耐力 ･･ 144

付録

 1. 製材の基準特性値 ･･ 148
 2. 集成材・集成柱の基準特性値 ･･････････････････････････････････････ 155
 3. 構造用単板積層材の基準特性値 ････････････････････････････････････ 159
 4. 日本農林規格構造用合板の基準特性値 ･･････････････････････････････ 161
 5. 木材の基準比重と対応樹種，および基準支圧強度 ････････････････････ 166
 6. 終局強度比 ･･ 166
 7. 割裂破壊定数 ･･ 166
 8. 列本数による耐力低減係数 ･･ 167
 9. 靭性係数 ･･ 167
10. 荷重継続期間影響係数 ･･ 167
11. 含水率影響係数 ･･ 167

第1章　はじめに

1.1　本書の目的

　本会は，1944年に「木造建築物の強度計算（案）」と題する木造建築物の構造設計方法を提示して以来，数多くの改定を経て，2006年には「木質構造設計規準・同解説　－許容応力度・許容耐力設計法－（第4版，2006年発行，以下「木規準」と呼ぶ．）[1]」を刊行するに至っている．

　2006年の改定では，接合部の設計法を中心に改定を行い，従来ボルト接合，ドリフトピン接合の許容耐力算定に適用してきた降伏理論（Yield Theory）を，ラグスクリュー接合，釘接合，木ねじ接合にも適用し「曲げ降伏型接合具を用いた接合」として統合を行い，同時にそれ以外の接合方法を「その他の接合具を用いた接合」，「胴付き・かん合接合」，「接着接合」，「本規準にない接合」として分類し直した．さらに，接合部を，"単位接合部"とこれらにより構成される"接合部［全体］"とに区分して取り扱い，"接合部［全体］"については破壊モードを考慮して設計を行うこととした．

　この2006年の改定により，木質構造で一般的に使用される「曲げ降伏型接合具を用いた接合」の設計手法が統一され，各種調整係数や低減係数の考え方が整理されるというメリットがあった反面，"単位接合部"と"接合部［全体］"を包含する複雑な計算体系を伴うため，実務設計者からは規準が難解で接合部の設計が繁雑になったという声も聞かれる．

　そこで今般，"木質構造設計規準・同解説"の補足資料として，「曲げ降伏型接合具を用いた接合部」におけるせん断に対する設計について木規準で明確に示されていない部分を具体的に示しながら，特にボルト接合，ドリフトピン接合，ラグスクリュー接合について，個々の接合部の耐力計算方法から実際の接合部の設計事例までを提示する資料集を取りまとめることとなった．さらに，基本的な接合部については，接合部耐力表を掲載することで実務面での利便性を図り，設計に必要な各種資料等も合わせて掲載することとした．

　本書が木質構造の設計に携わるものにとって有益な実用書となり，木質構造を理解する助けとなることを期待している．

1.2 適用範囲

本書は，"木質構造設計規準・同解説"の「6．接合部の設計」における「602 曲げ降伏型接合具を用いた接合」のうち，「602.2 ボルト接合」，「602.3 ドリフトピン接合」，「602.4 ラグスクリュー接合」のせん断に対する設計に適用する．また，釘接合部については，単位接合部の許容せん断耐力のみを示す．

本書は，木質構造物の設計実務で一般的に用いられているボルト，ドリフトピン，ラグスクリューおよび釘を用いた接合部の設計を"木質構造設計規準・同解説"に基づいて行う際，参考となる設計資料を示すもので，本書の適用に際しては，"木質構造設計規準・同解説"の記載内容を前提としている．

1.3 用語と使用記号

1.3.1 用語の定義

（a）「木規準」とは，"木質構造設計規準・同解説（第4版，2006年発行）"を示し，本書で用いる用語は，特記のないかぎり"木規準"と同じとする．

（b）「木規準解説」とは，"木規準"における"解説"を示す．

（c）"木規準"における章・節・項を引用する場合は"木規準601.2"のように表記し，本書中の章・節・項を引用する場合は"本書2.3"のように表記する．

（d）"木規準"における頁を引用する場合は"木規準p.225"のように表記し，本書中の頁を引用する場合は"本書p.50"のように表記する．

（e）"木規準"における式を引用する場合は"木規準p.30 (6.2)式"のように表記し，本書中の式を引用する場合は"(本書2.5)式"のように表記する．

1.3.2 本書でよく用いられる用語

接合具・・・・・・・・・・・ボルト，ドリフトピン，ラグスクリュー，釘など部材同士を緊結する円形棒状の金物で，曲げ降伏型のものを指す．

ボルト・・・・・・・・・・・JIS B 1180（六角ボルト）の規格による．また，ナットはJIS B 1181（六角ナット）の規格による．

中ボルト・・・・・・・・・ボルトの軸先端部から特定の長さだけネジが切られたもので，六角ボルトに含まれる．高力ボルトが摩擦接合に使われるのに対し，中ボルトはせん断接合に用いる．

Zボルト・・・・・・・・・・(財)日本住宅・木材技術センターが定める接合金物規格で，中ボルトに含まれる．

ドリフトピン・・・・・・・JIS G 3191（熱間圧延棒鋼とバーインコイルの形状，寸法及び質量並びにその許容差）に規定された丸鋼とし，材料強度が明らか

	なものを使用する.
ラグスクリュー・・・・・・	JIS G 3507（冷間圧造用炭素鋼）に規定される線材 SWRCH10R あるいはそれと同等以上の強度を有するものとし，形状が規格化された一定の品質を有するものとする．ラグスクリューボルトとは別物である．
単位接合部・・・・・・・・	単独の接合具で構成された接合部のこと．
接合部［全体］・・・・・	単位接合部で構成された接合部のこと．
接合部種別・・・・・・・	接合部の破壊性状に基づき分類した種別で，JA, JB, JC の3つがある．塑性変形等により極めて靭性が高い接合部を JA，脆性的な破壊をして変形性能の小さい接合部をJC とし，両者の中間的なものを JB とする．
縁距離（ふちきょり）・・・	接合具の中心から木材の繊維直角方向の材縁までの距離（図 1.3.1）
端距離（はしきょり）・・・	接合具の中心から木材の繊維方向の材端（木口面）までの距離（図 1.3.1）

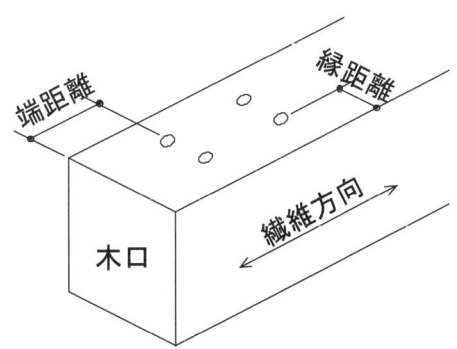

図 1.3.1 縁距離，端距離の定義

接合具本数（m, n）・・・・・	主材の繊維直角方向の接合具本数(m)，主材の繊維方向の接合具本数(n)は，加力方向に関係なく図 1.3.2 のように数える．

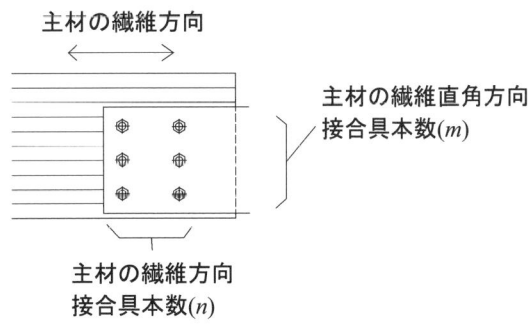

図 1.3.2 接合具本数 m, n の数え方

加力方向・・・・・・・・・　本書では，接合部に生ずる応力を図 1.3.3 の右図のように主材と金物（もしくは木材の側材）に矢印で示す．木材は繊維方向によって耐力や破壊性状が異なるため，応力の方向は重要である．特記なき限り，図の木材の長手方向が木材繊維方向とし，矢印の向きはその材の動く方向を示す．主材と金物（もしくは木材の側材）双方向の矢印表示が，「加力方向」という矢印で示されている場合，本書では矢印の向きは，主材接合部分に加わる力の方向（主材の動こうとする方向）を示す．図 1.3.3 の左図は，主材を下方向へ動かす力を加力方向（矢印方向）として示している．左図と右図の接合具，木部に生ずる応力は同じである．また，h_e（木規準 p.36 (6.17)式）は，木材の高さ方向のうち接合具によって突き上げられる側（割裂側）の縁距離をとることに注意すること．

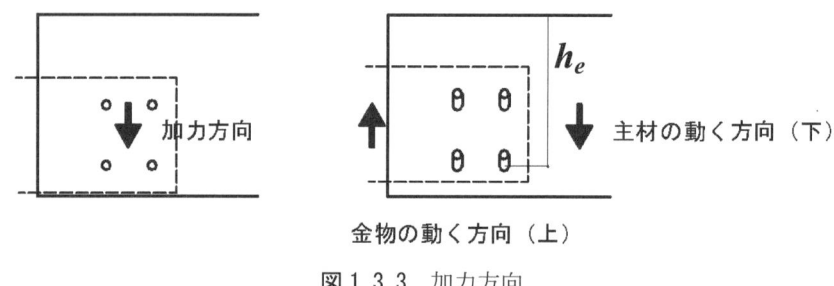

図 1.3.3　加力方向

1.3.3　使用記号

本書に示された計算式，図，表中の記号は，特記のないかぎり「木規準」と同一とし，次の意味を持つものとする．

記号	意味	単位
A	断面積 または 面積	(mm^2)
b	材幅	(mm)
C	接合形式係数	
C_r	割裂破壊定数	(N/mm$^{1.5}$)
D または d	円形断面の直径	(mm)
E	ヤング係数	(N/mm^2)
F	材料強度	(N/mm^2)
f	許容応力度	(N/mm^2)
G	せん断弾性係数	(N/mm^2)
h	材せい	(mm)

h_e	加力側材縁から接合具までの距離	(mm)
I	断面2次モーメント	(mm^4)
i	断面2次半径	(mm)
K	影響係数	
k_j	剛性係数	
l	部材長さ，部材厚さ	(mm)
M	曲げモーメント	(N·m, N·mm)
m	接合具の列数（主材の繊維直角方向の本数）	
N	軸方向力	(N)
n	1列の接合具本数（主材の繊維方向に並ぶ本数）	
P	集中荷重	(N)
P_a	許容耐力	(N)
p	集中荷重（単位接合部）	
Q	せん断力	(N)
r	気乾比重（気乾状態の材料密度と水の密度との比）	
r_u	終局強度比	
S	断面1次モーメント	(mm^3)
T	引張力	(N)
t	板厚	(mm)
w	分布荷重	(N/m, N/mm)
Z	断面係数	(mm^3)
α	材厚比	
β	支圧強度比	
γ	強度比（$=F/F_e$）	
δ	たわみ	(mm)
ξ	せん断力比	
σ	垂直応力度	(N/mm^2)
τ	せん断応力度	(N/mm^2)

添え字	意味	例
a	許容	P_a
b	曲げ	F_b
c	圧縮	F_c
d	荷重継続期間	$_jK_d$

e	有効,支圧		A_e, F_e
g	全体		A_g
j	接合		$_jK_m$, P_{uj}
L	長期		$_Lf$
m	含水率		$_jK_m$
ML	中長期		$_{ML}f$
MS	中短期		$_{MS}f$
max	最大		M_{max}
min	最小		M_{min}
r	所要,靭性		A_r, $_jK_r$
S	短期		$_Sf$
s	せん断,細長比		F_s
t	引張り		F_t
u	終局		P_u
w	木材		P_{uw}
y	降伏		P_y
0	基準		P_{u0}
θ	材料の繊維等の方向となす角		$f_{c\theta}$, $_\theta P_{uj}$
$/\!/$	材料の繊維方向に平行		$_{/\!/}E$
$\perp$	材料の繊維方向に直角		$_\perp E$

引用文献(第1章)

1) 日本建築学会編:木質構造設計規準・同解説 －許容応力度・許容耐力設計法－,2006.

第2章 接合部の耐力計算

2.1 接合部耐力計算の流れ

> ［規準 602.1 一般事項］より抜粋
>
> 　接合部の設計にあたっては，接合部を構成する個々の単位接合部に作用する応力が，その単位接合部の設計用許容耐力を超えないようにするとともに，接合部［全体］についても，これに作用する応力が，木材の割裂，せん断，引張り等による脆性的な破壊を考慮した設計用許容耐力を超えないように設計する．

　接合部の設計にあたっては，まずその接合部を構成する個々の単位接合部（例えば，1本のボルト，ドリフトピン，ラグスクリューなどよりなる接合部）に作用する応力が単位接合部の設計用許容せん断耐力を超えていないか確認する．次に，その単位接合部で構成された接合部［全体］に作用する応力が，接合部［全体］の設計用許容せん断耐力を超えていないか確認する．これは，単位接合部について許容耐力の検定を行うとともに，接合部［全体］が終局時に十分な耐力および靱性を保有していることを検証するために行うものである．なお，本章において，木規準には明確に示されていない事項について本書で追加記述している部分を＿＿＿＿で示している．

　接合部の耐力計算の流れを示すと以下の通りとなり，図 2.1.1 の手順に従って計算を進める．

1) 単位接合部の降伏せん断耐力(p_y)を求める．
2) 単位接合部の設計用許容せん断耐力(p_a)を求める．これより，接合部における接合具の最少必要本数が決まる〔検定1〕．
3) 木材が割裂やせん断，引張りにより破壊しないと仮定した場合の接合部［全体］の終局せん断耐力(P_{uj})を求める．
4) 木材の割裂やせん断，引張りにより定まる接合部［全体］の終局せん断耐力(P_{uw})を求める．
5) P_{uj} と P_{uw} の小さい方の値を接合部［全体］の基準終局せん断耐力(P_{u0})とする．
6) 接合部［全体］の破壊メカニズムに基づき，接合部種別（JA, JB, JC（接合部の靱性による分類））を確認する．
7) 接合部［全体］の設計用許容せん断耐力(P_a)を求める．これより，接合部［全体］の応力検定を行う〔検定2〕．

　なお，木質構造の応力分布は，接合部の変形に影響を受けるので，接合部の変形を適切に考慮して応力を算定することが重要である．また，部材の断面は接合部における接合具の本数・配置等に影響を受けることがあるので，最初に接合部の仮定を適切に行うことが必要である．

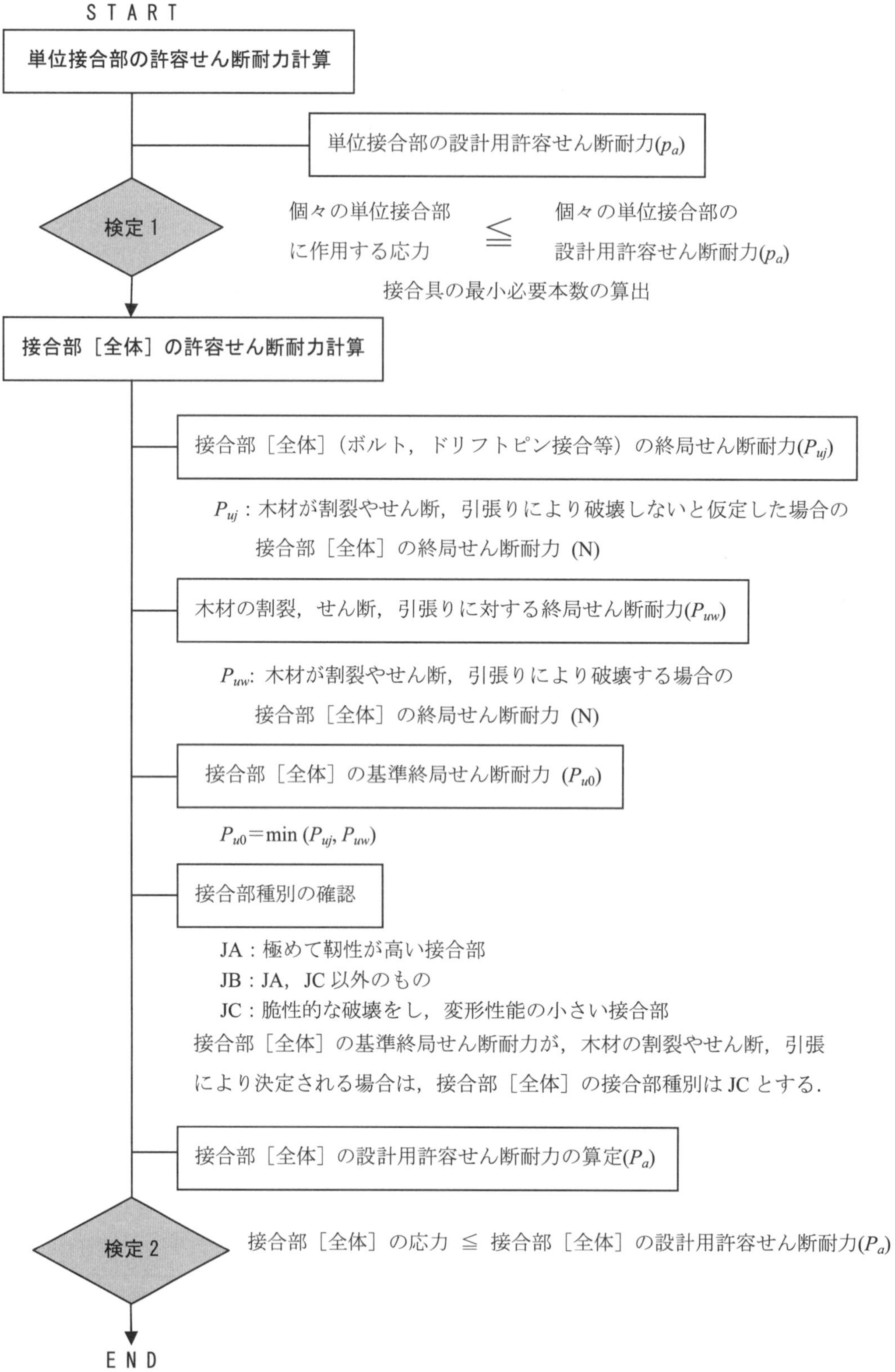

```
START
   ↓
┌─────────────────────────────────┐
│ 単位接合部の許容せん断耐力計算 │
└─────────────────────────────────┘
   │
   ├──→ ┌─────────────────────────────────────┐
   │    │ 単位接合部の設計用許容せん断耐力($p_a$) │
   │    └─────────────────────────────────────┘
   ↓
◇ 検定1       個々の単位接合部       個々の単位接合部の
              に作用する応力   ≦   設計用許容せん断耐力($p_a$)
                        接合具の最小必要本数の算出
   ↓
┌─────────────────────────────────┐
│ 接合部[全体]の許容せん断耐力計算 │
└─────────────────────────────────┘
   │
   ├──→ ┌─────────────────────────────────────────────────────┐
   │    │ 接合部[全体](ボルト,ドリフトピン接合等)の終局せん断耐力($P_{uj}$) │
   │    └─────────────────────────────────────────────────────┘
   │      $P_{uj}$：木材が割裂やせん断，引張りにより破壊しないと仮定した場合の
   │              接合部[全体]の終局せん断耐力 (N)
   │
   ├──→ ┌─────────────────────────────────────────────┐
   │    │ 木材の割裂，せん断，引張りに対する終局せん断耐力($P_{uw}$) │
   │    └─────────────────────────────────────────────┘
   │      $P_{uw}$：木材が割裂やせん断，引張りにより破壊する場合の
   │              接合部[全体]の終局せん断耐力 (N)
   │
   ├──→ ┌─────────────────────────────────┐
   │    │ 接合部[全体]の基準終局せん断耐力 ($P_{u0}$) │
   │    └─────────────────────────────────┘
   │      $P_{u0} = \min(P_{uj}, P_{uw})$
   │
   ├──→ ┌─────────────────┐
   │    │ 接合部種別の確認 │
   │    └─────────────────┘
   │      JA：極めて靱性が高い接合部
   │      JB：JA,JC以外のもの
   │      JC：脆性的な破壊をし，変形性能の小さい接合部
   │    接合部[全体]の基準終局せん断耐力が，木材の割裂やせん断，引張
   │    により決定される場合は，接合部[全体]の接合部種別はJCとする．
   │
   └──→ ┌─────────────────────────────────────┐
        │ 接合部[全体]の設計用許容せん断耐力の算定($P_a$) │
        └─────────────────────────────────────┘
   ↓
◇ 検定2    接合部[全体]の応力 ≦ 接合部[全体]の設計用許容せん断耐力($P_a$)
   ↓
  END
```

図 2.1.1　接合部耐力計算の流れ

2.2 単位接合部

[規準 602.2 (2) (a) 単位接合部]

単位接合部の設計用許容せん断耐力(p_a)は以下による．

$$p_a = \frac{1}{3} \cdot {}_jK_d \cdot {}_jK_m \cdot r_u \cdot p_y \qquad -(2.1) \quad (木規準\ p.39\ (6.20)式)$$

p_y：単位接合部の降伏せん断耐力(N)

$$p_y = C \cdot F_e \cdot d \cdot l \qquad -(2.2) \quad (木規準\ p.30\ (6.4)式)$$

単位接合部の設計用許容せん断耐力(p_a)の算定にあたっては，単位接合部の降伏せん断耐力(p_y)と終局せん断耐力の 2/3 の小さい方の値に，基準化係数 1/2 を乗じて基準許容せん断耐力を求め，これに荷重継続期間影響係数(${}_jK_d$)および含水率影響係数(${}_jK_m$)を乗じて求めるが，ボルト，ドリフトピン，ラグスクリュー接合では，終局強度比(r_u)の値が一般に 1.5 より小さいため，単位接合部の設計用許容せん断耐力は，単位接合部の終局せん断耐力($r_u \times p_y$)により決定され，降伏せん断耐力(p_y)をもとに(2.1)式で表される．

設計用許容せん断耐力(p_a)が求まれば，これを元にして接合具の最少必要本数を求めることができる．なお，この本数は接合部に必要とされる最少の接合具本数で，設計する際の目安にはなるが，後に示す接合部[全体]の検定の結果，必要本数の増加，あるいは部材寸法の増加が必要となる場合があるので注意が必要である．

$$接合具の最少必要本数 \geq \frac{設計応力}{p_a} \qquad \Diamond\ 検定1$$

2.2.1 荷重継続期間影響係数（${}_jK_d$）

荷重継続期間影響係数(${}_jK_d$)の値は，荷重継続期間 250 年を 1 とした時の荷重継続期間に応じた増加係数で，表 2.2.1 による．

表 2.2.1　荷重継続期間影響係数 ${}_jK_d$

荷重継続期間	荷重継続期間影響係数 ${}_jK_d$
長期	1.1
中長期（長期積雪時）	1.43
中短期（短期積雪時）	1.6
短期	2

2.2.2 含水率影響係数 ($_jK_m$)

含水率影響係数($_jK_m$)の値は，使用環境（Ⅰ，Ⅱ，Ⅲ）に基づき表2.2.2の値を用いる．なお，施工時の木材の含水率が20%以上である場合は，木材の乾燥に伴う接合部の剛性，耐力低下を勘案し，$_jK_m$は0.7とする．

表2.2.2 含水率影響係数 $_jK_m$

使用環境	含水率影響係数 $_jK_m$
Ⅰ:常時湿潤状態におかれる環境	0.7
Ⅱ:断続的に湿潤状態となる環境	0.8
Ⅲ:通常の使用環境（Ⅰ，Ⅱ以外）	1

2.2.3 終局強度比 (r_u)

終局強度比(r_u)は，単位接合部の終局せん断耐力と降伏せん断耐力の比で表2.2.4〜2.2.8により求める．この値は，接合部の単調加力試験および正負繰返し試験結果を参考にして定めたものである．

2.2.4 降伏せん断耐力 (p_y)

降伏せん断耐力(p_y)は，(2.2)式により求める．

$$p_y = C \cdot F_e \cdot d \cdot l \qquad -(2.2)（木規準 p.30 (6.4)式）$$

ここに，C，F_e，d，l は以下に示す値をとる．

（1）支圧強度 (F_e)

主材，側材それぞれについて，応力が繊維方向となす角度に基づいて表2.2.3の値をとる．なお，対応する樹種がない場合は，その樹種の比重をもとに対応する樹種グループの値をとってよい．また表にない中間角度については，(2.3)式に示すハンキンソン式を用いて求める．

表2.2.3 樹種グループと基準支圧強度 F_e の値 （ 8mm≦d≦26mm ）

樹種グループ	樹種	基準比重	基準支圧強度 F_e (N/mm²) 荷重角度						
			0°	15°	30°	45°	60°	75°	90°
J1	べいまつ・からまつ等 （比重 0.50 程度）	0.42	25.4	23.8	20.3	16.9	14.5	13.1	12.7
J2	ひのき等 （比重 0.44 程度）	0.37	22.4	21.0	17.9	14.9	12.8	11.6	11.2
J3	スプルース・すぎ等 （比重 0.38 程度）	0.32	19.4	18.2	15.5	12.9	11.1	10.0	9.7

注）荷重角度とは，接合具による支圧の方向と当該木材の繊維方向とのなす角度をいい，荷重角度(θ)における基準支圧強度($_\theta F_e$)は，(2.3)式により求める．

$$_\theta F_e = \frac{_{//}F_e \cdot {_\perp}F_e}{_{//}F_e \cdot \sin^2\theta + {_\perp}F_e \cdot \cos^2\theta} \qquad -(2.3)（木規準 p.27 (6.1)式）$$

（2）接合具径（d），および接合具の有効長さ（l）

接合具の径（d）および有効長さ（l）は，接合具に応じて以下の値をとる（5.3 接合具の仕様を参照）．

(a) ボルトの径(d)，長さ(l)

　　d は胴部直径とする．l は，スリット幅等を除き，木材と接合具が接している有効長さとする．座彫り等をした場合は，座彫り部分の長さを差し引く．

(b) ドリフトピンの径(d)，長さ(l)

　　d は直径とする．l はスリットや埋め木の幅を除き，木材と接合具が接している有効長さとする（図 2.2.1）．打ち込みやすさのためにドリフトピンの先端が傾斜している場合は，傾斜している部分の長さ（テーパー長さ）は l に参入しないものとする．

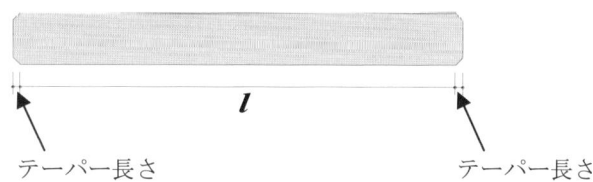

図 2.2.1　ドリフトピンの寸法の定義

(c) ラグスクリューの径(d)，長さ(l)

　　d は胴部直径とする．l および l' は図 2.2.2 による．また，次項に示す接合形式（iv）の場合で胴部の長さ l_0 が($2d+l'$)より小さい場合の d はスクリュー部の谷径とする．

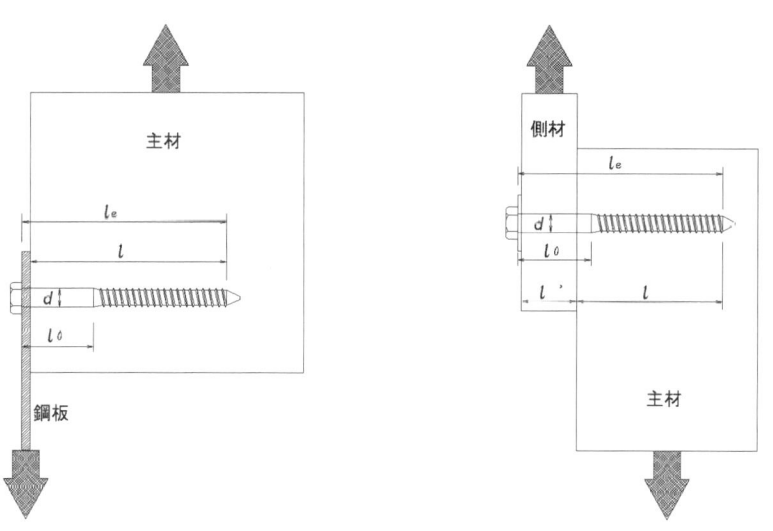

図 2.2.2　ラグスクリュー接合部の寸法の定義

（3）接合形式，降伏モード，接合形式係数 C および接合種別

各接合形式における C の計算式および接合種別を表 2.2.4〜2.2.8 に示す．ただし，ラグスクリューの接合形式は(iv)または(v)，ドリフトピンは(i),(iii)または(iv)とする．ここに，α, β, γ の値は，以下の値をとるものとする．

$\alpha = l' / l$　　　（l：主材厚，l'：側材厚）

$\beta = F_e' / F_e$　　（F_e：主材の基準支圧強度，F_e'：側材の基準支圧強度）

$\gamma = F / F_e$　　（F：接合具の基準材料強度・・・SS400, SN400 相当の材料では $F = 235 \,(\text{N/mm}^2)$）

表 2.2.4　接合形式（i）：木材側材 2 面せん断型*

接合形式	降伏モード	C の計算式 （下式のうち最小値を取る）	接合種別	r_u ボルト	r_u ドリフトピン
（図）	I a	$2\alpha\beta$	JC	1.0	1.0
	I b	1	JC	1.0	
	III	$\sqrt{\dfrac{8\alpha^2\beta^2(1+\beta)}{(2\beta+1)^2} + \dfrac{8\beta\gamma\left(\dfrac{d}{l}\right)^2}{3(2\beta+1)}} - \dfrac{2\alpha\beta}{2\beta+1}$	JB	1.1	
	IV	$\dfrac{d}{l}\sqrt{\dfrac{8\beta\gamma}{3(1+\beta)}}$	JA	1.2	

* ドリフトピン接合部においては，主材・側材間の有効な開き止めを有すること．

表 2.2.5　接合形式（ii）：鋼板添え板 2 面せん断型*

接合形式	降伏モード	C の計算式 （下式のうち最小値を取る）	接合種別	r_u ボルト
（図）	I	1	JC	1.0
	IV	$\dfrac{d}{l}\sqrt{\dfrac{8}{3}\gamma}$	JA	1.2

* 鋼板の厚さは木規準 p.38 表 6.4 に示す引張ボルトの座金の厚さ以上とする．

表 2.2.6　接合形式(ⅲ)：鋼板挿入2面せん断型*

接合形式	降伏モード	C の計算式（下式のうち最小値を取る）	接合種別	r_u ボルト	r_u ドリフトピン
主材／鋼材	Ⅰ	1	JC	1.0	1.0
	Ⅲ	$\sqrt{2+\dfrac{8}{3}\gamma\left(\dfrac{d}{l}\right)^2}-1$	JB	1.1	
	Ⅳ	$\dfrac{d}{l}\sqrt{\dfrac{8}{3}\gamma}$	JA	1.2	

* ドリフトピン接合部が繊維平行方向の応力を受ける場合は，ボルト接合部を併用するなどして終局時にセンタースリット部で主材が割裂破壊しないようにすること．

表 2.2.7　接合形式(ⅳ)：木材側材1面せん断型*

接合形式	降伏モード	C の計算式（下式のうち最小値を取る）	接合種別	r_u ボルト	r_u ドリフトピン
	Ⅰa	$2\alpha\beta$	JC	1.0	1.0
	Ⅰb	1	JC	1.0	
	Ⅱ	$\dfrac{\sqrt{\beta+2\beta^2(1+\alpha+\alpha^2)+\alpha^2\beta^3}-\beta(1+\alpha)}{1+\beta}$	JB** (JC)	1.1	
	Ⅲa	$\sqrt{\dfrac{2\beta(1+\beta)}{(2+\beta)^2}+\dfrac{2\beta\gamma\left(\dfrac{d}{l}\right)^2}{3(2+\beta)}}-\dfrac{\beta}{2+\beta}$	JB	1.1	
	Ⅲb	$\sqrt{\dfrac{2\alpha^2\beta^2(1+\beta)}{(2\beta+1)^2}+\dfrac{2\beta\gamma\left(\dfrac{d}{l}\right)^2}{3(2\beta+1)}}-\dfrac{\alpha\beta}{2\beta+1}$	JB	1.1	
	Ⅳ	$\dfrac{d}{l}\sqrt{\dfrac{2\beta\gamma}{3(1+\beta)}}$	JA	1.2	

* ドリフトピン接合部においては，ボルトを併用するなど主材・側材間の開き止めを有すること．
** ドリフトピンについては，モードⅡの接合種別をJCとする．

表 2.2.8 接合形式（ⅴ）：鋼板添え板 1 面せん断型*

接合形式	降伏モード	C の計算式	接合種別	r_u ボルト	r_u ラグスクリュー
主材／鋼材	Ⅰ	1	JC	1.0	1.1
	Ⅲ	$\sqrt{2+\dfrac{2}{3}\gamma\left(\dfrac{d}{l}\right)^2}-1$	JB	1.1	
	Ⅳ	$\dfrac{d}{l}\sqrt{\dfrac{2}{3}\gamma}$	JA	1.2	

* 鋼板の厚さは木規準 p.38 表 6.4 に示す引張ボルトの座金の厚さ以上とする．

参考：本書「5.1.1　接合形式と降伏モードおよび関連係数の整理」に上記の数値と降伏モードの関係がまとめてある．

2.3 接合部［全体］

力の作用方向，接合具の配置における耐力検討項目を表 2.3.1 に示す．

表 2.3.1 耐力検討項目

接合部のケース	検討すべき耐力項目	P_{uj}	P_{uw}	
			$_\perp P_{uw}$	$_{/\!/} P_{uw}$
①	加力の方向＝繊維方向 （m=2、n=3）	○	—	○
②	加力の方向＝繊維方向 （m=2、n=3）	○	—	—
③	加力の方向＝繊維直交方向 （m=2、n=3）	○	○	—
④	加力の方向＝繊維傾斜方向 $0<\theta<90°$ （m=2、n=3）	○	○	○
⑤	加力の方向＝繊維傾斜方向 $0<\theta<90°$ （m=2、n=3）	○	○	—

注）P_{uj}：木材が割裂やせん断，引張りにより破壊しないと仮定した場合の接合部［全体］の終局せん断耐力(N)

P_{uw}：木材が割裂やせん断，引張りにより破壊すると仮定した場合の接合部［全体］の終局せん断耐力(N)

$_\perp P_{uw}$：繊維に直角方向の応力により木材が割裂・せん断により破壊する場合の終局耐力(N)

$_{/\!/} P_{uw}$：繊維に平行方向の応力により木材がせん断・引張りにより破壊する場合の終局耐力(N)

n：力の方向に関係なく，木材の繊維平行方向に 1 列に並ぶ接合具の本数

m：力の方向に関係なく，木材の繊維直角方向に並ぶ接合具の本数

2.3.1 接合具の配置

接合具の配置間隔を，表 2.3.2 に示す．なお，下表に示す間隔は必要最少間隔を示したもので，木材の割裂，せん断，引張等の検定によりこれより大きな間隔が必要とされる場合は，その数値によらなければならない．

表 2.3.2　接合具の配置間隔（木規準 p.42 表 6.7）

距離・間隔		加力方向		
		繊維方向	繊維直角方向	中間角度
間隔	s	$7d$ 以上	$3d$（$l/d = 2$） $3d$〜$5d$（$2 < l/d < 6$） $5d$ 以上（$l/d \geqq 6$）	角度に応じて繊維方向と繊維直角方向の値の中間値をとる（注参照）
	r	$3d$ 以上	$4d$ 以上	
材端	e_1	$7d$ 以上（荷重負担側） $4d$ 以上（荷重非負担側）	$7d$ 以上	
縁端	e_2	$1.5d$ 以上 $l/d > 6$ のときは $1.5d$ 以上かつ $r/2$ 以上	$4d$ 以上（荷重負担側） $1.5d$ 以上（荷重非負担側）	

注1：図 2.3.2 に示すように，加力方向と繊維方向のなす角度が 0°〜10°までは繊維方向に加力を受ける場合の距離・間隔とし，70°〜90°は繊維直角方向の加力を受ける場合の距離・間隔とする．その間の角度は，(2.4)式に従って直線補間した数値とする．

注2：木－木接合で主材と側材の方向が異なる場合は，それぞれの配置間隔の大きい方の数値を用いる．

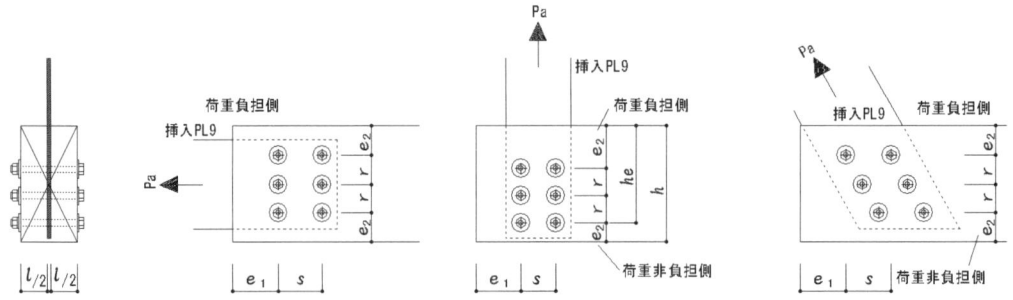

図 2.3.1　接合部配置の定義

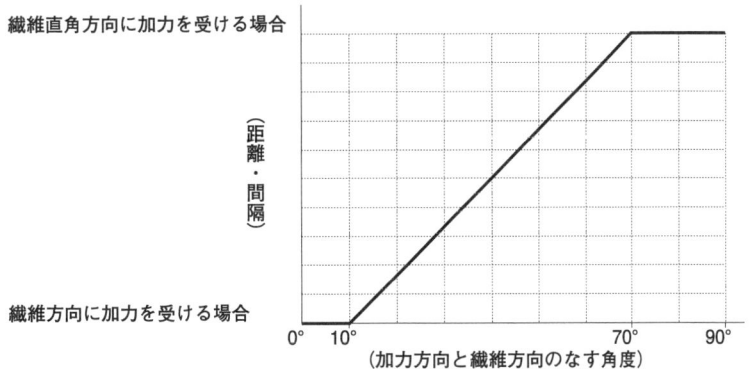

$$_\theta X = {_/\!/} X + ({_\perp} X - {_/\!/} X) \times \frac{\theta - 10°}{60°} \quad (10° \leq \theta \leq 70°) \quad -(2.4)$$

ここに，$_\theta X$：繊維と $\theta°$ 傾斜する方向の間隔，

　　　$_/\!/ X$：繊維方向間隔，

　　　$_\perp X$：繊維直角方向間隔

図 2.3.2 中間角度の接合具間隔の求め方

2.3.2 接合部［全体］の基準終局せん断耐力の算定と破壊モードの検定

> ［規準 602.1 (2) (c) 基準終局せん断耐力］
>
> 接合部［全体］の基準終局せん断耐力：P_{u0} (N)
> $$P_{u0} = \min(P_{uj}, P_{uw}) \qquad -(2.5)\ （木規準 p.36 (6.15)式）$$

　接合部［全体］の基準終局せん断耐力の算定にあたっては，木材が割裂やせん断，引張等により破壊しないと仮定した場合の接合部［全体］の終局せん断耐力(P_{uj})と，単位接合部が降伏する前に木材が割裂やせん断で破壊すると仮定した場合の終局せん断耐力(P_{uw})を算定し，その小さい方の値をもって接合部［全体］の基準終局せん断耐力(P_{u0})とする．このとき，木材の破壊が支配的となる場合は，一般に接合部が脆性的に破壊するため，接合部種別を JC とする．

(1) P_{uj} の算定

　木材が割裂やせん断，引張等により破壊しないと仮定した場合の，接合部［全体］の終局せん断耐力を P_{uj} とする．

ⅰ）木材の繊維方向に力の作用する場合

　表 2.3.1 に示す接合部ケース①，②の場合（木材の繊維方向に力の作用する場合）の $_{/\!/}P_{uj}$ は，(2.6)式により求める．なお，接合部における繊維直角方向本数(列数)(m)と繊維方向1列における接合具本数(n_i)は，図 2.3.3 のように定める．

$$\begin{aligned}_{/\!/}P_{uj} &= \sum_{i=1}^{m}(_jK_n \cdot n_i \cdot r_u \cdot {_{/\!/}p_y}) \\ &= \sum_{i=1}^{m}(_jK_n \cdot n_i \cdot r_u \cdot C \cdot {_{/\!/}F_e} \cdot d \cdot l)\end{aligned} \qquad -(2.6)$$

　ここで，m：主材の繊維直角方向に並ぶ本数（列数）
　　　　　n_i：主材の繊維方向に並ぶ本数（1列中の本数）

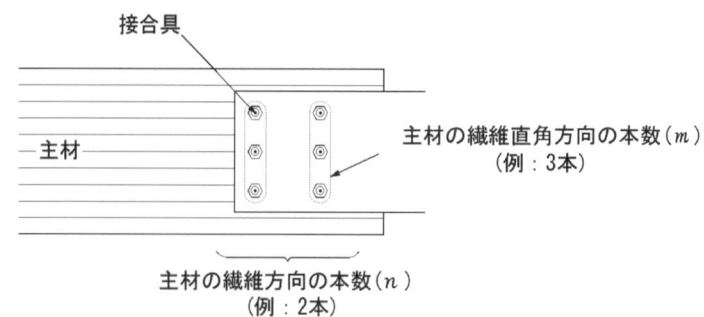

図 2.3.3　接合部における繊維直角方向の本数(列数)(m)と繊維方向の1列の本数(n_i)の定義

繊維方向1列の本数による耐力低減係数($_jK_n$)と終局強度比(r_u)は，表2.3.3による．

表2.3.3　1列の本数(n_i)による耐力低減係数($_jK_n$)と終局強度比(r_u)

単位接合部の許容耐力計算で求められた接合種別	降伏モード	本数 n_i	耐力低減係数 $_jK_n$	終局強度比 r_u ボルト	終局強度比 r_u ドリフトピン	終局強度比 r_u ラグスクリュー
	JA (IV)	1〜2	1.0	1.2		接合形式(ⅳ)：1.0 接合形式(ⅴ)：1.1
	JA (IV)	3〜4	0.95	1.2		
	JA (IV)	5〜10	0.9	1.2		
	JB (II, III)	1〜2	1.0	1.1	1.0	
	JB (II, III)	3〜4	0.92	1.1	1.0	
	JB (II, III)	5〜6	0.85	1.1	1.0	
	JB (II, III)	7〜10	0.8	1.1	1.0	
	JC (I)	1〜2	1.0	1.0		
	JC (I)	3〜4	0.9	1.0		
	JC (I)	5〜6	0.8	1.0		
	JC (I)	7〜10	0.7	1.0		

注1：木規準ではラグスクリューにおける$_jK_n$の値は，「実験，理論，解析により求める」こととなっている．最近の鋼板添板式ラグスクリュー接合部の実験結果[1])によると，1列の本数の増加に伴うラグスクリュー接合部の耐力低減は，ボルト接合と同様の傾向を示すことが確認されており，$_jK_n$値として表2.3.3の値を用いることができることとした．ただし，径の大きいものについては実験により確認するなどの検討が必要である．

注2：上記の値は，2面せん断ボルト接合部の実験結果より導いたものであり，ボルト・ドリフトピンによる1面せん断接合部については，別途検討が必要である．

ⅱ）木材の繊維直角方向（$\theta = 90°$）に力の作用する場合

表2.3.1に示す接合部ケース③の場合（木材の繊維直角方向に力の作用する場合）の$_\perp P_{uj}$は，(2.7)式により求める．この際，接合具本数による耐力低減係数($_jK_n$)は掛からないことに留意する．

$$_\perp P_{uj} = m \cdot n \cdot r_u \cdot {_\perp p_y}$$
$$= m \cdot n \cdot r_u \cdot C \cdot {_\perp F_e} \cdot d \cdot l \quad -(2.7)$$

ⅲ）木材の繊維に傾斜する方向（$0° < \theta < 90°$）に力の作用する場合

表2.3.1に示す接合部ケース④，⑤の場合（木材の繊維に傾斜する方向に力の作用する場合）の$_\theta P_{uj}$は，(2.8)式により求める．

$$_\theta P_{uj} = \sum_{i=1}^{m} (_j K_{n,\theta} \cdot n_i \cdot r_u \cdot {_\theta p_y})$$

$$= \sum_{i=1}^{m} (_j K_{n,\theta} \cdot n_i \cdot r_u \cdot C \cdot {_\theta F_e} \cdot d \cdot l) \quad -(2.8)$$

木材の繊維に傾斜する方向に応力を受ける場合の $_j K_{n,\theta}$ は,図2.3.4に示すように荷重角度 θ が 0°～10° の場合は $_j K_n$ の数値をとり,70°～90° の場合は1.0とし,その間は(2.9)式に従って直線補間した数値としてもよい.ただし,これは低減係数がハンキンソン式に従うものと仮定し,これを直線により近似した値である.なお,繊維に傾斜した場合の接合部の耐力が過小評価されると,破壊モードが木材の割裂で決定されない判定となり危険側の設計となるため,注意が必要である.

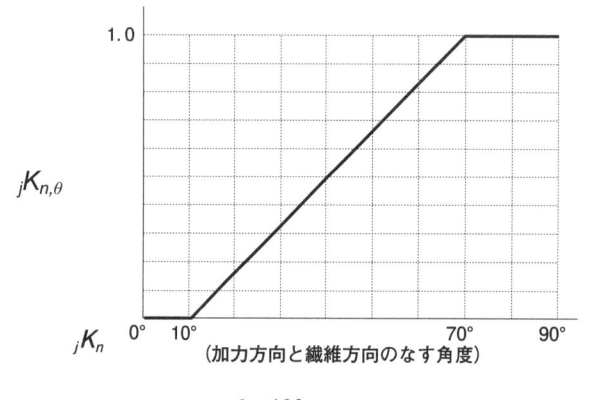

$$_j K_{n,\theta} = {_j K_n} + (1 - {_j K_n}) \times \frac{\theta - 10°}{60°} \quad \text{ただし,}\ 10° \leqq \theta \leqq 70° \quad -(2.9)$$

図 2.3.4 繊維に傾斜する応力を受ける場合の耐力低減係数($_j K_{n,\theta}$)の求め方

(2) P_{uw} の算定

木材が割裂やせん断,引張等により破壊すると仮定した場合の接合部[全体]の終局耐力(P_{uw})の値は,以下により求める.

ⅰ)木材の繊維に平行方向に応力が作用する場合

木部集合型せん断耐力($_{/\!/} P_{uw}$)を検討する(木規準 p.37,602.1.(2)(e)).木材の繊維平行方向に力を受ける場合の集合型せん断破壊終局耐力($_{/\!/} P_{uw}$)は,(2.10)式による.ただし,鋼板添板一面せん断型のラグスクリュー接合部では,繊維平行方向の集合型せん断破壊の検定は省略してもよい.(木規準 p.37 では P_{uw} としているが,ここでは $_{/\!/} P_{uw}$ とする.)

$$_{/\!/} P_{uw} = \max \begin{cases} A_{et} \cdot F_t \\ A_{es} \cdot F_s \end{cases} \quad -(2.10)\ (\text{木規準 p.38 (6.19)式})$$

ここに,A_{et}, A_{es}:引張,せん断部分の有効面積(図2.3.5参照,木規準 p.37 図6.5参照)
　　　　F_t:木材の引張り強度(表2.3.4,表2.3.5による)
　　　　F_s:木材のせん断強度(表2.3.6,表2.3.7による)

第 2 章　接合部の耐力計算　—21—

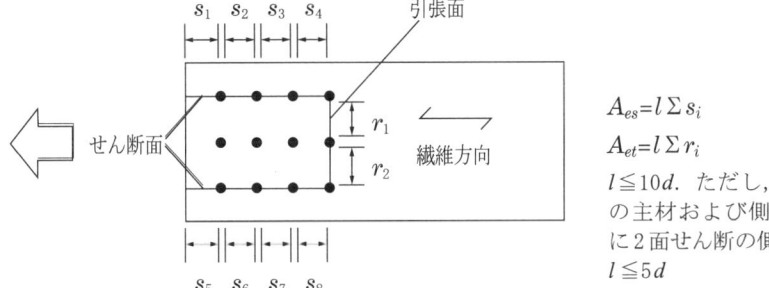

図 2.3.5　木材の繊維に平行方向の力を受ける接合部の破壊性状

$A_{es} = l \sum s_i$

$A_{et} = l \sum r_i$

$l \leq 10d$．ただし，1 面せん断の主材および側材，ならびに 2 面せん断の側材の場合は $l \leq 5d$

表 2.3.4　構造用集成材の内層ラミナの引張の基準値(F_t)

	強度等級		内層ラミナの下限値：F_t (N/mm²)[注]
構造用集成材	対称異等級	E120-F330	17.5
		E105-F300	16.0
		E95-F270	15.0
		E75-F240	12.0
		E65-F225	12.0
	同一等級	E105-F345	20.0
		E95-F315	18.5
		E85-F300	17.5
		E65-F255	15.0
		E55-F225	13.5

注）F_t の値は，集成材の日本農林規格による．当該断面における最小値として内層ラミナの下限値をとっている．

表 2.3.5　普通構造材の引張の基準強度

	樹　種	引張りの基準材料強度：F_t (N/mm²)
普通構造材	べいまつ等	17.7
	ひのき等	16.2
	からまつ，べいつが等	14.7
	すぎ，スプルース等	13.5

表 2.3.6　構造用集成材のせん断の基準強度

	樹　種	せん断の基準材料強度：F_s (N/mm²)
構造用集成材	べいまつ，からまつ，ひのき等	3.6　(3.0)
	べいつが等	3.3　(2.7)
	スプルース，おうしゅうあかまつ等	3.0　(2.4)
	すぎ等	2.7　(2.1)

注）括弧内の数値は幅方向の値を示す．

表2.3.7 普通構造材のせん断の基準強度

	樹　種	せん断の基準材料強度：F_s (N/mm^2)
普通構造材	べいまつ等	2.4
	からまつ，ひのき，べいつが等	2.1
	すぎ，スプルース等	1.8

注）製材が集成材の2/3程度の値となっているのは，①集成材はブロックせん断試験をして強度を保証しているのに対し製材はそのような試験を行っていないこと，②製材は割れ等の欠点の存在によりせん断強度が著しく低くなる危険性を有していること，の理由による．

ii) 木材の繊維に直角方向に応力が作用する場合

終局耐力は，①木部の割裂による終局耐力（$_\perp P_{uw1}$）と②木部のせん断破壊による終局耐力（$_\perp P_{uw2}$）を算出し，③その小さい方の値を木材の割裂，せん断による終局耐力とする．

① 木部の割裂による終局耐力

繊維直角方向に力が作用する場合には，まず始めに，木部の割裂による終局耐力（$_\perp P_{uw1}$）を算定する（木規準 p.36, 602.1 (2)(d)）．木部の割裂による終局耐力（$_\perp P_{uw1}$）は，(2.11)式により求める．（木規準 p.36 では P_{uw1} としているが，ここでは $_\perp P_{uw1}$ とする.）

なお，繊維方向の接合具の間隔(s)が 7d 未満の場合，割裂破壊による終局耐力 $_\perp P_{uw1}$ は，1列の耐力とし，列ごとの耐力を加算（n 倍）して求めてはならない[2]．

$$_\perp P_{uw1} = 2 C_r \cdot l \cdot \sqrt{\frac{h_e}{1-\frac{h_e}{h}}} \qquad -(2.11) \text{（木規準 p.36 (6.17)式）}$$

C_r：割裂破壊定数 (N/mm$^{1.5}$)，（表 2.3.8 による．木規準 p.37 本文参照）

h：材せい (mm)

h_e：加力側材縁から最も遠い接合具までの距離 (mm)（図 2.3.6 又は木規準 p.37 図 6.4 参照）

l：材厚．ただし，2面せん断の主材厚が $l \geqq 10d$（d：ボルト径）の場合は $l = 10d$ とし，1面せん断の主材および側材，ならびに2面せん断の側材厚が $l \geqq 5d$ の場合は $l = 5d$ とする．

表2.3.8 割裂破壊定数：C_r の値

樹　種	グループ	C_r
べいまつ，からまつ等　（比重 0.50 程度のもの）	J1	12.0
ひのき，もみ等　（比重 0.44 程度のもの）	J2	10.0
すぎ，スプルース等　（比重 0.38 程度のもの）	J3	8.0

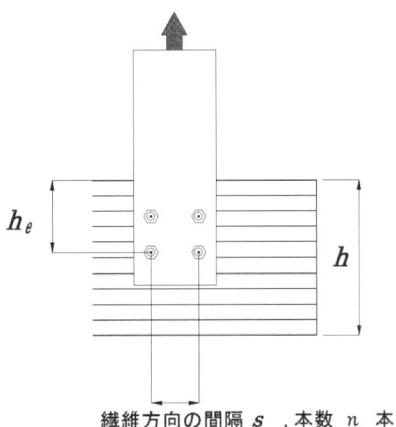

図 2.3.6 繊維直角方向の力を受ける接合部

②木部のせん断破壊による終局耐力

次に，木部のせん断破壊による終局耐力（$_\perp P_{uw2}$）を算定する（木規準 p.36，602.1 (2)(d)）．木部のせん断破壊終局耐力（$_\perp P_{uw2}$）は，(2.12)式により求める．（木規準 p.36 では P_{uw2} としているが，ここではわかりやすくするため $_\perp P_{uw2}$ とする．）

$$_\perp P_{uw2} = \frac{2}{3} \cdot \xi \cdot h_e \cdot l \cdot F_s \qquad -(2.12) \quad （木規準 p.36 (6.18)式）$$

F_s：木材のせん断基準強度 (N/mm^2) （表 2.3.6，表 2.3.7 による．本書 p.152 資料表 1.7 参照）
h_e：加力側材縁から最も遠い接合具までの距離 (mm) （図 2.3.6，木規準 p.37 図 6.4 参照）
l：主材厚(mm). ただし，2 面せん断の主材厚が $l \geqq 10d$（d：ボルト径）の場合は $l = 10d$ とし，1 面せん断の主材および側材，ならびに 2 面せん断の側材厚が $l \geqq 5d$ の場合は $l = 5d$ とする．

ξ：せん断力比， $\xi = \dfrac{|Q_1 - Q_2|}{\max(|Q_1|, |Q_2|)}$ （木規準 p.37 図 6.4 参照）

一般に ξ は，材端接合部で 1.0，材中央では 2.0 となる．

③ 木材の割裂，せん断破壊による終局耐力

木材の割裂，せん断破壊による終局耐力（$_\perp P_{uw}$）は，(2.13)式により①と②の小さい方の値をとる．

$$_\perp P_{uw} = \min.(_\perp P_{uw1}, \ _\perp P_{uw2}) \qquad -(2.13)$$

iii) 木材の繊維と傾斜する方向の耐力

図2.3.7のように,繊維に傾斜する力を受ける接合部［全体］の木部破壊による終局耐力 $_\theta P_{uw}$ は,(2.14)式により求める.この場合,破壊モードは,$\{_\perp P_{uw} / \sin\theta\}$ と $\{_{//} P_{uw} / \cos\theta\}$ の小さい方で決定する.

$$_\theta P_{uw} = \min\left(\frac{_\perp P_{uw}}{\sin\theta}, \frac{_{//} P_{uw}}{\cos\theta}\right) \quad -(2.14)$$

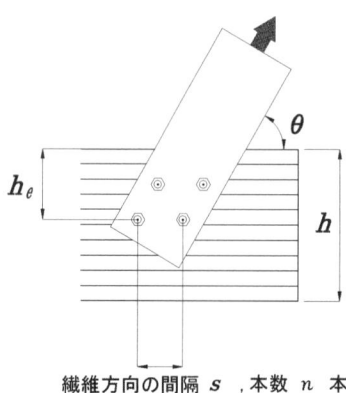

図2.3.7 繊維に傾斜する方向の力を受ける接合部

(3) P_{u0} の算定

木材が割裂やせん断,引張等により破壊しないと仮定した場合の接合部［全体］の終局せん断耐力(P_{uj})と,単位接合部が降伏する前に木材が割裂やせん断で破壊すると仮定した場合の終局せん断耐力(P_{uw})を算定した後に,本書p.18に示した(2.5)式に従い,その小さい方の値をもって接合部［全体］の基準終局せん断耐力(P_{u0})とする.なお,(2.5)式は以下に再掲した.

このとき,木材の破壊が支配的となる場合は,一般に接合部が脆性的に破壊するため,接合部種別を JC とする.

$P_{u0} = \min(P_{uj}, P_{uw})$ ―(2.5)（木規準 p.36 (6.15)式）

ただし,P_{u0} :接合部［全体］の基準終局せん断耐力 (N)

P_{uj} :木材が割裂やせん断,引張により破壊しないと仮定した場合の
接合部［全体］の終局せん断耐力 (N)

P_{uw} :木材が割裂やせん断,引張により破壊すると仮定した場合の
接合部［全体］の終局せん断耐力 (N)

2.3.3 接合部［全体］の設計用許容せん断耐力の算定

───［規準 602.2 (2) (b) 接合部［全体］］──────────────

接合部［全体］の設計用許容せん断耐力(P_a)

$$P_a = \frac{1}{3} \cdot {}_jK_r \cdot {}_jK_d \cdot {}_jK_m \cdot P_{u0}$$ —(2.15) （木規準 p.40 (6.21)式）

検定 2

接合部［全体］の応力 ≦ 接合部［全体］の設計用許容せん断耐力 の確認

──────────────────────────────────────

　本書 2.3.2 項で求めた接合部［全体］の基準終局せん断耐力(P_{u0})に，(2.15)式に従って各種係数を掛けることにより接合部［全体］の設計用許容せん断耐力(P_a)を求める．接合部［全体］に働くせん断応力が，求めた設計用許容せん断耐力を上回らないことを確認する．

（1）接合種別および靭性係数

　各接合形式における接合種別は，表 2.2.4〜2.2.8 による．靭性係数(${}_jK_r$)は表 2.3.9 による．接合部［全体］の耐力が木材の破壊で決まる場合は，接合部［全体］の接合種別は JC とする．（木規準 p.36 本文）

表 2.3.9　靭性係数(${}_jK_r$)（木規準 602.1 (2)(a) 表 6.3）

接合種別	靭性係数：${}_jK_r$
JA	1.0
JB	0.9
JC	0.75

　曲げ降伏型接合部では，一般に材厚・接合具径比(l/d)が大きいものの方が小さいものと比べて靭性を有する傾向にあり，降伏モードⅣは，降伏モードⅠやⅡと比べて粘りを有する．また，接合部に数多くの接合具が密集して配置されると個々の接合部が十分に耐力を発揮する前に木材がせん断破壊したり，接合部に木材の繊維直角方向の応力が作用すると木材が割裂により極めて脆性的に破壊したりする場合がある．このような理由から，木規準では接合部を降伏モードと木材の破壊性状により JA, JB, JC に分類し，その靭性に応じて低減係数を乗ずることとしている．この際，基本的には脆性的に破壊する接合部は避けるべきであり，やむを得ない場合を除き JC の接合部の使用は避けるべきである．特に，接合部の靭性が架構の耐震性能を左右する場合は，少なくとも木材の破壊で決定される接合部は避けるべきで，JA の接合種別を適用することが望ましい．なお，靭性係数の値は，接合部の特性に基づいて定めたもので，地震時の架構の粘り等を考慮して決定したものではないので，地震力に対して架構の設計を行う際には，別途，検討を必要とすることに留意する必要がある．

（2）荷重継続期間影響係数

荷重継続期間影響係数($_jK_d$)は表 2.3.10 による．

表 2.3.10　荷重継続期間影響係数($_jK_d$)（木規準 p.26，601.2 (1)本文）

荷重継続期間	荷重継続期間影響係数：$_jK_d$
長期	1.1
中長期（長期積雪時）	1.43
中短期（短期積雪時）	1.6
短期	2

（3）含水率影響係数

含水率影響係数($_jK_m$)は，表 2.3.11 による．

表 2.3.11　含水率影響係数($_jK_m$)（木規準 p.26，601.2 (1)本文）

使用環境	含水率影響係数：$_jK_m$
Ⅰ:常時湿潤状態におかれる環境	0.7
Ⅱ:断続的に湿潤状態となる環境	0.8
Ⅲ:通常の使用環境（Ⅰ，Ⅱ以外）	1

（4）接合部（鋼材）の検討　（本会鋼構造設計規準[3]に準ずる）

中ボルトの長期許容せん断耐力は（長期許容せん断応力度×本数×せん断面の数×ボルト軸部断面積）により求める．ただし，下記(2.16)式および(2.17)式はせん断面がボルトの軸部にある場合であり，ねじ部がせん断面の時にはボルト軸部断面積のかわりにねじ部断面積を用いる．

$$\text{一面せん断}：{}_1Q_y = f_s \cdot n \cdot \frac{\pi d^2}{4} \qquad -(2.16)$$

$$\text{二面せん断}：{}_2Q_y = f_s \cdot n \cdot 2 \cdot \frac{\pi d^2}{4} \qquad -(2.17)$$

ここに，${}_1Q_y$, ${}_2Q_y$：それぞれ一面せん断，二面せん断の時のボルトの長期許容せん断耐力
　　　　f_s：長期許容せん断応力度（$= F / 1.5\sqrt{3}$）
　　　　n：ボルト本数
　　　　d：ボルト軸径

ボルトおよびドリフトピンの長期許容支圧耐力は，(2.18)式に示すように，(長期許容支圧応力度×支圧面積)により求める．

　　　ボルトおよびドリフトピンの長期許容支圧耐力：$P_{By} = f_{p1} \cdot n \cdot d \cdot t$　　　－(2.18)

　　　ここに，f_{p1}：長期許容支圧応力度（$= F / 1.1$）
　　　　　　　n：ボルト本数
　　　　　　　d：ボルト軸径
　　　　　　　t：鋼材板厚

ボルト継手の鋼板の長期許容支圧耐力は，(2.19)式に示すように，(長期許容支圧力応力度×支圧面積)により求める．

　　　ボルトおよび鋼材の長期許容支圧耐力：$P_{By} = f_1 \cdot n \cdot d \cdot t$　　　－(2.19)

　　　ここに，f_1：長期許容支圧応力度（$= 1.25 F$）
　　　　　　　n：ボルト本数
　　　　　　　d：ボルト軸径
　　　　　　　t：鋼材板厚

鋼材の有効断面部の長期許容軸力は，(2.20)式に示すように，(長期許容引張応力度×有効断面積)により求める（図 2.4.1）．

　　　鋼材の有効断面部の長期許容軸力：$P_y = f_t \cdot \{W - (n_1 \cdot \phi)\} \cdot t$　　　－(2.20)

　　　ここに，f_t：長期許容引張応力度（$= F / 1.5$）
　　　　　　　W：鋼材幅
　　　　　　　n_1：外力と直角方向のボルト本数
　　　　　　　ϕ：ボルト孔径
　　　　　　　t：鋼材板厚

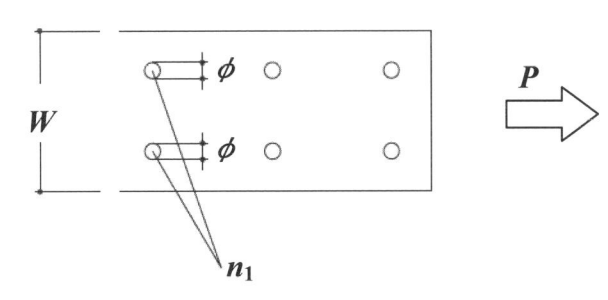

図 2.4.1　鋼材の支圧耐力の定義

（5）剛性係数：k_j

木質構造の応力分布は，接合部の変形に影響を受けるので，接合部の変形を適切に考慮して応力を算定することが重要である．個々の単位接合部の剛性係数は，実験または木規準解説 p.231(e)により算定することとなっているが，木規準解説では接合具と先孔が密着している場合の算定式が示されている．接合具と先孔にクリアランスが存在する場合には，木規準の算定式による剛性係数を(2.21)式により補正する必要がある．

$$k_j' = \frac{p_y}{d_0 + \dfrac{p_y}{k_j}} \quad -(2.21)$$

ここに，$d_0 = (d_1 + d_2)/2$，d_1：主材のクリアランス，d_2：側材のクリアランス

引用文献（第2章）

1) 小林研治，安村基：鋼板を添板に用いたラグスクリュー接合部の一面せん断性能における接合具本数と配置の影響，日本建築学会大会学術講演梗概集，C-1，構造Ⅲ，pp.575～576，2012.9

2) Yasumura M, Daudeville L: Fracture of multiply-bolted joints under lateral force perpendicular to wood grain, J. Wood Sci., 46(3), 187-192, 2000

3) 日本建築学会編：鋼構造設計規準－許容応力度設計法－，2005

第 3 章　接合形式別耐力計算例

3.1　本章の目的と適用範囲

　本章は，接合形式別の耐力計算を数値の入力あるいは樹種等の選択で簡便に行うために，一例として表計算ソフトで計算シートを作成し，各接合形式，接合具別に表記例を示したものである．

　本例では計算に必要な諸数値，諸条件及び計算結果（当該接合部の許容耐力）を上段に，その計算過程である単位接合部の計算式及びその諸係数を中段に，接合部［全体］の計算式，諸係数及びその破壊形式を下段に表記している．

　適用範囲は木規準に示された曲げ降伏型接合部の接合形式（ⅰ）から（ⅴ）（本書表 2.2.4～表 2.2.8 参照）とし，接合具はボルト，ドリフトピン及びラグスクリューとする．木材は構造用集成材および等級区分された製材（含水率 15%以下のものに限る）とする．

　なお，本章に対応する計算シートは下記の日本建築学会木質構造運営委員会 HP よりダウンロードすることが可能であるが，計算結果は読者の責任の下で利用するものとし，日本建築学会は一切の責任を負わないものとする．

　<http://news-sv.aij.or.jp/kouzou/s35/>　　（パスワード：本書英文表題の大文字 5 つを並べたもの）

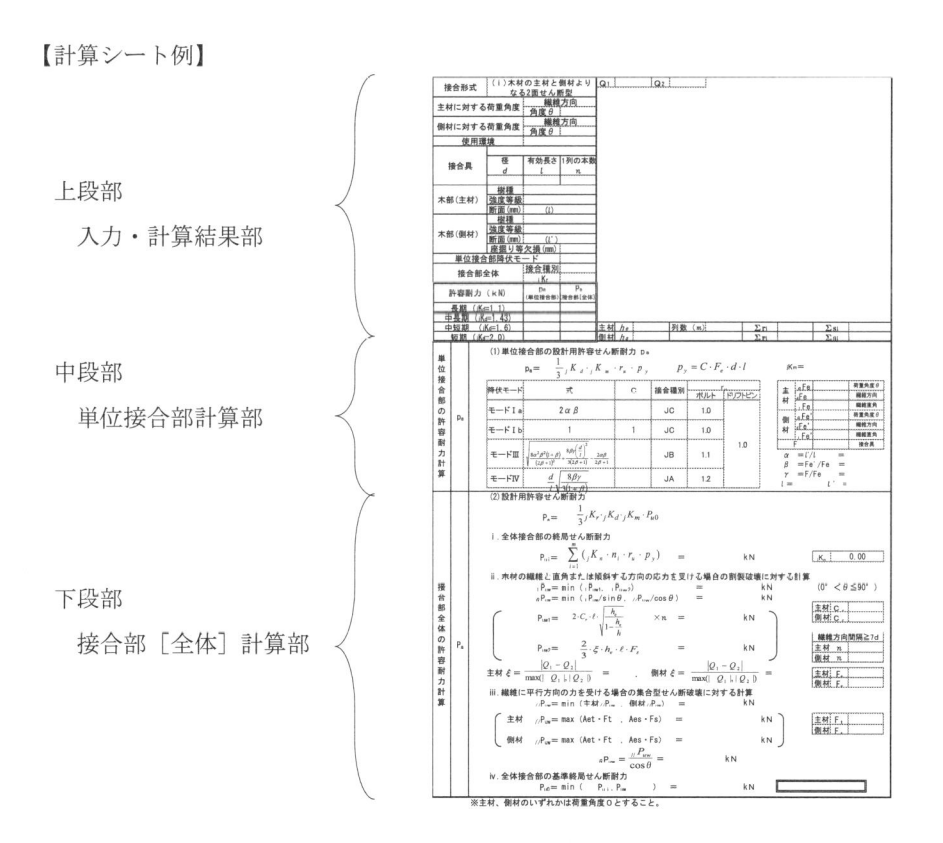

【計算シート例】

上段部
　　入力・計算結果部

中段部
　　単位接合部計算部

下段部
　　接合部［全体］計算部

3.2 計算シートの解説
3.2.1 入力・計算結果部

接合部の計算に必要な諸数値，諸条件を入力する．

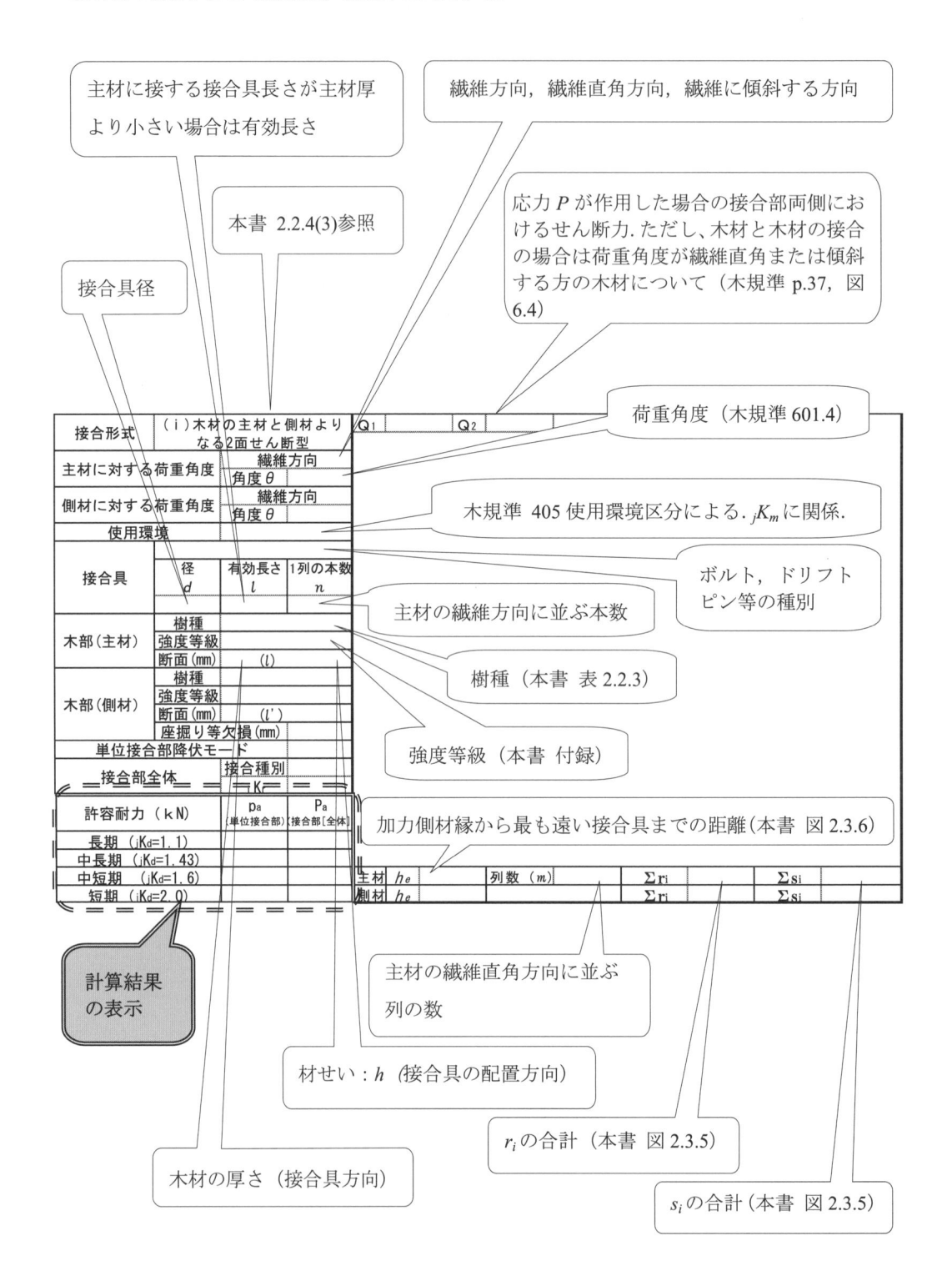

[主材に接する接合具長さが主材厚より小さい場合は有効長さ]

[本書 2.2.4(3)参照]

[繊維方向，繊維直角方向，繊維に傾斜する方向]

[接合具径]

[応力 P が作用した場合の接合部両側におけるせん断力．ただし，木材と木材の接合の場合は荷重角度が繊維直角または傾斜する方の木材について（木規準 p.37, 図 6.4）]

[荷重角度（木規準 601.4）]

[木規準 405 使用環境区分による．$_jK_m$ に関係．]

[ボルト，ドリフトピン等の種別]

[主材の繊維方向に並ぶ本数]

[樹種（本書 表 2.2.3）]

[強度等級（本書 付録）]

[加力側材縁から最も遠い接合具までの距離（本書 図 2.3.6）]

接合形式	（i）木材の主材と側材よりなる2面せん断型	Q_1		Q_2		
主材に対する荷重角度	繊維方向					
	角度 θ					
側材に対する荷重角度	繊維方向					
	角度 θ					
使用環境						
接合具	径 d	有効長さ l	1列の本数 n			
木部（主材）	樹種					
	強度等級					
	断面(mm)	(l)				
木部（側材）	樹種					
	強度等級					
	断面(mm)	(l')				
	座掘り等欠損(mm)					
単位接合部降伏モード						
接合部全体	接合種別					
	K					
許容耐力（kN）		p_a 単位接合部	P_a 接合部[全体]			
長期 （$_jK_d=1.1$）						
中長期（$_jK_d=1.43$）						
中短期（$_jK_d=1.6$）						
短期 （$_jK_d=2.0$）			主材 h_e	列数 (m)	Σr_i	Σs_i
			側材 h_e		Σr_i	Σs_i

[計算結果の表示]

[主材の繊維直角方向に並ぶ列の数]

[材せい：h（接合具の配置方向）]

[木材の厚さ（接合具方向）]

[r_i の合計（本書 図 2.3.5）]

[s_i の合計（本書 図 2.3.5）]

接合形式	(iii) 2面せん断鋼板挿入型		Q₁		Q₂	
荷重角度	角度 θ					
使用環境						
接合具	径 d	有効長さ l	1列の本数 n			
	鋼板厚(mm)					
木部	樹種					
	強度等級					
	断面(mm)					
	座掘り等欠損(mm)					
単位接合部降伏モード						
接合部全体	接合種別					
	${}_jK_r$					
許容耐力(kN)	p_a (単位接合部)	p_a [接合部(全体)]				
長期 (${}_jK_d=1.1$)						
中長期 (${}_jK_d=1.43$)						
中短期 (${}_jK_d=1.6$)						
短期 (${}_jK_d=2.0$)			列数 (m)	h_e	Σr_i	Σs_i

※鋼板挿入の場合,施工性のため一般に鋼板厚+2mmをスリット幅とすることが多い.そのため本計算例では,計算過程で接合具長さ(l)からその分を除いている

3.2.2 単位接合部の許容せん断耐力計算部

計算式及び諸係数を表示する.

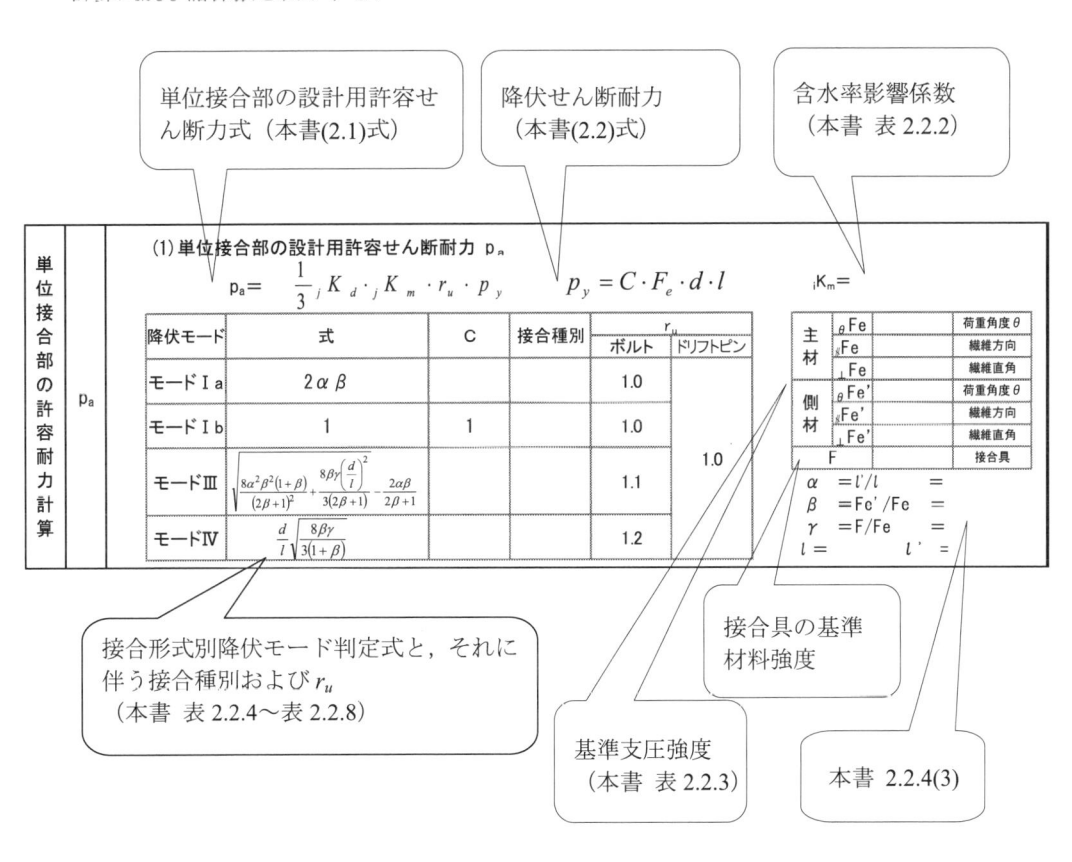

単位接合部の設計用許容せん断力式(本書(2.1)式)
降伏せん断耐力(本書(2.2)式)
含水率影響係数(本書 表2.2.2)

(1) 単位接合部の設計用許容せん断耐力 p_a

$$p_a = \frac{1}{3} {}_j K_d \cdot {}_j K_m \cdot r_u \cdot p_y \qquad p_y = C \cdot F_e \cdot d \cdot l \qquad {}_jK_m =$$

降伏モード	式	C	接合種別	r_u ボルト	r_u ドリフトピン
モードIa	$2\alpha\beta$			1.0	
モードIb	1	1		1.0	1.0
モードIII	$\sqrt{\dfrac{8\alpha^2\beta^2(1+\beta)}{(2\beta+1)^2}+\dfrac{8\beta\gamma\left(\dfrac{d}{l}\right)^2}{3(2\beta+1)}}-\dfrac{2\alpha\beta}{2\beta+1}$			1.1	
モードIV	$\dfrac{d}{l}\sqrt{\dfrac{8\beta\gamma}{3(1+\beta)}}$			1.2	

主材: ${}_\theta F_e$ 荷重角度 θ / ${}_\parallel F_e$ 繊維方向 / ${}_\perp F_e$ 繊維直角
側材: ${}_\theta F_e'$ 荷重角度 θ / ${}_\parallel F_e'$ 繊維方向 / ${}_\perp F_e'$ 繊維直角
F 接合具

$\alpha = l'/l =$
$\beta = F_e'/F_e =$
$\gamma = F/F_e =$
$l = \qquad l' =$

接合形式別降伏モード判定式と,それに伴う接合種別および r_u (本書 表2.2.4~表2.2.8)

基準支圧強度(本書 表2.2.3)

接合具の基準材料強度

本書 2.2.4(3)

3.2.3 接合部［全体］の許容せん断耐力計算部

計算式，諸係数及び破壊形式を表示する．

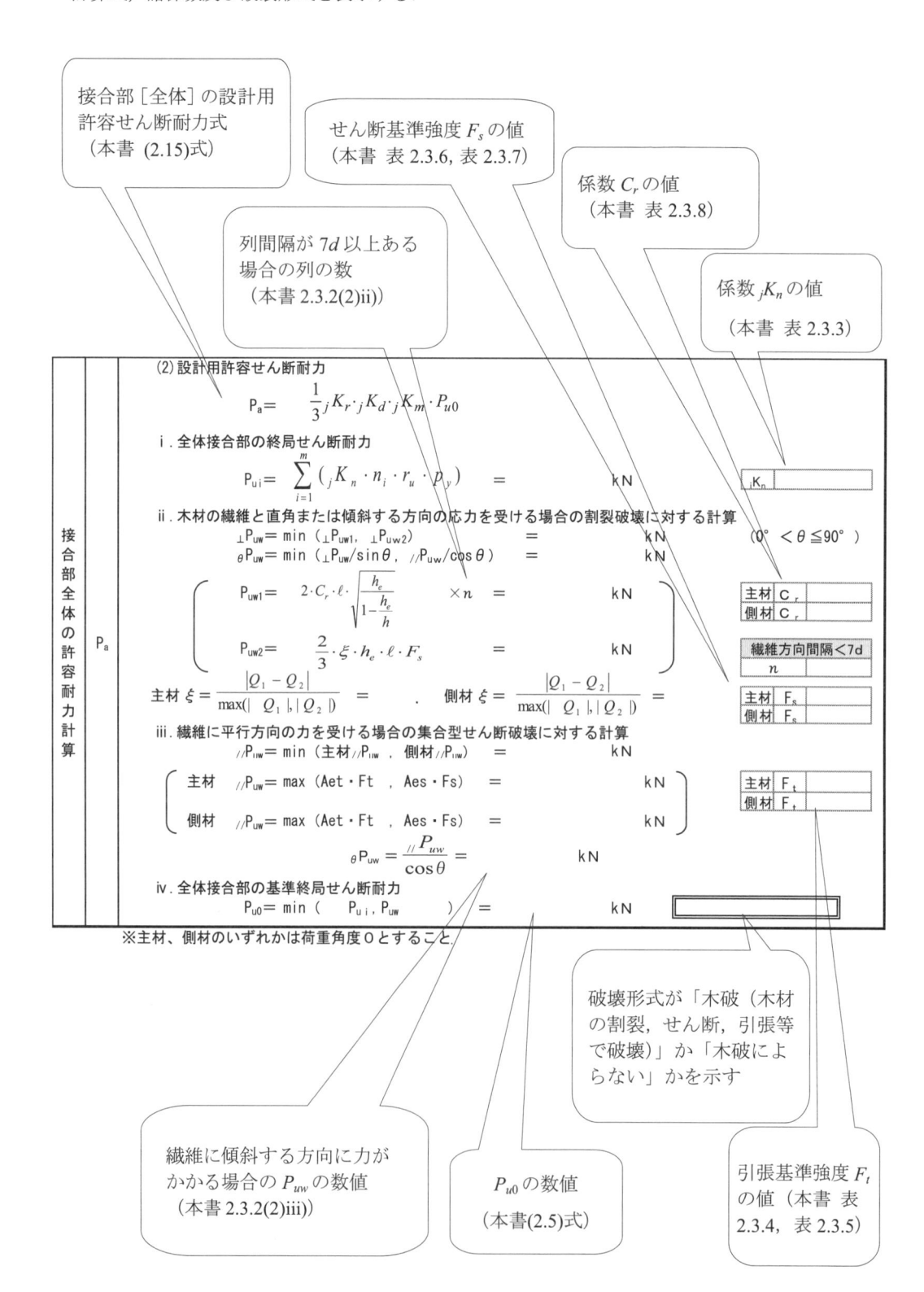

［吹き出し注釈］
- 接合部［全体］の設計用許容せん断耐力式（本書 (2.15)式）
- せん断基準強度 F_s の値（本書 表 2.3.6，表 2.3.7）
- 列間隔が $7d$ 以上ある場合の列の数（本書 2.3.2(2)ii）
- 係数 C_r の値（本書 表 2.3.8）
- 係数 $_jK_n$ の値（本書 表 2.3.3）
- 繊維に傾斜する方向に力がかかる場合の P_{uw} の数値（本書 2.3.2(2)iii）
- P_{u0} の数値（本書(2.5)式）
- 破壊形式が「木破（木材の割裂，せん断，引張等で破壊）」か「木破によらない」かを示す
- 引張基準強度 F_t の値（本書 表 2.3.4，表 2.3.5）

接合部全体の許容耐力計算 P_a

(2) 設計用許容せん断耐力

$$P_a = \frac{1}{3}{}_jK_r \cdot {}_jK_d \cdot {}_jK_m \cdot P_{u0}$$

i. 全体接合部の終局せん断耐力

$$P_{ui} = \sum_{i=1}^{m}({}_jK_n \cdot n_i \cdot r_u \cdot p_y) = \quad\quad \text{kN}$$

ii. 木材の繊維と直角または傾斜する方向の応力を受ける場合の割裂破壊に対する計算

$${}_\perp P_{uw} = \min({}_\perp P_{uw1},\ {}_\perp P_{uw2}) = \quad\quad \text{kN} \quad (0° < \theta \leq 90°)$$

$${}_\theta P_{uw} = \min({}_\perp P_{uw}/\sin\theta,\ {}_{//}P_{uw}/\cos\theta) = \quad\quad \text{kN}$$

$$P_{uw1} = 2 \cdot C_r \cdot \ell \cdot \sqrt{\frac{h_e}{1 - \frac{h_e}{h}}} \times n = \quad\quad \text{kN}$$

$$P_{uw2} = \frac{2}{3} \cdot \xi \cdot h_e \cdot \ell \cdot F_s = \quad\quad \text{kN}$$

主材 $\xi = \dfrac{|Q_1 - Q_2|}{\max(|Q_1|,|Q_2|)} = \quad$ ． 側材 $\xi = \dfrac{|Q_1 - Q_2|}{\max(|Q_1|,|Q_2|)} =$

iii. 繊維に平行方向の力を受ける場合の集合型せん断破壊に対する計算

$${}_{//}P_{uw} = \min(主材\ {}_{//}P_{uw},\ 側材\ {}_{//}P_{uw}) = \quad\quad \text{kN}$$

主材 ${}_{//}P_{uw} = \max(A_{et} \cdot F_t,\ A_{es} \cdot F_s) = \quad\quad \text{kN}$

側材 ${}_{//}P_{uw} = \max(A_{et} \cdot F_t,\ A_{es} \cdot F_s) = \quad\quad \text{kN}$

$${}_\theta P_{uw} = \frac{{}_{//}P_{uw}}{\cos\theta} = \quad\quad \text{kN}$$

iv. 全体接合部の基準終局せん断耐力

$$P_{u0} = \min(P_{ui},\ P_{uw}) = \quad\quad \text{kN}$$

※主材、側材のいずれかは荷重角度0とすること．

［右側パラメータ欄］
${}_jK_n$	
主材 C_r	
側材 C_r	
繊維方向間隔<7d	
n	
主材 F_s	
側材 F_s	
主材 F_t	
側材 F_t	

3.3 接合形式別耐力計算例

【計算例1】 接合形式（ⅰ）：木材側材2面せん断型（ボルト）　　【4章　設計例4　参照】

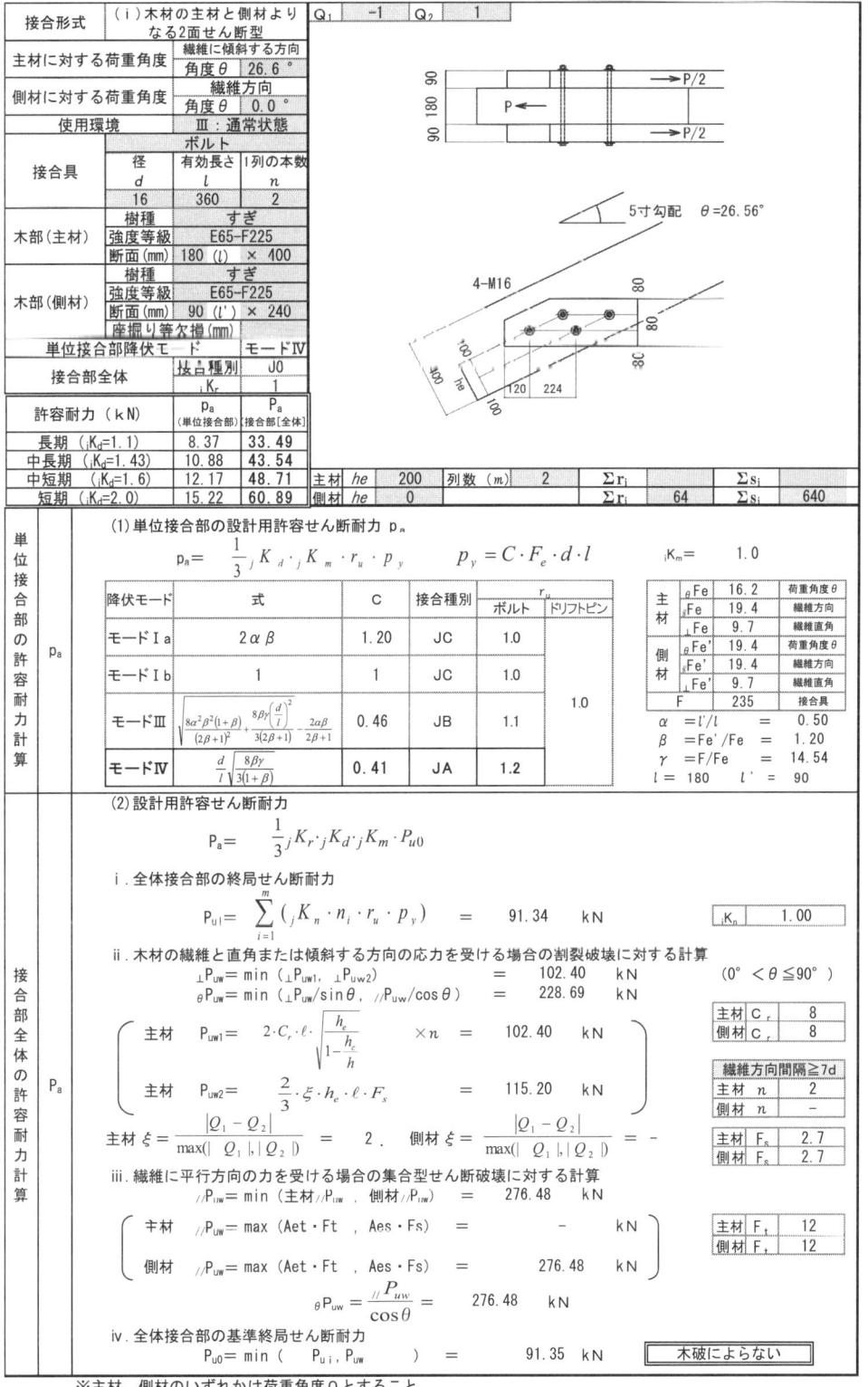

接合形式	（ⅰ）木材の主材と側材よりなる2面せん断型		Q_1	-1	Q_2	1
主材に対する荷重角度	繊維に傾斜する方向					
	角度θ	26.6°				
側材に対する荷重角度	繊維方向					
	角度θ	0.0°				
使用環境	Ⅲ：通常状態					
接合具	ボルト					
	径 d	有効長さ l	1列の本数 n			
	16	360	2			
木部(主材)	樹種	すぎ				
	強度等級	E65-F225				
	断面(mm)	180 (l) × 400				
木部(側材)	樹種	すぎ				
	強度等級	E65-F225				
	断面(mm)	90 (l') × 240				
	座掘り等欠損(mm)					
単位接合部降伏モード	モードⅣ					
接合部全体	接合種別 J0	${}_jK_r$ 1				
許容耐力 (kN)	p_a (単位接合部)	P_a 接合部[全体]				
長期 (${}_jK_d$=1.1)	8.37	33.49				
中長期 (${}_jK_d$=1.43)	10.88	43.54				
中短期 (${}_jK_d$=1.6)	12.17	48.71				
短期 (${}_jK_d$=2.0)	15.22	60.89				

5寸勾配　θ=26.56°
4-M16

	主材 h_e	200	列数 (m)	2	Σr_i		Σs_i	
	側材 h_e	0			Σr_i	64	Σs_i	640

単位接合部の許容耐力計算　p_a

(1) 単位接合部の設計用許容せん断耐力 p_a

$$p_a = \frac{1}{3} {}_jK_d \cdot {}_jK_m \cdot r_u \cdot p_y \qquad p_y = C \cdot F_e \cdot d \cdot l \qquad {}_jK_m = 1.0$$

降伏モード	式	C	接合種別	r_u ボルト	r_u ドリフトピン
モードⅠa	$2\alpha\beta$	1.20	JC	1.0	
モードⅠb	1	1	JC	1.0	1.0
モードⅢ	$\sqrt{\frac{8\alpha^2\beta^2(1+\beta)}{(2\beta+1)^2} + \frac{8\beta\gamma}{3(2\beta+1)}\left(\frac{d}{l}\right)^2} - \frac{2\alpha\beta}{2\beta+1}$	0.46	JB	1.1	
モードⅣ	$\frac{d}{l}\sqrt{\frac{8\beta\gamma}{3(1+\beta)}}$	0.41	JA	1.2	

主材	${}_\theta F_e$	16.2	荷重角度θ
	${}_{//}F_e$	19.4	繊維方向
	${}_\perp F_e$	9.7	繊維直角
側材	${}_\theta F_e'$	19.4	荷重角度θ
	${}_{//}F_e'$	19.4	繊維方向
	${}_\perp F_e'$	9.7	繊維直角
F	235		接合具
$\alpha = l'/l$		=	0.50
$\beta = F_e'/F_e$		=	1.20
$\gamma = F/F_e$		=	14.54
$l = 180$	$l' = 90$		

接合部全体の許容耐力計算　P_a

(2) 設計用許容せん断耐力

$$P_a = \frac{1}{3} {}_jK_r \cdot {}_jK_d \cdot {}_jK_m \cdot P_{u0}$$

ⅰ. 全体接合部の終局せん断耐力

$$P_{ui} = \sum_{i=1}^{m}({}_jK_n \cdot n_i \cdot r_u \cdot p_y) = 91.34 \text{ kN} \qquad {}_jK_n = 1.00$$

ⅱ. 木材の繊維と直角または傾斜する方向の応力を受ける場合の割裂破壊に対する計算

$$_\perp P_{uw} = \min({}_\perp P_{uw1}, {}_\perp P_{uw2}) = 102.40 \text{ kN}$$
$$_\theta P_{uw} = \min({}_\perp P_{uw}/\sin\theta, {}_{//}P_{uw}/\cos\theta) = 228.69 \text{ kN} \qquad (0° < \theta \leq 90°)$$

主材　$P_{uw1} = 2 \cdot C_r \cdot l \cdot \sqrt{\dfrac{h_e}{1-\dfrac{h_e}{h}}} \times n = 102.40$ kN

主材　$P_{uw2} = \dfrac{2}{3} \cdot \xi \cdot h_e \cdot l \cdot F_s = 115.20$ kN

主材 $\xi = \dfrac{|Q_1 - Q_2|}{\max(|Q_1|, |Q_2|)} = 2$　側材 $\xi = \dfrac{|Q_1 - Q_2|}{\max(|Q_1|, |Q_2|)} = -$

主材 C_r	8
側材 C_r	8
繊維方向間隔≧7d	
主材 n	2
側材 n	-
主材 F_s	2.7
側材 F_s	2.7

ⅲ. 繊維に平行方向の力を受ける場合の集合型せん断破壊に対する計算

$$_{//}P_{uw} = \min(主材 {}_{//}P_{uw}, 側材 {}_{//}P_{uw}) = 276.48 \text{ kN}$$

主材　${}_{//}P_{uw} = \max(A_{et} \cdot F_t, A_{es} \cdot F_s) = -$ kN

側材　${}_{//}P_{uw} = \max(A_{et} \cdot F_t, A_{es} \cdot F_s) = 276.48$ kN

| 主材 F_t | 12 |
| 側材 F_t | 12 |

$$_\theta P_{uw} = \frac{{}_{//}P_{uw}}{\cos\theta} = 276.48 \text{ kN}$$

ⅳ. 全体接合部の基準終局せん断耐力

$$P_{u0} = \min(P_{ui}, P_{uw}) = 91.35 \text{ kN} \qquad 木破によらない$$

※主材、側材のいずれかは荷重角度0とすること．

【計算例2】接合形式（ⅱ）：鋼板添え板2面せん断型（ボルト）　　【4章　設計例5参照】

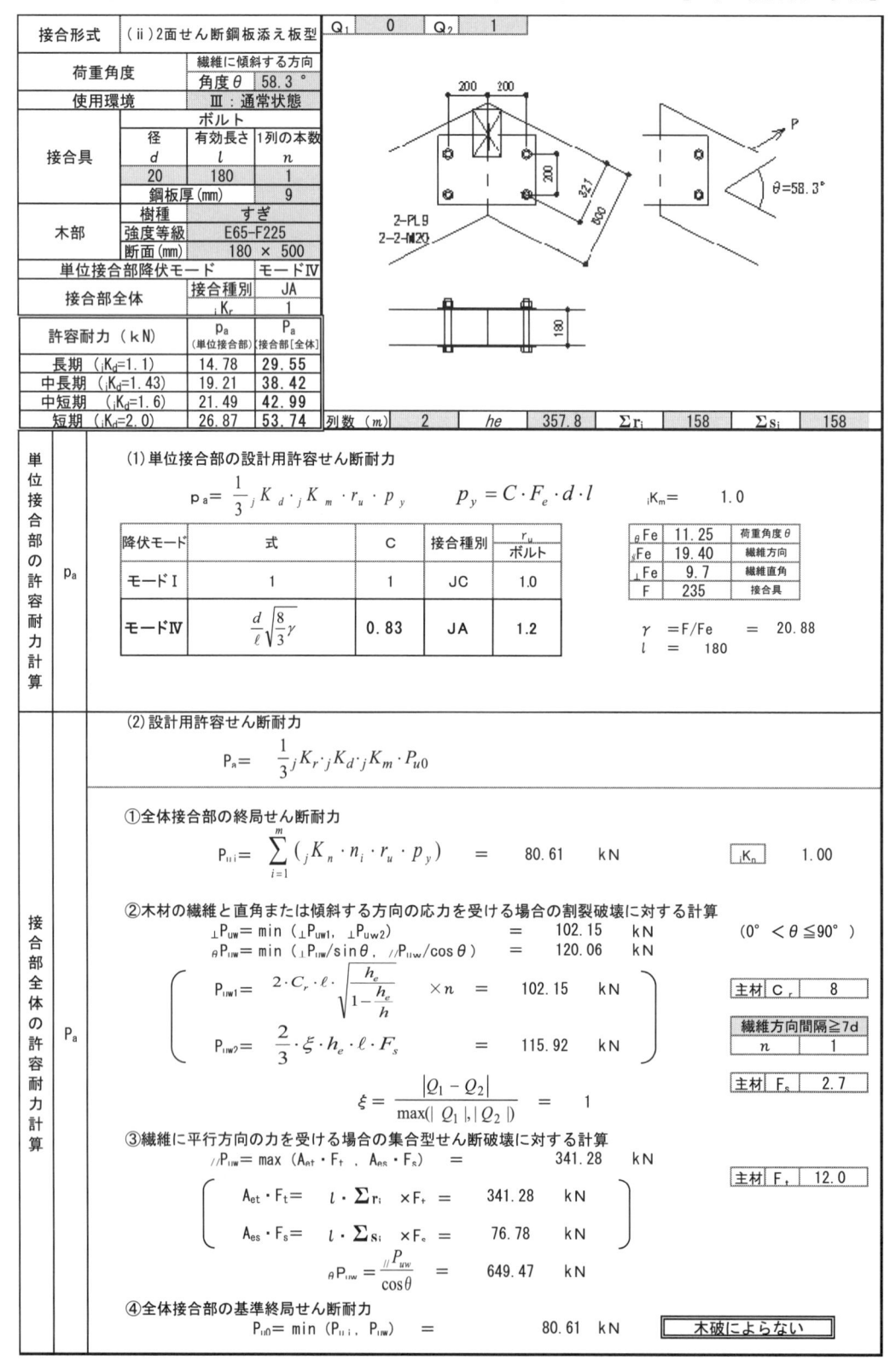

接合形式	（ⅱ）2面せん断鋼板添え板型			Q_1	0	Q_2	1
荷重角度	繊維に傾斜する方向						
	角度 θ	58.3°					
使用環境	Ⅲ：通常状態						
接合具	ボルト						
	径 d	有効長さ	1列の本数 n				
	20	180	1				
	鋼板厚(mm)		9				
木部	樹種	すぎ					
	強度等級	E65-F225					
	断面(mm)	180 × 500					
単位接合部降伏モード	モードⅣ						
接合部全体	接合種別	JA					
	$_jK_r$	1					
許容耐力（kN）	p_a（単位接合部）	P_a［接合部全体］					
長期 （$_jK_d$=1.1）	14.78	29.55					
中長期 （$_jK_d$=1.43）	19.21	38.42					
中短期 （$_jK_d$=1.6）	21.49	42.99					
短期 （$_jK_d$=2.0）	26.87	53.74	列数 (m)	2	h_e	357.8	Σr_i	158	Σs_i	158

単位接合部の許容耐力計算　p_a

(1) 単位接合部の設計用許容せん断耐力

$$p_a = \frac{1}{3} {}_jK_d \cdot {}_jK_m \cdot r_u \cdot p_y \qquad p_y = C \cdot F_e \cdot d \cdot l \qquad {}_jK_m = 1.0$$

降伏モード	式	C	接合種別	r_u ボルト
モードⅠ	1	1	JC	1.0
モードⅣ	$\dfrac{d}{\ell}\sqrt{\dfrac{8}{3}\gamma}$	0.83	JA	1.2

$_\theta F_e$	11.25	荷重角度 θ
$_\parallel F_e$	19.40	繊維方向
$_\perp F_e$	9.7	繊維直角
F	235	接合具

$\gamma = F/F_e = 20.88$
$l = 180$

接合部全体の許容耐力計算　P_a

(2) 設計用許容せん断耐力

$$P_n = \frac{1}{3} {}_jK_r \cdot {}_jK_d \cdot {}_jK_m \cdot P_{u0}$$

① 全体接合部の終局せん断耐力

$$P_{ui} = \sum_{i=1}^{m}({}_jK_n \cdot n_i \cdot r_u \cdot p_y) = 80.61 \text{ kN} \qquad \boxed{{}_jK_n \quad 1.00}$$

② 木材の繊維と直角または傾斜する方向の応力を受ける場合の割裂破壊に対する計算

$_\perp P_{uw} = \min({}_\perp P_{uw1},\ {}_\perp P_{uw2}) = 102.15$ kN　（0°＜θ≦90°）
$_\theta P_{uw} = \min({}_\perp P_{uw}/\sin\theta,\ {}_\parallel P_{uw}/\cos\theta) = 120.06$ kN

$$P_{uw1} = \frac{2 \cdot C_r \cdot \ell \sqrt{\dfrac{h_e}{1-\dfrac{h_e}{h}}} \times n = 102.15 \text{ kN}}$$

$$P_{uw2} = \frac{2}{3} \cdot \xi \cdot h_e \cdot \ell \cdot F_s = 115.92 \text{ kN}$$

$$\xi = \frac{|Q_1 - Q_2|}{\max(|Q_1|,|Q_2|)} = 1$$

| 主材 C_r | 8 |
| 繊維方向間隔≧7d |
| n | 1 |
| 主材 F_s | 2.7 |

③ 繊維に平行方向の力を受ける場合の集合型せん断破壊に対する計算

$_\parallel P_{uw} = \max(A_{et} \cdot F_t,\ A_{es} \cdot F_s) = 341.28$ kN

$A_{et} \cdot F_t = l \cdot \Sigma r_i \times F_t = 341.28$ kN
$A_{es} \cdot F_s = l \cdot \Sigma s_i \times F_e = 76.78$ kN

$$_\theta P_{uw} = \frac{{}_\parallel P_{uw}}{\cos\theta} = 649.47 \text{ kN}$$

| 主材 F_t | 12.0 |

④ 全体接合部の基準終局せん断耐力

$P_{u0} = \min(P_{ui},\ P_{uw}) = 80.61$ kN　　$\boxed{\text{木破によらない}}$

第 3 章　接合形式別耐力計算例　—35—

【計算例3】接合形式（iii）：鋼板挿入2面せん断型（ドリフトピン）　【4章　設計例1参照】

接合形式	(iii)2面せん断鋼板挿入型		Q_1	0	Q_2	1
荷重角度	繊維直角方向					
	角度 θ	90.0 °				
使用環境	Ⅲ：通常状態					
接合具	ドリフトピン					
	径 d	有効長さ l	1列の本数 n			
	20	175	1			
	鋼板厚(mm)	9				
木部	樹種	すぎ				
	強度等級	E65-F225				
	断面(mm)	180 × 400				
	座掘り等欠損(mm)					
単位接合部降伏モード	モードⅢ					
接合部全体	接合種別	JB				
	$_jK_r$	0.9				
許容耐力（kN）	p_a (単位接合部)	P_a (接合部[全体])				
長期 ($_jK_d$=1.1)	8.40	22.69				
中長期 ($_jK_d$=1.43)	10.02	20.50				
中短期 ($_jK_d$=1.6)	12.22	33.01				
短期 ($_jK_d$=2.0)	15.28	41.26	列数 (m)	3	h_e	300	Σr_i		Σs_i	

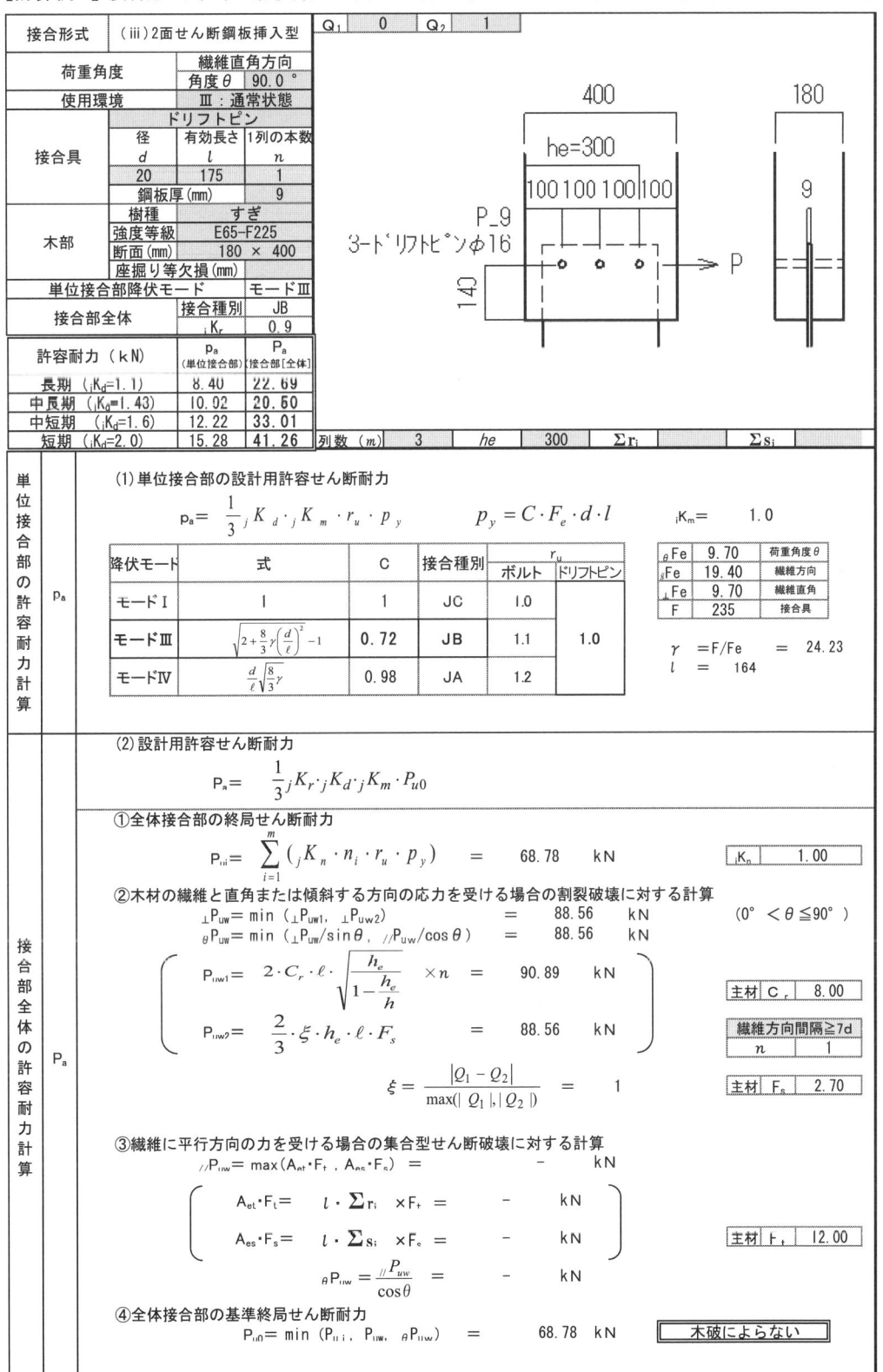

図：400×180 断面、h_e=300、100 100 100 100、3-ドリフトピンφ16、鋼板厚9、P_9、140

単位接合部の許容耐力計算 p_a

(1) 単位接合部の設計用許容せん断耐力

$$p_a = \frac{1}{3} {}_jK_d \cdot {}_jK_m \cdot r_u \cdot p_y \qquad p_y = C \cdot F_e \cdot d \cdot l \qquad {}_iK_m = 1.0$$

降伏モード	式	C	接合種別	r_u ボルト	r_u ドリフトピン
モードⅠ	1	1	JC	1.0	
モードⅢ	$\sqrt{2+\frac{8}{3}\gamma\left(\frac{d}{\ell}\right)^2}-1$	0.72	JB	1.1	1.0
モードⅣ	$\frac{d}{\ell}\sqrt{\frac{8}{3}\gamma}$	0.98	JA	1.2	

$_\theta F_e$ = 9.70　荷重角度 θ
$_{//}F_e$ = 19.40　繊維方向
$_\perp F_e$ = 9.70　繊維直角
F = 235　接合具

$\gamma = F/F_e$ = 24.23
l = 164

接合部全体の許容耐力計算 P_a

(2) 設計用許容せん断耐力

$$P_a = \frac{1}{3} {}_jK_r \cdot {}_jK_d \cdot {}_jK_m \cdot P_{u0}$$

①全体接合部の終局せん断耐力

$$P_{ui} = \sum_{i=1}^{m}({}_jK_n \cdot n_i \cdot r_u \cdot p_y) \quad = \quad 68.78 \quad \text{kN} \qquad {}_iK_n \quad 1.00$$

②木材の繊維と直角または傾斜する方向の応力を受ける場合の割裂破壊に対する計算

$_\perp P_{uw} = \min(_\perp P_{uw1}, _\perp P_{uw2})$ ＝ 88.56 kN　　（0°＜θ≦90°）
$_\theta P_{uw} = \min(_\perp P_{uw}/\sin\theta, _{//}P_{uw}/\cos\theta)$ ＝ 88.56 kN

$$P_{uw1} = 2 \cdot C_r \cdot \ell \cdot \sqrt{\frac{h_e}{1-\frac{h_e}{h}}} \times n \quad = \quad 90.89 \quad \text{kN}$$

$$P_{uw2} = \frac{2}{3} \cdot \xi \cdot h_e \cdot \ell \cdot F_s \quad = \quad 88.56 \quad \text{kN}$$

$$\xi = \frac{|Q_1 - Q_2|}{\max(|Q_1|,|Q_2|)} \quad = \quad 1$$

主材 C_r 8.00
繊維方向間隔 ≧7d
n 1
主材 F_s 2.70

③繊維に平行方向の力を受ける場合の集合型せん断破壊に対する計算

$_{//}P_{uw} = \max(A_{et} \cdot F_t, A_{es} \cdot F_s)$ ＝ － kN

$A_{et} \cdot F_t = \ell \cdot \Sigma r_i \times F_t$ ＝ － kN
$A_{es} \cdot F_s = \ell \cdot \Sigma s_i \times F_e$ ＝ － kN

$_\theta P_{uw} = \frac{_{//}P_{uw}}{\cos\theta}$ ＝ － kN

主材 F_t 12.00

④全体接合部の基準終局せん断耐力

$P_{u0} = \min(P_{ui}, P_{uw}, _\theta P_{uw})$ ＝ 68.78 kN　　【木破によらない】

【計算例4】 接合形式（iii）：鋼板挿入2面せん断型　（ボルト）

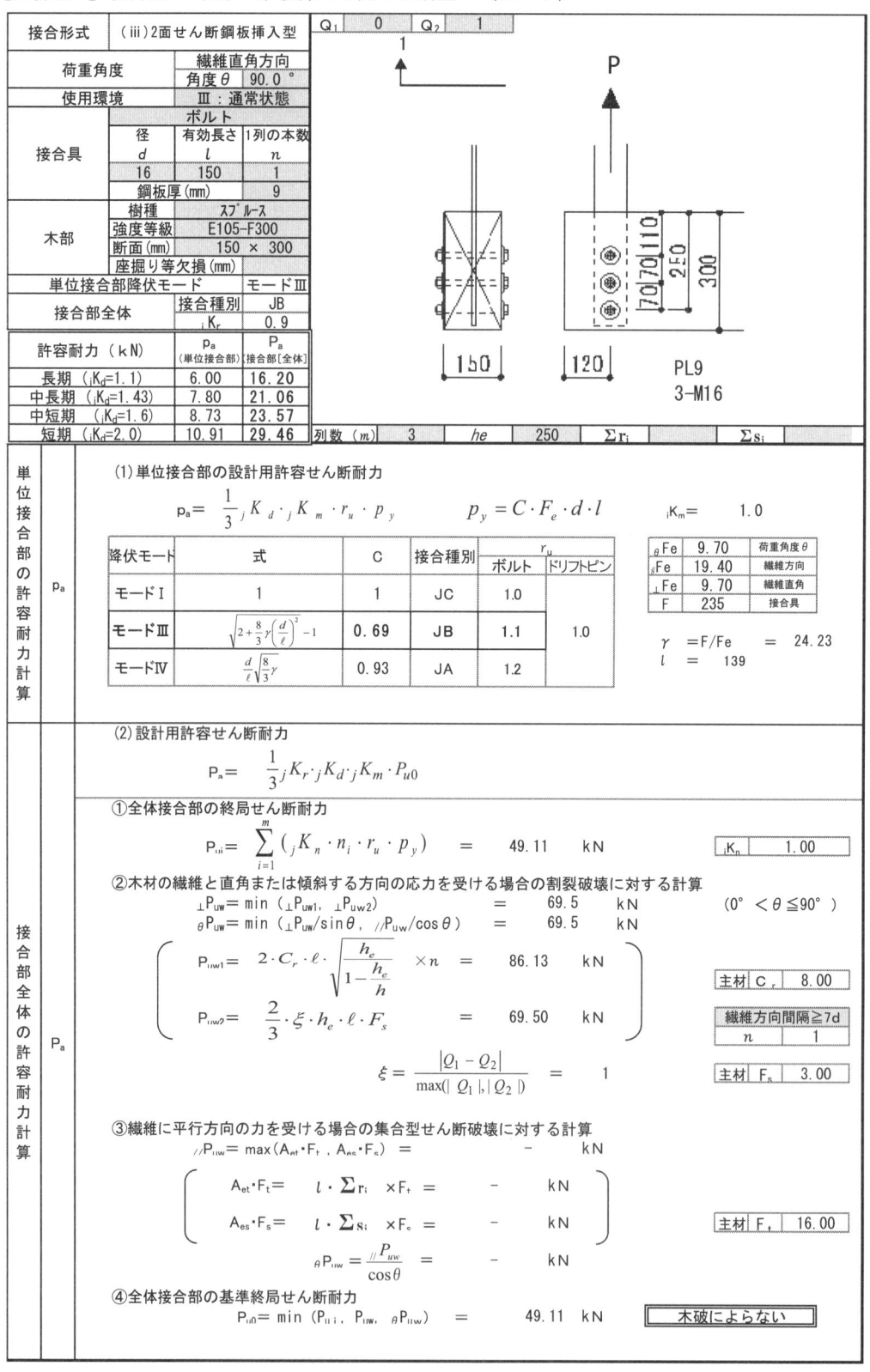

接合形式	(iii)2面せん断鋼板挿入型		
荷重角度	繊維直角方向 角度θ	90.0°	
使用環境	Ⅲ：通常状態		
接合具	ボルト		
	径 d	有効長さ l	1列の本数 n
	16	150	1
	鋼板厚(mm)	9	
木部	樹種	スプルース	
	強度等級	E105-F300	
	断面(mm)	150 × 300	
	座掘り等欠損(mm)		
単位接合部降伏モード	モードⅢ		
接合部全体	接合種別	JB	
	jK_r	0.9	
許容耐力 (kN)	p_a (単位接合部)	P_a 接合部[全体]	
長期 (jK_d=1.1)	6.00	16.20	
中長期 (jK_d=1.43)	7.80	21.06	
中短期 (jK_d=1.6)	8.73	23.57	
短期 (jK_d=2.0)	10.91	29.46	

Q_1 = 0　Q_2 = 1

PL9　3-M16

列数 (m) = 3　　h_e = 250　　Σr_i　　Σs_i

単位接合部の許容耐力計算　p_a

(1) 単位接合部の設計用許容せん断耐力

$$p_a = \frac{1}{3} {}_j K_d \cdot {}_j K_m \cdot r_u \cdot p_y \qquad p_y = C \cdot F_e \cdot d \cdot l \qquad {}_j K_m = 1.0$$

降伏モード	式	C	接合種別	r_u ボルト	ドリフトピン
モードⅠ	1	1	JC	1.0	
モードⅢ	$\sqrt{2+\frac{8}{3}\gamma\left(\frac{d}{\ell}\right)^2}-1$	0.69	JB	1.1	1.0
モードⅣ	$\frac{d}{\ell}\sqrt{\frac{8}{3}\gamma}$	0.93	JA	1.2	

$_\theta F_e$	9.70	荷重角度θ
$_\parallel F_e$	19.40	繊維方向
$_\perp F_e$	9.70	繊維直角
F	235	接合具

$\gamma = F/F_e = 24.23$
$l = 139$

接合部全体の許容耐力計算　P_a

(2) 設計用許容せん断耐力

$$P_a = \frac{1}{3} {}_j K_r \cdot {}_j K_d \cdot {}_j K_m \cdot P_{u0}$$

① 全体接合部の終局せん断耐力

$$P_{ui} = \sum_{i=1}^{m}({}_j K_n \cdot n_i \cdot r_u \cdot p_y) = 49.11 \text{ kN} \qquad {}_j K_n = 1.00$$

② 木材の繊維と直角または傾斜する方向の応力を受ける場合の割裂破壊に対する計算

$_\perp P_{uw} = \min(_\perp P_{uw1}, _\perp P_{uw2}) = 69.5$ kN
$_\theta P_{uw} = \min(_\perp P_{uw}/\sin\theta, _\parallel P_{uw}/\cos\theta) = 69.5$ kN　　(0° < θ ≦ 90°)

$$P_{uw1} = 2 \cdot C_r \cdot \ell \cdot \sqrt{\frac{h_e}{1-\frac{h_e}{h}}} \times n = 86.13 \text{ kN}$$

主材 C_r 8.00

$$P_{uw2} = \frac{2}{3} \cdot \xi \cdot h_e \cdot \ell \cdot F_s = 69.50 \text{ kN}$$

繊維方向間隔≧7d　n = 1
主材 F_s 3.00

$$\xi = \frac{|Q_1 - Q_2|}{\max(|Q_1|, |Q_2|)} = 1$$

③ 繊維に平行方向の力を受ける場合の集合型せん断破壊に対する計算

$_\parallel P_{uw} = \max(A_{et} \cdot F_t, A_{es} \cdot F_e) = -$ kN

$A_{et} \cdot F_t = l \cdot \Sigma r_i \times F_t = -$ kN
$A_{es} \cdot F_s = l \cdot \Sigma s_i \times F_e = -$ kN

主材 F_t 16.00

$_\theta P_{uw} = \frac{_\parallel P_{uw}}{\cos\theta} = -$ kN

④ 全体接合部の基準終局せん断耐力

$P_{u0} = \min(P_{ui}, _\perp P_{uw}, _\theta P_{uw}) = 49.11$ kN　　木破によらない

第3章 接合形式別耐力計算例 —37—

【計算例5】接合形式（ⅳ）：木材側材1面せん断型（ボルト）

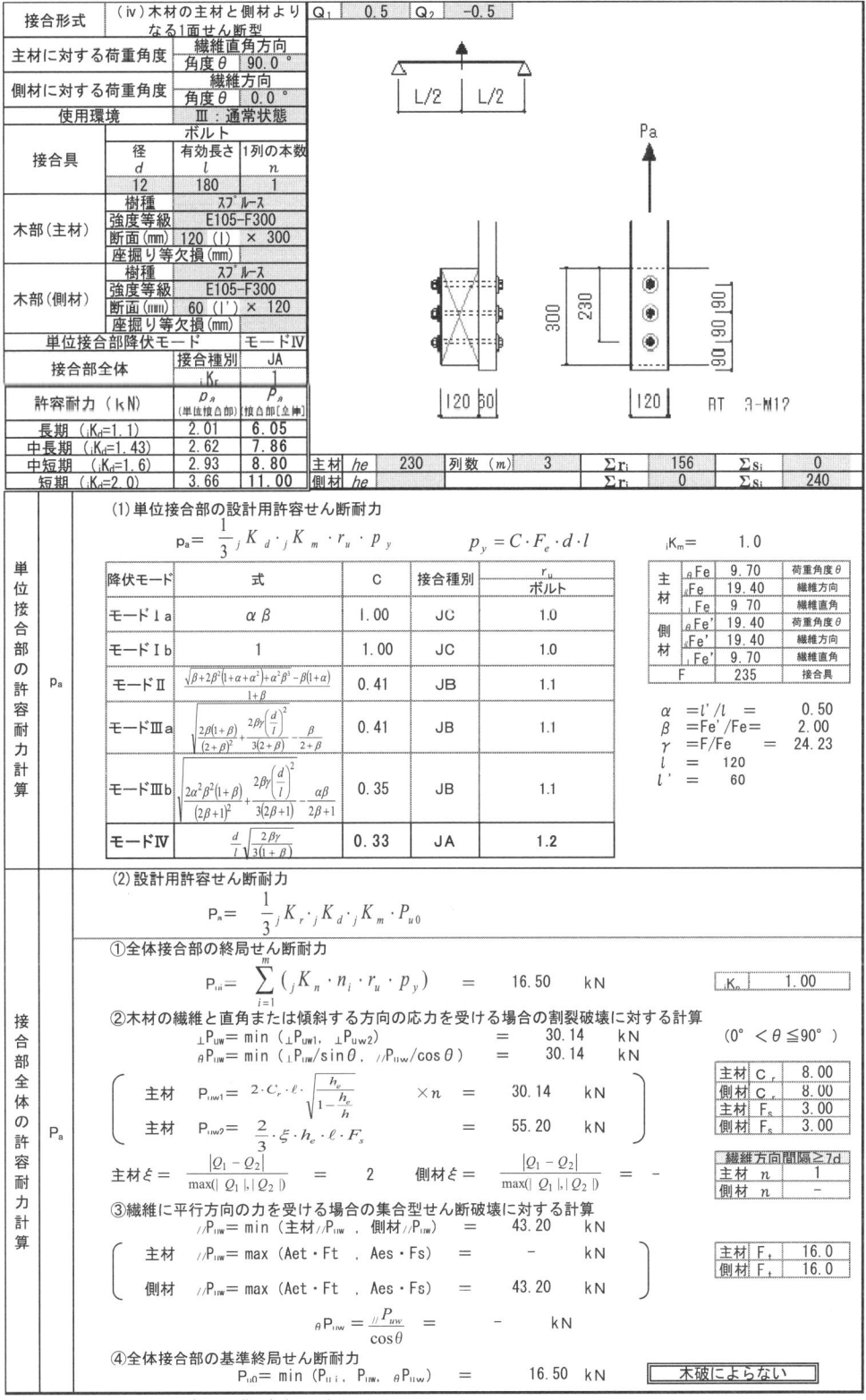

接合形式	（ⅳ）木材の主材と側材よりなる1面せん断型			Q_1 0.5 Q_2 -0.5
主材に対する荷重角度	繊維直角方向 角度θ 90.0°			
側材に対する荷重角度	繊維方向 角度θ 0.0°			
使用環境	Ⅲ：通常状態			
接合具	ボルト			
	径 d	有効長さ l	1列の本数 n	
	12	180	1	
木部（主材）	樹種 スプルース			
	強度等級 E105-F300			
	断面(mm) 120 (l) × 300			
	座掘り等欠損(mm)			
木部（側材）	樹種 スプルース			
	強度等級 E105-F300			
	断面(mm) 60 (l') × 120			
	座掘り等欠損(mm)			
単位接合部降伏モード	モードⅣ			
接合部全体	接合種別 JA ${}_jK_r$ 1			

許容耐力（kN）	p_a（単位接合部）	P_a（接合部[全体]）
長期（${}_jK_{cl}$=1.1）	2.01	6.05
中長期（${}_jK_{cl}$=1.43）	2.62	7.86
中短期（${}_jK_{cl}$=1.6）	2.93	8.80
短期（${}_jK_{cl}$=2.0）	3.66	11.00

	主材 h_e	230	列数 (m)	3	Σr_i	156	Σs_i	0
	側材 h_e				Σr_i	0	Σs_i	240

単位接合部の許容耐力計算 p_a

(1) 単位接合部の設計用許容せん断耐力

$$p_a = \frac{1}{3}{}_jK_d \cdot {}_jK_m \cdot r_u \cdot p_y \qquad p_y = C \cdot F_e \cdot d \cdot l \qquad {}_iK_m = 1.0$$

降伏モード	式	C	接合種別	r_u ボルト
モードⅠa	$\alpha\beta$	1.00	JC	1.0
モードⅠb	1	1.00	JC	1.0
モードⅡ	$\frac{\sqrt{\beta+2\beta^2(1+\alpha+\alpha^2)+\alpha^2\beta^3}-\beta(1+\alpha)}{1+\beta}$	0.41	JB	1.1
モードⅢa	$\sqrt{\frac{2\beta(1+\beta)}{(2+\beta)^2}+\frac{2\beta\gamma\left(\frac{d}{l}\right)^2}{3(2+\beta)}}-\frac{\beta}{2+\beta}$	0.41	JB	1.1
モードⅢb	$\sqrt{\frac{2\alpha^2\beta^2(1+\beta)}{(2\beta+1)^2}+\frac{2\beta\gamma\left(\frac{d}{l}\right)^2}{3(2\beta+1)}}-\frac{\alpha\beta}{2\beta+1}$	0.35	JB	1.1
モードⅣ	$\frac{d}{l}\sqrt{\frac{2\beta\gamma}{3(1+\beta)}}$	0.33	JA	1.2

主材	${}_aF_e$	9.70	荷重角度θ
	${}_aF_e$	19.40	繊維方向
	${}_aF_e$	9.70	繊維直角
側材	${}_aF_e'$	19.40	荷重角度θ
	${}_aF_e'$	19.40	繊維方向
	${}_aF_e'$	9.70	繊維直角
F	235		接合具

$\alpha = l'/l = 0.50$
$\beta = F_e'/F_e = 2.00$
$\gamma = F/F_e = 24.23$
$l = 120$
$l' = 60$

接合部全体の許容耐力計算 P_a

(2) 設計用許容せん断耐力

$$P_n = \frac{1}{3}{}_jK_r \cdot {}_jK_d \cdot {}_jK_m \cdot P_{u0}$$

① 全体接合部の終局せん断耐力

$$P_{u0} = \sum_{i=1}^{m}({}_jK_n \cdot n_i \cdot r_u \cdot p_y) = 16.50 \text{ kN} \qquad {}_jK_n \quad 1.00$$

② 木材の繊維と直角または傾斜する方向の応力を受ける場合の割裂破壊に対する計算

$\perp P_{uw} = \min (\perp P_{uw1}, \perp P_{uw2}) = 30.14$ kN　　（0°＜θ≦90°）

$\theta P_{uw} = \min (\perp P_{uw}/\sin\theta, //P_{uw}/\cos\theta) = 30.14$ kN

主材 C_r	8.00
側材 C_e	8.00
主材 F_s	3.00
側材 F_s	3.00

主材 $P_{uw1} = 2 \cdot C_r \cdot l \cdot \sqrt{\dfrac{\frac{h_e}{h}}{1-\frac{h_e}{h}}} \times n = 30.14$ kN

主材 $P_{uw2} = \dfrac{2}{3} \cdot \xi \cdot h_e \cdot l \cdot F_s = 55.20$ kN

主材 $\xi = \dfrac{|Q_1 - Q_2|}{\max(|Q_1|,|Q_2|)} = 2$　　側材 $\xi = \dfrac{|Q_1 - Q_2|}{\max(|Q_1|,|Q_2|)} = -$

繊維方向間隔≧7d	
主材 n	1
側材 n	-

③ 繊維に平行方向の力を受ける場合の集合型せん断破壊に対する計算

$//P_{uw} = \min$ (主材 $//P_{uw}$, 側材 $//P_{uw}$) = 43.20 kN

主材 $//P_{uw} = \max (A_{et} \cdot F_t, A_{es} \cdot F_s) = -$ kN

側材 $//P_{uw} = \max (A_{et} \cdot F_t, A_{es} \cdot F_s) = 43.20$ kN

主材 F_t	16.0
側材 F_t	16.0

$\theta P_{uw} = \dfrac{//P_{uw}}{\cos\theta} = -$ kN

④ 全体接合部の基準終局せん断耐力

$P_{u0} = \min (P_u, P_{uw}, \theta P_{uw}) = 16.50$ kN　　木破によらない

※主材、側材のいずれかは荷重角度0とすること．

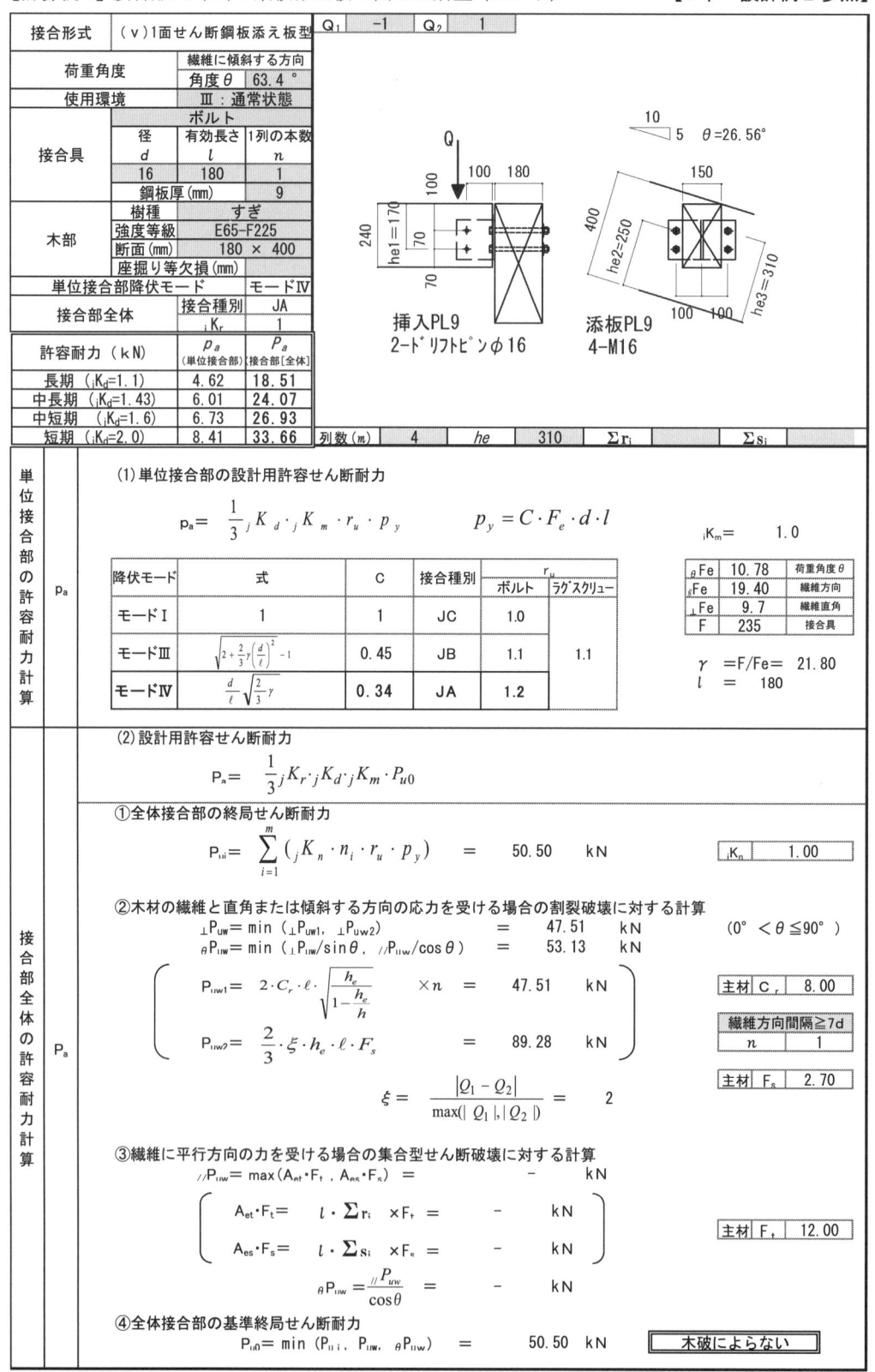

【計算例6】接合形式（ⅴ）：鋼板添え板1面せん断型（ボルト）　【4章　設計例2参照】

接合形式	(ⅴ)1面せん断鋼板添え板型			Q_1	-1	Q_2	1
荷重角度	繊維に傾斜する方向						
	角度 θ	63.4°					
使用環境	Ⅲ：通常状態						
接合具	ボルト						
	径 d	有効長さ l	1列の本数 n				
	16	180	1				
	鋼板厚(mm)	9					
木部	樹種	すぎ					
	強度等級	E65-F225					
	断面(mm)	180×400					
	座掘り等欠損(mm)						
単位接合部降伏モード	モードⅣ						
接合部全体	接合種別	JA					
	$_jK_r$	1					
許容耐力（kN）	p_a（単位接合部）	P_a（接合部[全体]）					
長期 ($_jK_d$=1.1)	4.62	18.51					
中長期 ($_jK_d$=1.43)	6.01	24.07					
中短期 ($_jK_d$=1.6)	6.73	26.93					
短期 ($_jK_d$=2.0)	8.41	33.66	列数 (m)	4	h_e	310	Σr_i	Σs_i

挿入PL9　2-ドリフトピンφ16
添板PL9　4-M16

単位接合部の許容耐力計算　p_a

(1) 単位接合部の設計用許容せん断耐力

$$p_a = \frac{1}{3} {}_jK_d \cdot {}_jK_m \cdot r_u \cdot p_y \qquad p_y = C \cdot F_e \cdot d \cdot l$$

${}_jK_m = 1.0$

降伏モード	式	C	接合種別	r_u ボルト	ラグスクリュー
モードⅠ	1	1	JC	1.0	
モードⅢ	$\sqrt{2+\frac{2}{3}\gamma\left(\frac{d}{\ell}\right)^2}-1$	0.45	JB	1.1	1.1
モードⅣ	$\frac{d}{\ell}\sqrt{\frac{2}{3}\gamma}$	0.34	JA	1.2	

${}_\theta F_e$	10.78	荷重角度 θ
${}_\parallel F_e$	19.40	繊維方向
${}_\perp F_e$	9.7	繊維直角
F	235	接合具

$\gamma = F/F_e = 21.80$
$l = 180$

接合部全体の許容耐力計算　P_a

(2) 設計用許容せん断耐力

$$P_a = \frac{1}{3} {}_jK_r \cdot {}_jK_d \cdot {}_jK_m \cdot P_{u0}$$

① 全体接合部の終局せん断耐力

$$P_{ui} = \sum_{i=1}^{m}({}_jK_n \cdot n_i \cdot r_u \cdot p_y) = 50.50 \text{ kN}$$

${}_jK_n$　1.00

② 木材の繊維と直角または傾斜する方向の応力を受ける場合の割裂破壊に対する計算

$_\perp P_{uw} = \min(_\perp P_{uw1}, _\perp P_{uw2}) = 47.51$ kN
$_\theta P_{uw} = \min(_\perp P_{uw}/\sin\theta, _\parallel P_{uw}/\cos\theta) = 53.13$ kN　(0°<θ≦90°)

$$P_{uw1} = 2 \cdot C_r \cdot \ell \cdot \sqrt{\frac{h_e}{1-\frac{h_e}{h}}} \times n = 47.51 \text{ kN}$$

$$P_{uw2} = \frac{2}{3} \cdot \xi \cdot h_e \cdot \ell \cdot F_s = 89.28 \text{ kN}$$

$$\xi = \frac{|Q_1 - Q_2|}{\max(|Q_1|,|Q_2|)} = 2$$

主材	C_r	8.00
繊維方向間隔≧7d		
n	1	
主材	F_s	2.70

③ 繊維に平行方向の力を受ける場合の集合型せん断破壊に対する計算

$_\parallel P_{uw} = \max(A_{et} \cdot F_t, A_{es} \cdot F_s) = -$ kN

$A_{et} \cdot F_t = \ell \cdot \Sigma r_i \times F_t = -$ kN
$A_{es} \cdot F_s = \ell \cdot \Sigma s_i \times F_e = -$ kN

$_\theta P_{uw} = \frac{_\parallel P_{uw}}{\cos\theta} = -$ kN

主材	F_t	12.00

④ 全体接合部の基準終局せん断耐力

$P_{u0} = \min(P_{ui}, P_{uw}, _\theta P_{uw}) = 50.50$ kN　　**木破によらない**

第3章 接合形式別耐力計算例 —39—

【計算例7】接合形式（ⅴ）：鋼板添え板1面せん断型（ラグスクリュー）【4章 設計例3参照】

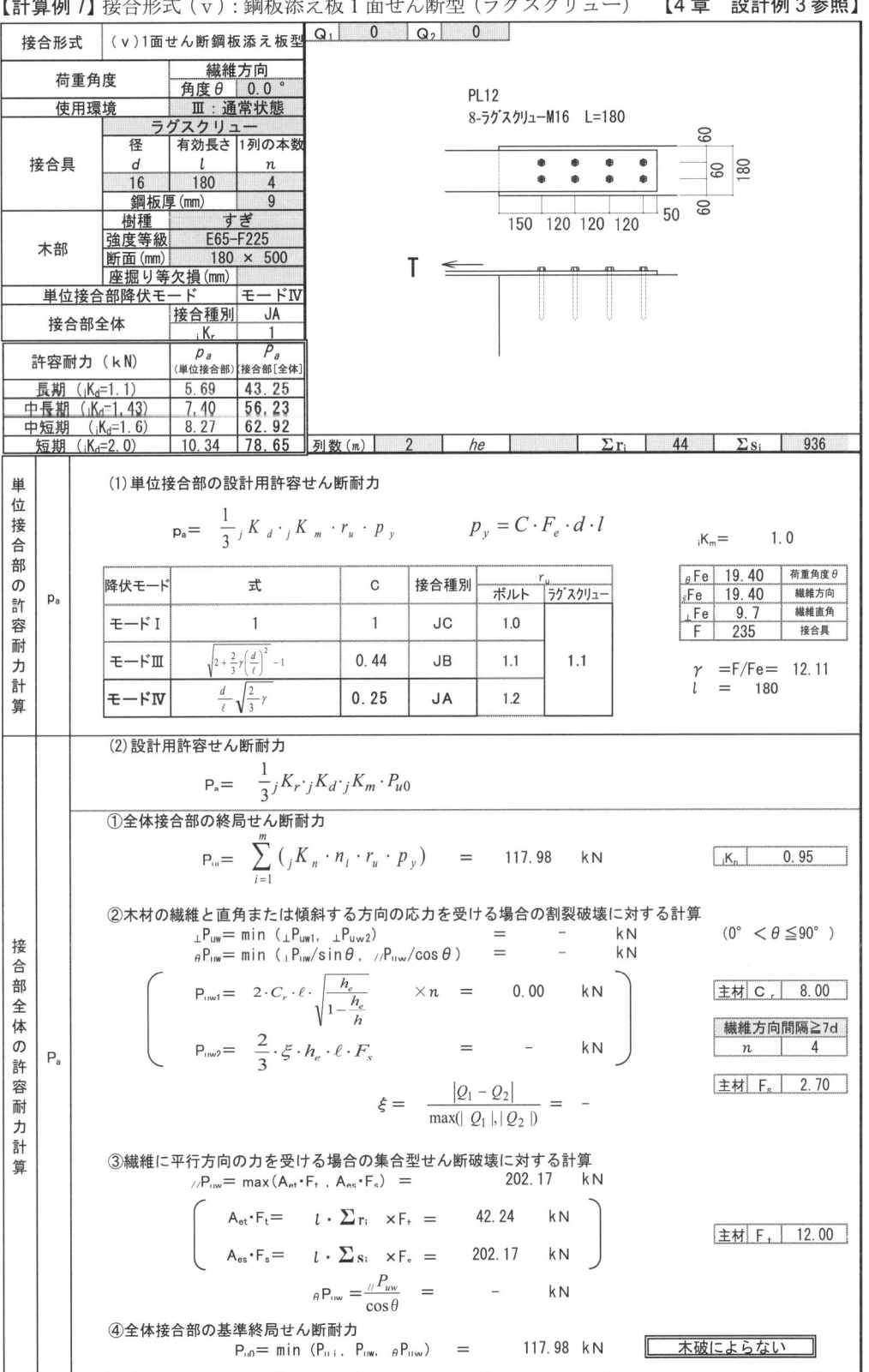

接合形式	（ⅴ）1面せん断鋼板添え板型		
荷重角度	繊維方向		
	角度 θ	0.0°	
使用環境	Ⅲ：通常状態		
接合具	ラグスクリュー		
	径 d	有効長さ l	1列の本数 n
	16	180	4
	鋼板厚(mm)	9	
木部	樹種	すぎ	
	強度等級	E65-F225	
	断面(mm)	180 × 500	
	座掘り等欠損(mm)		
単位接合部降伏モード	モードⅣ		
接合部全体	接合種別	JA	
	$_jK_r$	1	

許容耐力（kN）	p_a (単位接合部)	P_a (接合部[全体])
長期（$_jK_d$=1.1）	5.69	43.25
中長期（$_jK_d$=1.43）	7.40	56.23
中短期（$_jK_d$=1.6）	8.27	62.92
短期（$_jK_d$=2.0）	10.34	78.65

Q₁ 0　Q₂ 0

PL12
8-ラグスクリュー-M16　L=180

列数 m: 2　h_e　Σr_i: 44　Σs_i: 936

単位接合部の許容耐力計算

(1) 単位接合部の設計用許容せん断耐力

$$p_a = \frac{1}{3} {_jK_d} \cdot {_jK_m} \cdot r_u \cdot p_y \qquad p_y = C \cdot F_e \cdot d \cdot l$$

$_jK_m$ = 1.0

降伏モード	式	C	接合種別	r_u ボルト	r_u ラグスクリュー
モードⅠ	1	1	JC	1.0	
モードⅢ	$\sqrt{2+\frac{2}{3}\gamma\left(\frac{d}{l}\right)^2}-1$	0.44	JB	1.1	1.1
モードⅣ	$\frac{d}{l}\sqrt{\frac{2}{3}\gamma}$	0.25	JA	1.2	

$_\theta F_e$ 19.40　荷重角度 θ
$_{//}F_e$ 19.40　繊維方向
$_\perp F_e$ 9.7　繊維直角
F 235　接合具

$\gamma = F/F_e = 12.11$
$l = 180$

接合部全体の許容耐力計算

(2) 設計用許容せん断耐力

$$P_a = \frac{1}{3}{_jK_r} \cdot {_jK_d} \cdot {_jK_m} \cdot P_{u0}$$

① 全体接合部の終局せん断耐力

$$P_{ui} = \sum_{i=1}^{m}\left({_jK_n} \cdot n_i \cdot r_u \cdot p_y\right) = 117.98 \text{ kN}$$

$_jK_n$　0.95

② 木材の繊維と直角または傾斜する方向の応力を受ける場合の割裂破壊に対する計算

$_\perp P_{uw} = \min(_\perp P_{uw1}, _\perp P_{uw2}) =$ — kN　（0° < θ ≦ 90°）
$_\theta P_{uw} = \min(_\perp P_{uw}/\sin\theta, _{//}P_{uw}/\cos\theta) =$ — kN

$$P_{uw1} = 2 \cdot C_r \cdot \ell \cdot \sqrt{\frac{h_e}{1-\frac{h_e}{h}}} \times n = 0.00 \text{ kN}$$

$$P_{uw2} = \frac{2}{3} \cdot \xi \cdot h_e \cdot \ell \cdot F_s = - \text{ kN}$$

$$\xi = \frac{|Q_1 - Q_2|}{\max(|Q_1|,|Q_2|)} = -$$

主材 C_r　8.00
繊維方向間隔≧7d　n　4
主材 F_s　2.70

③ 繊維に平行方向の力を受ける場合の集合型せん断破壊に対する計算

$_{//}P_{uw} = \max(A_{et} \cdot F_t, A_{es} \cdot F_s) = 202.17$ kN

$A_{et} \cdot F_t = l \cdot \Sigma r_i \times F_t = 42.24$ kN
$A_{es} \cdot F_s = l \cdot \Sigma s_i \times F_s = 202.17$ kN

主材 F_t　12.00

$_\theta P_{uw} = \frac{_{//}P_{uw}}{\cos\theta} = -$ kN

④ 全体接合部の基準終局せん断耐力

$P_{u0} = \min(P_{ui}, P_{uw}, _\theta P_{uw}) = 117.98$ kN　　木破によらない

第4章　接合部設計例

4.1　木質構造における接合部の特徴

　本章では，本書「1.2 適用範囲」にあるとおり，「木質構造設計規準・同解説」の"6. 接合部の設計"における，"602. 曲げ降伏型接合具を用いた接合"による設計例を示す．

　木質構造接合部の特徴を，同じ軸材料である鋼材と比較して述べれば，まず，木材が異方性材料であることから，木質構造接合部においては，木材の繊維方向と力の加わる方向の関係によって耐力が異なることが挙げられる．また，木材は鋼材のような溶接や補強が困難であることから，木質構造接合部の接合効率は一般的に低く，接合部の耐力は木材そのものの耐力より小さいのが一般的である．これは，木質トラス架構において，応力と部材強度との関係で求まる部材断面よりも，接合部を構成する接合具とその縁端距離，接合具間隔から決まる部材断面の方が大きくなる場合が多々あることからも理解できる．

4.2　木質構造接合部のパターン

　前項のような特徴を考慮して，実際の木質構造接合部においては，様々な工夫がなされている．在来軸組構法の柱脚接合部のように，長期応力に対しては接合部を木材（柱）と木材（土台）の支圧で対処し，地震時の引き抜きに対してはホールダウン金物とアンカーボルトにより対処するのもその一例である．このことは規模の大きな木造建築物の接合部であっても同様であり，例えば柱脚の接合部においても，図 4.2.1～図 4.2.3 をはじめとして接合部のパターンは多数存在し，それぞれのポイントを理解し活用することが，木質構造接合部の設計には大変重要である．

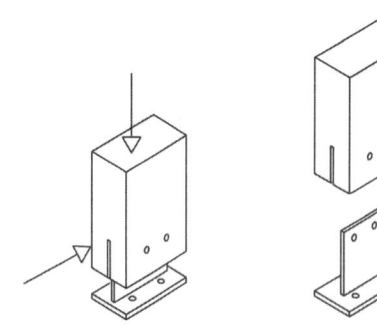

図 4.2.1　軸力もせん断力も接合具で対処する例

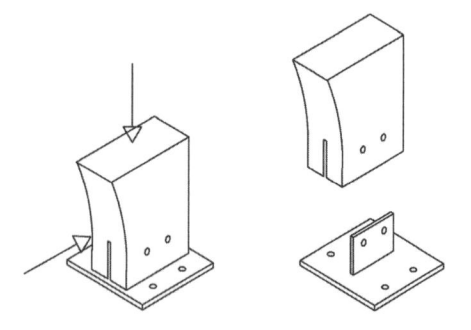

図 4.2.2　軸力は木口支圧で対処しせん断力は接合具で対処する例

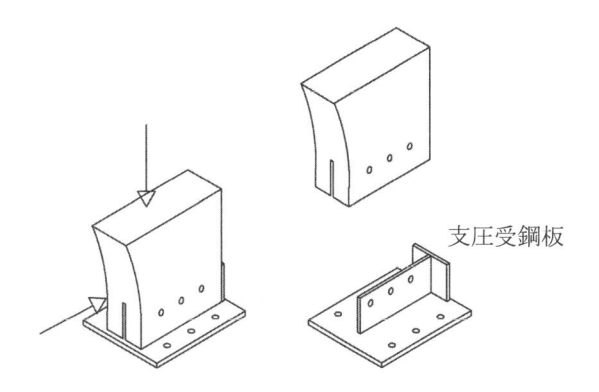

図 4.2.3　軸力は木口支圧で対処し，せん断力は支圧受鋼板で対処する例

4.3　部位別接合部の設計例

図 4.3.1，図 4.3.2 に示す木質架構を想定し，部位別に曲げ降伏型接合具による一般的接合方法を用いて計算例を示し，併せて注意点を述べる．

なお，本設計例では計算過程において数値をその都度四捨五入しているため，第 3 章の Excel シートを用いた計算結果とは若干異なる場合がある．

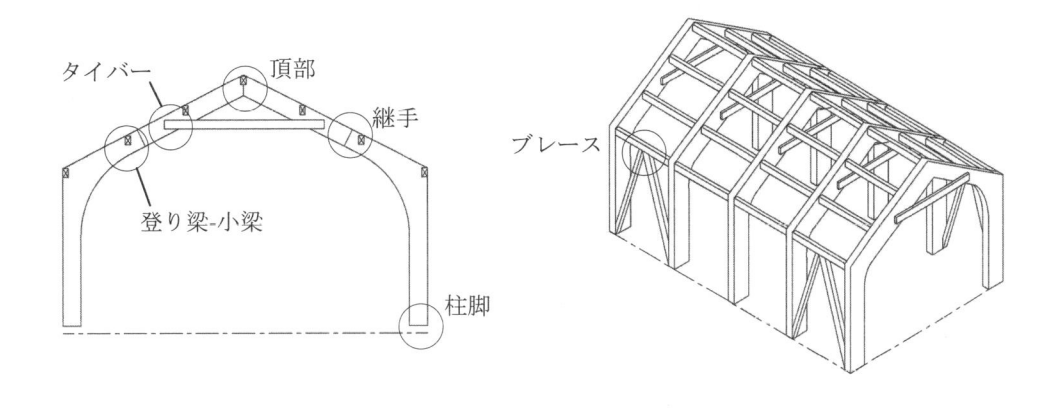

図 4.3.1　フレーム図　　　　　　　図 4.3.2　架構図

【設計例1】柱脚

図4.3.3に示す木材の繊維に直角方向に20kNの長期のせん断力を受けるドリフトピン接合部の検定を行う.なお,本設計例は本書 p.35 に計算シートによる算定結果が示してあるので適宜参照されたい.

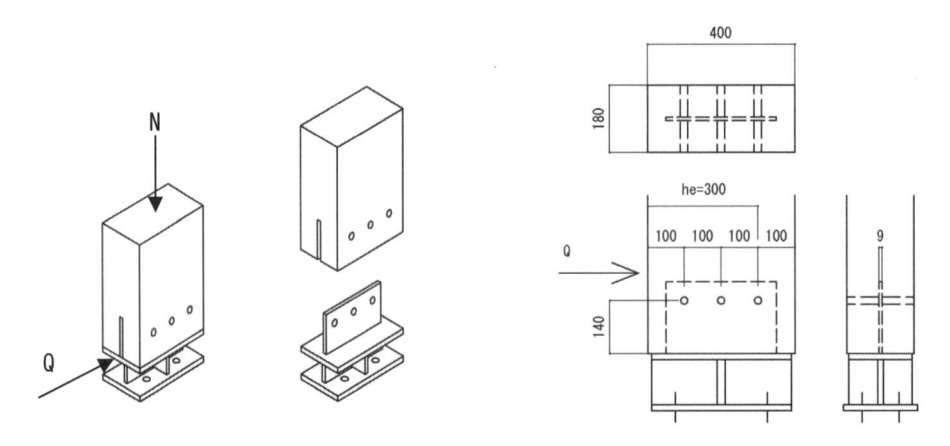

図4.3.3 木材の繊維に直角方向の力を受けるドリフトピン接合部

(1) 設計条件

木　　　　材：構造用集成材（対称異等級構成集成材,樹種：すぎ）E65-F225, 180 × 400 (mm)

鋼　　　　材：SS400　厚さ9 (mm)

ドリフトピン：ϕ20 (SS400), $F = 235$ (N/mm^2)

接　合　形　式：(ⅲ)鋼板挿入2面せん断型

設　計　応　力：$N = 50$ (kN), $Q = 20$ (kN)（長期）

※Nは木口支圧により負担するよう設計する（ここでは計算を省略する）.

(2) 耐力算定

① 単位接合部の降伏耐力 p_y：

本書 p.9〜14 に従い,まず始めに単位接合部の降伏せん断耐力 p_y を求める.

表2.2.3 より $_\perp F_e = 9.7$ (N/mm^2), 設計条件より $d = 20$ (mm),

ドリフトピン有効長さは,$l = 180 - 11 - 5 = 164$ (mm)　（図4.3.4 参照）

　※有効長さ＝ドリフトピン全長180mm －（挿入鋼板厚 9mm ＋ クリアランス 2mm）

　　　　　　　　　　　　　　　　　　　　　　　　　－ドリフトピン先端のテーパー長さ5mm

　※ドリフトピンの先端部が 5mm 面取りされている場合の計算例である.なお,面取りがピン端部の片側のみの場合,鋼板の両側で長さが異なる場合は小さい方を計算に用いる.

表2.2.6 より,降伏モードⅢとなり,$C = 0.721$ （→接合種別 JB）

よって(本書2.2)式より,$_\perp p_y = 0.721 \times 9.7 \times 20 \times 164 = 22\,939$ (N)

```
        ┌─────────────────────────────┐
        │                             │
        └─────────────────────────────┘
        2.5          175           2.5
```

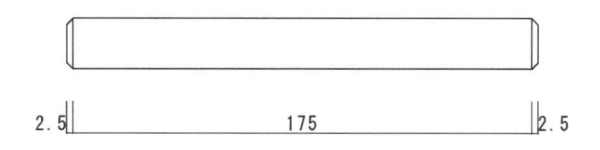

図 4.3.4 ドリフトピン形状の例

② 単位接合部の長期許容せん断耐力 p_a :

本書 p.9 の(2.1)式に従い，単位接合部の長期許容せん断耐力 p_a を求める．

表 2.2.1 より $_jK_d = 1.1$，表 2.2.2 より $_jK_m = 1$，表 2.2.6 より $r_u - 1.0$（ドリフトピン），

上記①より $_\perp p_y = 22\,939$ (N)

よって(本書 2.1)式より，$_\perp p_a = \dfrac{1}{3} \times 1.1 \times 1 \times 1.0 \times 22\,939 - 8\,411$ (N)

設計応力 $Q = 20$ (kN) $= 20\,000$ (N) より，必要本数は，$20\,000 / 8\,411 = 2.38$ →3本とする．

③ 接合部［全体］の長期許容せん断耐力 P_a :

次に，本書 p.15〜28 に従い，接合部［全体］の長期許容せん断耐力 P_a を求める．なお，本接合部は，表 2.3.1 の③のケースに対応している．

1) $_\perp P_{uj}$ の算定

図 4.3.3 より $m = 3$，$n = 1$，表 2.3.3 より $r_u = 1.0$（ドリフトピン），

上記①より $_\perp p_y = 22\,939$ (N)

※繊維に平行方向に並んだ接合具本数が n，直角方向が m

よって(本書 2.7)式より，$_\perp P_{uj} = 3 \times 1 \times 1.0 \times 22\,939 = 68\,817$ (N)

2) $_\perp P_{uw}$ の算定

(a) $_\perp P_{uw1}$ の算定

表 2.3.8 より $C_r = 8.0$（∵すぎ－J3），ドリフトピンの有効長さ $l = 164$ (mm)，

図 4.3.3 より $h_e = 300$ (mm)，$h_e / h = 300 / 400 = 0.75$

よって(本書 2.11)式より，$_\perp P_{uw1} = 2 \times 8.0 \times 164 \times \sqrt{(300/(1-0.75))} = 90\,898$ (N)

(b) $_\perp P_{uw2}$ の算定

次に，材端接合部であるため $\xi = 1.0$，図 4.3.3 より $h_e = 300$ (mm)，

ドリフトピンの有効長さ $l = 164$ (mm)，表 2.3.6 より $F_s = 2.7$ (N/mm^2)

よって(本書 2.12)式より，$_\perp P_{uw2} = \dfrac{2}{3} \times 1.0 \times 300 \times 164 \times 2.7 = 88\,560$ (N)

よって(本書 2.13)式より，$_\perp P_{uw} = \min(\,_\perp P_{uw1},\ _\perp P_{uw2}\,) = 88\,560$ (N)

3) P_{u0} の判定

(本書 2.5)式より，$P_{u0} = \min(\,_\perp P_{uj},\ _\perp P_{uw}\,) = _\perp P_{uj} = 68\,817$ (N)

以上より，当該接合部は終局時に木材の割裂，せん断，引張りにより破壊しないので，接合種別はJBで，表2.3.9より $_jK_r = 0.9$ となる．

表2.3.10より $_jK_d = 1.1$，表2.3.11より $_jK_m = 1$，$P_{u0} = 68\ 817$ (N)であるから，

(本書2.15)式より，$P_a = \dfrac{1}{3} \times 0.9 \times 1.1 \times 1 \times 68\ 817 = 22\ 710$ (N) $= 22.7$(kN)　　> 20.0 (kN)　…OK

(3) 柱脚金物の検討

柱脚金物の検討は，本会：鋼構造設計規準[1]を参考に次の項目について実施する．

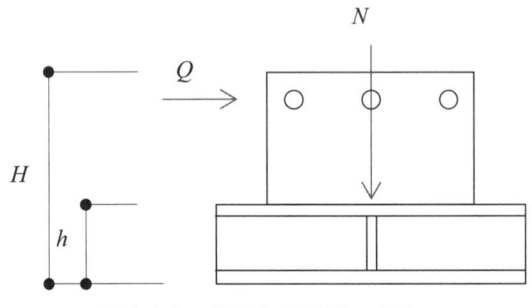

図4.3.5　柱脚金物設計の条件

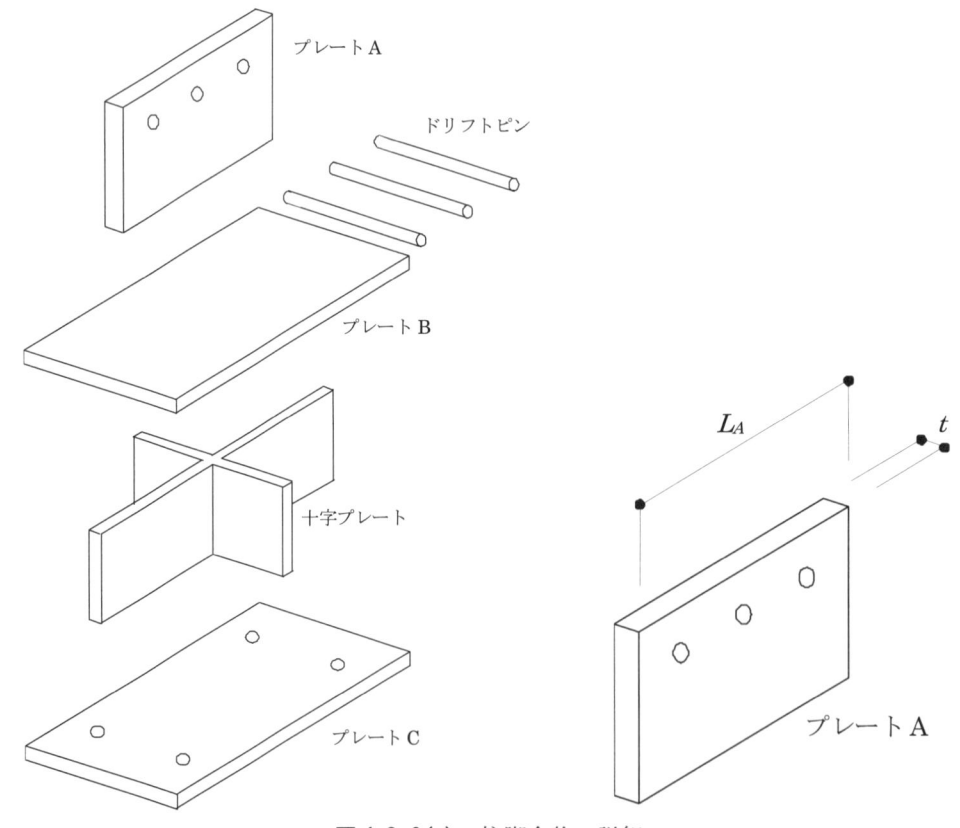

図4.3.6(a)　柱脚金物の詳細

図 4.3.6(b) 柱脚金物の詳細

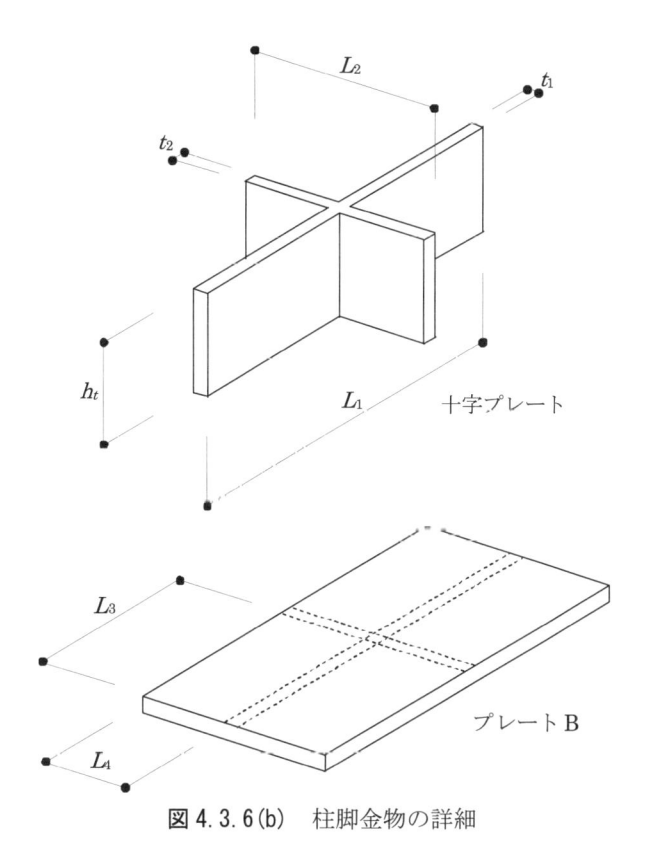

①せん断力 Q

・ドリフトピンのせん断耐力

$$\sigma_s = \frac{\kappa \cdot Q}{2 \cdot n \cdot A_0} < f_s$$

ここで，n：ドリフトピンの本数
A_0：ドリフトピンの断面積

・ドリフトピンとプレート A の支圧耐力

$$\sigma_p = \frac{Q}{n \cdot d \cdot t} < f_p$$

ここで，d：ドリフトピンの径
t：プレート A の厚さ

・プレート A のせん断耐力

$$\sigma_s = \frac{Q}{L_A \cdot t} < f_s$$

・十字プレートのせん断耐力

$$\sigma_s = \frac{Q}{L_1 \cdot t_1 + (L_2 - t_1) \cdot t_2} < f_s$$

②軸力 N

・プレート B の曲げ耐力，せん断耐力

$$\sigma_B = \frac{M_p}{Z}, \quad \sigma_s = \frac{\kappa \cdot Q_p}{A}$$

ここで，M_p, Q_p：等分布荷重時 2 隣辺固定他辺自由スラブの曲げモーメントとせん断耐力
Z, A：単位長さあたりの断面係数と単面積

(本会：鉄筋コンクリート構造計算規準・同解説 [2]参照)

・十字プレートの圧縮耐力

$$\sigma_c = \frac{N}{L_1 \cdot t_1 + (L_2 - t_1) \cdot t_2} < f_c$$

(4) 注意事項

・板厚に対し寸法（幅厚比）が大きい平板の場合，外力に対して早期に座屈して所定の耐力が発揮できない可能性がある．幅厚比については，本会：鋼構造設計規準 [1]を参照のこと．なお，鋼構造設計規準には，2 縁支持の板の幅厚比制限として下式が規定されている．

$$\frac{d}{t} \leq 1.6\sqrt{\frac{E}{F}}$$

d/t：幅厚比，d：平板の寸法，t：板厚　E：鋼のヤング係数（$=2.05 \times 10^5 \text{N/mm}^2$）

・金物組立の溶接部の耐力については，本会：鋼構造設計規準 [1]を参照のこと．なお，隅肉溶接の単位長さあたりの長期せん断降伏耐力は下式の通り．

$$_pq_y = \frac{a \cdot F}{1.5\sqrt{3}}$$

ここで，a：隅肉溶接ののど厚さ（$=0.7S$，S：隅肉溶接の脚長）

・本設計例ではアンカーボルトの検討は行っていないが，詳細は本会：鋼構造接合部設計指針「7.2 露出柱脚」のアンカーボルトの設計法[3]を参照のこと．

【設計例2】登り梁・小梁接合部

図4.3.7に示す小梁の繊維直角方向に6.5kNの長期のせん断力を受けるドリフトピン接合部及び登り梁の繊維に傾斜する方向に6.5kNの長期のせん断力を受けるボルト接合部の検定を行う．なお，本設計例は本書 p.38 に計算結果が示してあるので適宜参照されたい．

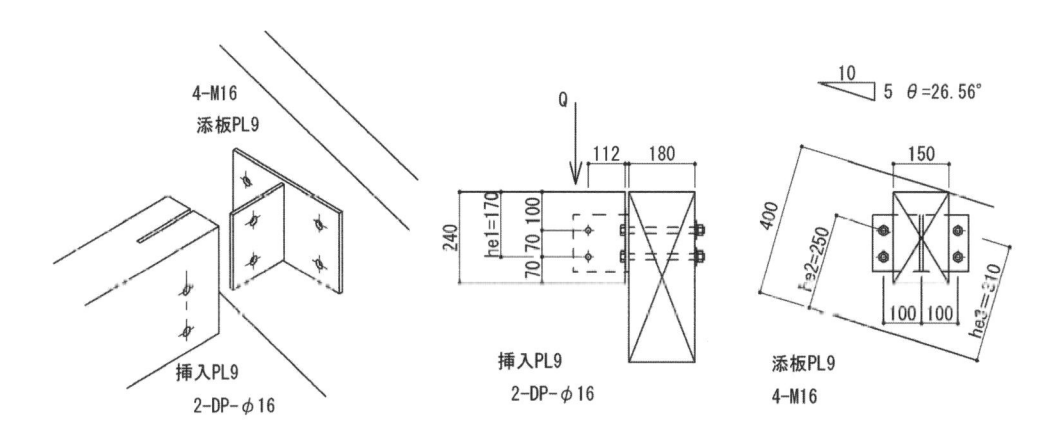

図4.3.7 登り梁と小梁の接合部

(1) 設計条件

木　　　材：構造用集成材（対称異等級構成集成材，樹種：すぎ）E65-F225,
　　　　　　150×240 (mm)（小梁），180×400 (mm)（登り梁）

鋼　　　材：SS400　厚さ9 (mm)

ドリフトピン：φ16 (SS400), $F = 235$ (N/mm^2)

ボ ル ト：M16 (SS400), $F = 235$ (N/mm^2)

接 合 形 式：小梁：(ⅲ)鋼板挿入2面せん断型，登り梁：(ⅴ)鋼板添え板1面せん断型

設 計 応 力：$Q = 6.5$ (kN)（長期）

(2) 耐力算定

① 単位接合部の降伏耐力 p_y（小梁）：

本書 p.9～14 に従い，まず始めに単位接合部の降伏せん断耐力 p_y を求める．

表 2.2.3 より $_\perp F_e = 9.7$ (N/mm^2), 設計条件より $d = 16$ (mm),

ドリフトピン有効長さは，$l = 150 - 11 - 5 = 134$ (mm)

※有効長さ＝ドリフトピン全長150mm －（挿入鋼板厚9mm ＋ クリアランス 2mm）
　　　　　　　　　　　　　　　　　　　　　　　－ドリフトピン先端のテーパー長さ5mm

表 2.2.6 より，降伏モードⅢとなり，$C = 0.709$（→接合種別 JB）

よって(本書 2.2)式より，$_\perp p_y = 0.709 \times 9.7 \times 16 \times 134 = 14\,745$ (N)

② 単位接合部の長期許容せん断耐力 p_a（小梁）：

本書p.9の(2.1)式に従い，単位接合部の長期許容せん断耐力 p_a を求める．

表2.2.1より $_jK_d = 1.1$，表2.2.2より $_jK_m = 1$，表2.2.6より $r_u = 1.0$（ドリフトピン），

上記①より $_\perp p_y = 14\,745$ (N)

よって(本書2.1)式より，$_\perp p_a = \dfrac{1}{3} \times 1.1 \times 1 \times 1.0 \times 14\,745 = 5\,407$ (N)

設計応力 $Q = 6.5$ (kN) $= 6\,500$ (N)より，必要本数は，$6\,500 / 5\,407 = 1.2$ →2本とする．

③ 接合部[全体]の長期許容せん断耐力 P_a（小梁）：

次に，本書p.15～28に従い，接合部[全体]の長期許容せん断耐力 P_a を求める．なお，本接合部は，表2.3.1の③のケースに対応しており，せん断力をドリフトピンで負担している．

1) $_\perp P_{uj}$ の算定

図4.3.7より $m = 2$，$n = 1$，表2.3.3より $r_u = 1.0$（ドリフトピン），

上記①より $_\perp p_y = 14\,745$ (N)

※繊維に平行方向に並んだ接合具本数が n，直角方向が m

よって(本書2.7)式より，$_\perp P_{uj} = 2 \times 1 \times 1.0 \times 14\,745 = 29\,490$ (N)

2) $_\perp P_{uw}$ の算定

(a) $_\perp P_{uw1}$ の算定

表2.3.8より $C_r = 8.0$（∵すぎ ＝ J3），ドリフトピンの有効長さ $l = 134$ (mm)，

図4.3.7より $h_e = 170$ (mm)，$h_e / h = 170 / 240 = 0.71$

よって(本書2.11)式より，$_\perp P_{uw1} = 2 \times 8.0 \times 134 \times \sqrt{170/(1-0.71)} = 51\,910$ (N)

(b) $_\perp P_{uw2}$ の算定

次に，材端接合部であるため $\xi = 1.0$，図4.3.7より $h_e = 170$ (mm)，

ドリフトピンの有効長さ $l = 134$ (mm)，表2.3.6より $F_s = 2.7$ (N/mm^2)

よって(本書2.12)式より，$_\perp P_{uw2} = \dfrac{2}{3} \times 1.0 \times 170 \times 134 \times 2.7 = 41\,004$ (N)

よって(本書2.13)式より，$_\perp P_{uw} = \min(\,_\perp P_{uw1},\ _\perp P_{uw2}\,) = 41\,004$ (N)

3) P_{u0} の判定

(本書2.5)式より，$P_{u0} = \min(\,_\perp P_{uj},\ _\perp P_{uw}\,) = \,_\perp P_{uj} = 29\,490$ (N)

以上より，当該接合部は終局時に木材の割裂，せん断，引張りにより破壊しないので，接合種別はJBで，表2.3.9より $_jK_r = 0.9$ となる．

表2.3.10より $_jK_d = 1.1$，表2.3.11より $_jK_m = 1$，$P_{u0} = 29\,490$ (N)であるから，

(本書2.15)式より，$P_a = \dfrac{1}{3} \times 0.9 \times 1.1 \times 1 \times 29\,490 = 9\,732$ (N) $> 6\,500$ (N) …OK

第 4 章 接合部設計例 —49—

④ 単位接合部の降伏耐力 p_y（登り梁）：

本書 p.9～14 に従い，まず始めに単位接合部の降伏せん断耐力 p_y を求める．

表 2.2.3 および(本書 2.3)式より $_\theta F_e = 10.78$ (N/mm^2) （5 寸勾配：26.56°, θ = 90 - 26.56 = 63.44°）

設計条件より d = 16 (mm)，ボルト有効長さは，l = 180 (mm)

表 2.2.8 より，降伏モードⅣとなり，C = 0.339（→接合種別 JA）

よって(本書 2.2)式より，$_\theta p_y$ = 0.339 × 10.78 × 16 × 180 = 10 525 (N)

⑤ 単位接合部の長期許容せん断耐力 p_a（登り梁）：

本書 p.9 の(2.1)式に従い，単位接合部の長期許容せん断耐力 p_a を求める．

表 2.2.1 より $_jK_d$ = 1.1，表 2.2.2 より $_jK_m$ = 1，表 2.2.8 より r_u = 1.2（ボルト，降伏モードⅣ），

上記④より $_\theta p_y$ = 10 525 (N)

よって(本書 2.1)式より，$_\theta p_a = \dfrac{1}{3} \times 1.1 \times 1 \times 1.2 \times 10\,525 = 4\,631$ (N)

設計応力 Q = 6.5 (kN) = 6 500 (N)より，必要本数は，6 500 / 4 631 = 1.4　→4 本とする．

※2 本でも耐力的には足りるが，実際の金物施工を考えると，金物の回転やズレを防止するために金物四隅を部材に確実に密着させる必要があり，ボルト 4 本を使用することとした．

⑥ 接合部［全体］の長期許容せん断耐力 P_a（登り梁）：

次に，本書 p.15～28 に従い，接合部［全体］の長期許容せん断耐力 P_a を求める．なお，本接合部は，表 2.3.1 の⑤のケースに対応している．

1) $_\theta P_{uj}$ の算定

図 4.3.7 より m = 4, n_i = 1，表 2.3.3 より $_jK_n$ = 1.0, r_u = 1.2（ボルト，降伏モードⅣ），

上記④より $_\theta p_y$ = 10 525 (N)

※繊維に平行方向に並んだ接合具本数が n_i，直角方向が m

(本書 2.9)式より，$_jK_{n,\theta} = {_jK_n} + (1 - {_jK_n}) \cdot \dfrac{\theta - 10°}{60°} = 1.0$

※$_jK_n$ が 1.0 未満の場合は，繊維傾斜に応じて $_jK_{n,\theta}$ を計算すること．

よって(本書 2.8)式より，$_\theta P_{uj}$ = 4 × 1.0 × 1 × 1.2 × 10 525 = 50 520 (N)

2) $_\theta P_{uw}$ の算定

(a) $_\perp P_{uw1}$ の算定

表 2.3.8 より C_r = 8.0（∵すぎ=J3），ボルトの有効長さ l' = 80 (mm)，

※接合形式Ⅴにおいて主材厚さが接合具径の 5 倍（5d）を超える場合は，有効厚さ（＝接合具の有効長さ）l' = 5d とする．

図 4.3.7 より h_{e3} = 310 (mm)，h_{e3} / h = 310 / 400

よって(本書2.11)式より，$_\perp P_{uw1} = 2 \times 8.0 \times 80 \times \sqrt{(310/(1-310/400))} = 47\,511$ (N)

※$h_{e3} > h_{e2}$　よって h_{e3} を採用

(b) $_\perp P_{uw2}$ の算定

次に，材中央接合部なので $\xi = 2.0$，図4.3.7より $h_{e3} = 310$ (mm)，ボルトの有効長さ $l' = 80$ (mm)，表2.3.6より $F_s = 2.7$ (N/mm^2)

※接合形式Vにおいて主材厚さが接合具径の5倍（$5d$）を超える場合は，有効厚さ（＝接合具の有効長さ）$l' = 5d$ とする．

よって(本書2.12)式より，$_\perp P_{uw2} = \dfrac{2}{3} \times 2.0 \times 310 \times 80 \times 2.7 = 89\,280$ (N)

よって(本書2.13)式より，$_\perp P_{uw} = \min(_\perp P_{uw1},\ _\perp P_{uw2}) = _\perp P_{uw1} = 47\,511$ (N)

また，$\theta = 63.44°$ なので，$\sin\theta = 0.894$

よって(本書2.14)式より，$_\theta P_{uw} = _\perp P_{uw} / \sin\theta = 47\,511 / 0.894 = 53\,145$ (N)

3) P_{u0} の判定

(本書2.5)式より，$P_{u0} = \min(_\theta P_{uj},\ _\theta P_{uw}) = _\theta P_{uj} = 50\,520$ (N)

以上より，当該接合部は終局時に木材の割裂，せん断，引張りにより破壊しないので，接合種別はJAで，表2.3.9より $_j K_r = 1.0$ となる．

表2.3.10より $_j K_d = 1.1$，表2.3.11より $_j K_m = 1$，$P_{u0} = 50\,520$ (N)であるから，

(本書2.15)式より，$P_a = \dfrac{1}{3} \times 1.0 \times 1.1 \times 1 \times 50\,520 = 18\,524$ (N) $= 18.5$ (kN) > 6.5 (kN) …OK

(3) 接合金物の設計

以下の項目について，設計例1を参考に検討する（ここでは計算を省略する）．

① ドリフトピンの軸部せん断耐力に対する検討
・ドリフトピン1本あたりの1面せん断耐力

② ドリフトピンに接する金物の支圧耐力に関する検討
・金物のドリフトピン接合部の支圧部分の応力 σ_b

③ 金物の検討
・プレートに生じるせん断応力 τ
　プレート端に生じる曲げ応力 σ_b
　せん断と曲げとの組み合わせ応力を考える．
・せん断力に対する金物のせん断断面積 A_s

(4) 注意事項

- 金物組立の溶接部の耐力については，本会：鋼構造設計規準[1]を参照のこと．なお，隅肉溶接の単位長さあたりの長期せん断降伏耐力は下式の通り．

$$_pq_y = \frac{a \cdot F}{1.5\sqrt{3}}$$

　　a：隅肉溶接ののど厚さ（= 0.7S, S：隅肉溶接の脚長）

- 本書では接合具の変形のみを考えて設計しているが，金物の変形を伴う場合には金物の変形を適切に評価して直列ばねとしてその変形を考慮する必要がある．
- 本計算例では接合部単体の木部破壊のみを検討しているが，接合部が連続して配置される場合は「5.1.5 設計上の留意事項（6）その他の注意事例③」も参考にすること．

(5) 支圧を利用した梁接合部の例

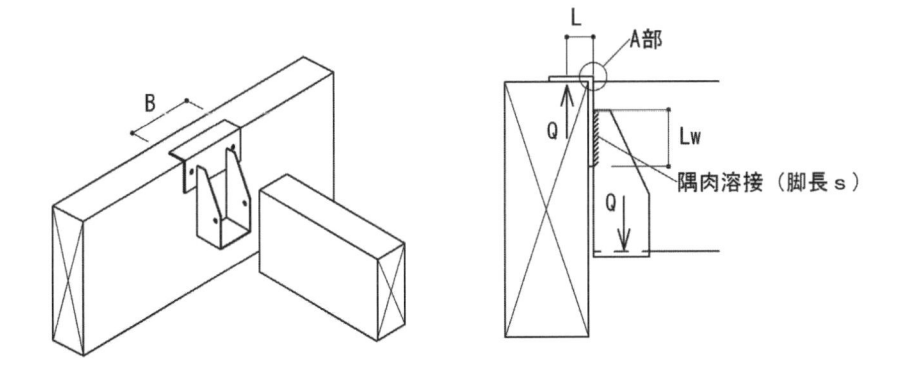

図 4.3.8　支圧を利用した梁接合部の例

図 4.3.8 に示すような鞍掛け箱金物の検討において特に注意する項目は，a)大梁に接合される鞍掛け部分の角（A 部）の曲げ耐力，および，b)この鞍掛け部分と小梁を受ける箱型部分との溶接部耐力である．なお，ここでは，金物の短期許容耐力を長期許容耐力の 1.5 倍として計算する．

a) アングル材の長期曲げ耐力 $_aM_y$

　　$_aM_y = B \times t^2 / 6 \times F / 1.5$

　　B：アングル材の幅，t：アングル材の板厚

$_aM_y$ が，梁せん断力の反力 Q と，A 部からの距離によって生じる曲げモーメントを上回る必要がある．

b) 隅肉溶接部 1 溶接線あたりの長期せん断耐力 $_fQ_y$

　　$_fQ_y = S / 1.4 \times (Lw - 2S) \times F / \sqrt{3} / 1.5$

Lw は隅肉溶接の全長を示す．両面隅肉溶接の場合，上記の 2 倍のせん断耐力となる．

【設計例3】梁継手

図4.3.9に示す梁のモーメント抵抗接合に対するラグスクリュー接合部の検定を行う．なお，本設計例は本書p.39に計算結果が示してあるので適宜参照されたい．

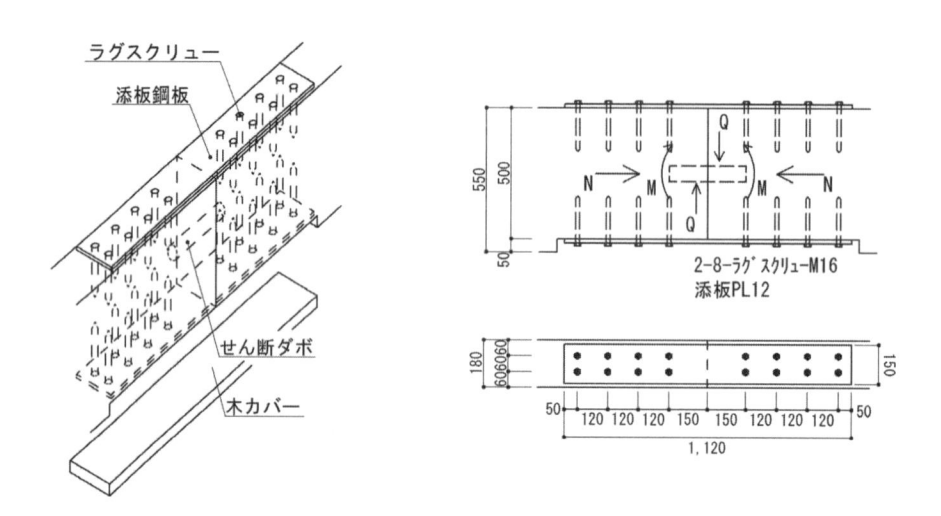

図4.3.9 梁のモーメント抵抗接合に対するラグスクリュー接合部

(1) 設計条件

木　　　材：構造用集成材（対称異等級構成集成材，樹種：すぎ）E65-F225，180×550 (mm)

鋼　　　材：SS400　厚さ12 (mm)

ラグスクリュー：M16 (SS400)，$l = 180$ (mm)，胴部長さ60 (mm)，$F = 235$ (N/mm^2)

接 合 形 式：（ⅴ）木材側材一面せん断型

設 計 応 力：$M = 16.5$ (kN·m)，$N = 2.0$ (kN)（圧縮），$Q = 6.3$ (kN)（長期）

　　　　　　　$R = 0.55 - 0.05$ (m) ···有効梁せい

　　　　　　　$C, T = M/R \pm N/2$ より，

　　　　　　　$C = 16.5 / 0.5 + 2.0 / 2 = 37.5$ (kN)（圧縮側）

　　　　　　　$T = 16.5 / 0.5 - 2.0 / 2 = 34.5$ (kN)（引張側）

※Qはせん断ダボにより伝達されるよう設計する（ここでは計算を省略する）．

(2) 耐力算定

① 単位接合部の降伏耐力 p_y：

本書p.9〜14に従い，まず始めに単位接合部の降伏せん断耐力 p_y を求める．

表2.2.3より $_{//}F_e = 19.4$ (N/mm^2)，設計条件より $d = 16$ (mm)，

ラグスクリュー有効長さは，$l = 180 - 12 = 168$ (mm)

　　※有効長さ＝ラグスクリュー首下長さ180mm － 添え板鋼板厚12mm

※胴部長さ≧鋼板厚さ＋2d より，胴部径を用いて計算を行う．
表 2.2.8 より，降伏モードⅣとなり， $C = 0.271$ （→接合種別 JA）
よって(本書 2.2)式より， $_{//}p_y = 0.271 × 19.4 × 16 × 168 = 14 132$ (N)

② 単位接合部の長期許容せん断耐力 p_a：
本書 p.9 の(2.1)式に従い，単位接合部の長期許容せん断耐力 p_a を求める．
表 2.2.1 より $_jK_d = 1.1$，表 2.2.2 より $_jK_m = 1$，表 2.2.8 より $r_u = 1.1$（ラグスクリュー），
上記①より $_{//}p_y = 14 132$ (N)
よって(本書 2.1)式より， $_{//}p_a = \frac{1}{3} × 1.1 × 1.0 × 1.1 × 14 080 = 5 700$ (N)
設計応力は圧縮側と引張側の設計応力の最大値であるから， $\max(C, T) = 37 500$ (N)
よって必要本数は， $37 500 / 5 700 = 6.58$ →8 本とする．

③ 接合部［全体］の長期許容せん断耐力 P_a：
次に，本書 p.15〜28 に従い，接合部［全体］の長期許容せん断耐力 P_a を求める．なお，本接合部は，表 2.3.1 の①のケースに対応している．

1) $_{//}P_{uj}$ の算定
図 4.3.9 より $m = 2$，$n_i = 4$，表 2.3.3 より $_jK_n = 0.95$，$r_u = 1.1$（ラグスクリュー），
上記①より $_{//}p_y = 14 132$ (N)
※繊維に平行方向に並んだ接合具本数が n_i，直角方向が m
よって(本書 2.6)式より， $_{//}P_{uj} = 2 × 0.95 × 4 × 1.1 × 14 132 = 118 144$ (N)

2) $_{//}P_{uw}$ の算定
本接合部の場合，集合型せん断破壊の検定は省略可能である．（本書 p.20 参照）

3) P_{u0} の判定
(本書 2.5)式より， $P_{u0} = \min (\ _{//}P_{uj},\ _{//}P_{uw}) = \ _{//}P_{uj} = 118 144$ (N)
以上より，当該接合部は終局時に木材の割裂，せん断，引張りにより破壊しないので，接合種別は JA で，表 2.3.9 より $_jK_r = 1.0$ となる．
表 2.3.10 より $_jK_d = 1.1$，表 2.3.11 より $_jK_m = 1$，$P_{u0} = 118 144$ (N)であるから，
(本書 2.15)式より， $P_a = \frac{1}{3} × 1.0 × 1.1 × 1 × 118 144 = 43 319$ (N) $= 43.3$ (kN) > 37.5 (kN) …OK

(3) 金物の検討
・添え板の有効断面応力の検討
圧縮側は梁木口面同士の接触で応力が直接伝わるため，添え板の圧縮に対する検定は省略する．

【設計例 4】タイバー端部

図 4.3.10 に示す木材の繊維に傾斜する方向に 20kN の長期の引張力を受けるボルト接合部の検定を行う．なお，本設計例は本書 p.33 に計算結果が示してあるので適宜参照されたい．

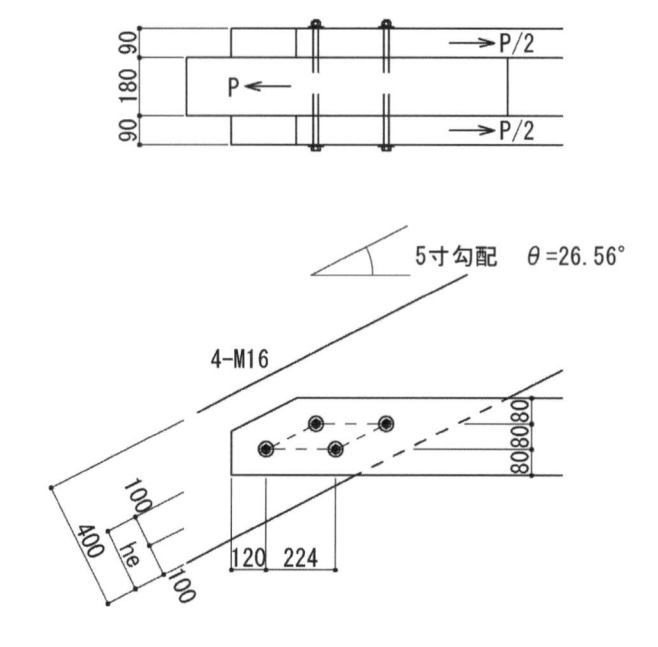

図 4.3.10　木材の繊維に傾斜する方向に引張力を受けるボルト接合部

(1) 設計条件

　　木　　　　材：構造用集成材（対称異等級構成集成材，樹種：すぎ）E65-F225，
　　　　　　　　 180×400 (mm)（登り梁），90×240 (mm)（タイバー）

　　ボ　ル　ト：M16 (SS400)，$F = 235$ (N/mm^2)

　　接 合 形 式：（i）木材側材 2 面せん断型

　　設 計 応 力：$N = 20$ (kN)（長期）

(2) 耐力算定

① 単位接合部の降伏耐力 p_y：

本書 p.9〜14 に従い，まず始めに単位接合部の降伏せん断耐力 p_y を求める．

表 2.2.3 および(本書 2.3)式より $_\theta F_e = 16.17$ (N/mm^2)　（5 寸勾配：$\theta = 26.56°$）

設計条件より $d = 16$ (mm)，ボルトの有効長さは，$l = 180$ (mm)

表 2.2.4 より，降伏モードⅣとなり，$C = 0.409$（→接合種別 JA）

よって(本書 2.2)式より，$_\theta p_y = 0.409 \times 16.17 \times 16 \times 180 = 19\,047$ (N)

② 単位接合部の長期許容せん断耐力 p_a :

本書 p.9 の(2.1)式に従い，単位接合部の長期許容せん断耐力 p_a を求める．

表 2.2.1 より ${}_jK_d = 1.1$，表 2.2.2 より ${}_jK_m = 1$，表 2.2.4 より $r_u = 1.2$（ボルト，降伏モードⅣ），

上記①より ${}_\theta p_y = 19\,047$ (N)

よって(本書 2.1)式より， ${}_\theta p_a = \dfrac{1}{3} \times 1.1 \times 1.0 \times 1.2 \times 19\,047 = 8\,381$ (N)

設計応力 $Q = 20$ (kN) $= 20\,000$ (N)より，必要本数は， $20\,000 / 8\,381 = 2.4$ →4 本とする．

③ 接合部［全体］の長期許容せん断耐力 P_a :

次に，本書 p.15〜28 に従い，接合部［全体］の長期許容せん断耐力 P_a を求める．なお，本接合部は，表 2.3.1 の⑤のケースに対応している．なお，主材（登り梁）は⑤のケースに該当するが，側材（タイバー）に関しては①のケースに該当するため，側材の集合型せん断破壊の検討も行う必要がある点に注意が必要である．

1) ${}_\theta P_{uj}$ の算定

図 4.3.10 より $m = 2$， $n_i = 2$，表 2.3.3 より ${}_jK_n = 1.0$， $r_u = 1.2$（ボルト，降伏モードⅣ），

上記①より ${}_\theta p_y = 19\,047$ (N)

※繊維に平行方向に並んだ接合具本数が n_i，直角方向が m

(本書 2.9)式より， ${}_jK_{n,\theta} = {}_jK_n + (1 - {}_jK_n) \cdot \dfrac{\theta - 10°}{60°} = 1.0$

※ ${}_jK_n$ が 1.0 未満の場合は，繊維傾斜に応じて ${}_jK_{n,\theta}$ を計算すること．

よって(本書 2.8)式より， ${}_\theta P_{uj} = 2 \times 1.0 \times 2 \times 1.2 \times 19\,047 = 91\,426$ (N)

2) 主材の ${}_\theta P_{uw}$ の算定

(a) ${}_\perp P_{uw1}$ の算定

表 2.3.8 より $C_r = 8.0$（∵すぎ–J3），ボルトの有効長さ $l' = 160$ (mm)，

※主材厚さが接合具径の 10 倍（$10d$）を超える場合は，有効厚さ（＝接合具の有効長さ）$l' = 10d$ とする．

図 4.3.10 より $h_e = 200$ (mm)， $h_e / h = 200 / 400 = 0.5$

よって(本書 2.11)式より， ${}_\perp P_{uw1} = 2 \times 8.0 \times 160 \times \sqrt{200 / (1 - 0.5)} \times 2 = 102\,400$ (N)

(b) ${}_\perp P_{uw2}$ の算定

次に，材中央接合部なので $\xi = 2.0$，図 4.3.10 より $h_e = 200$ (mm)，

ボルトの有効長さ $l' = 160$ (mm)，表 2.3.6 より $F_s = 2.7$ (N/mm²)

※主材厚さが接合具径の 10 倍（$10d$）を超える場合は，有効厚さ（＝接合具の有効長さ）$l' = 10d$ とする．

よって(本書 2.12)式より，${}_\perp P_{uw2} = \dfrac{2}{3} \times 2.0 \times 200 \times 160 \times 2.7 = 115\ 200$ (N)

よって(本書 2.13)式より，${}_\perp P_{uw} = \min ({}_\perp P_{uw1},\ {}_\perp P_{uw2}) = {}_\perp P_{uw1} = 102\ 400$ (N)

また，$\theta = 26.56°$ なので，$\sin \theta = 0.447$

よって(本書 2.14)式より，${}_\theta P_{uw} = {}_\perp P_{uw} / \sin \theta = 102\ 400 / 0.447 = 229\ 083$ (N)

3) 側材の ${}_{/\!/} P_{uw}$ の算定

　　表 2.3.4 より $F_t = 12.0$ (N/mm^2)，表 2.3.6 より $F_s = 2.7$ (N/mm^2)，側材厚 $l = 80$ (mm)

　　　※接合形式 I において側材厚さが接合具径の 5 倍（$5d$）を超える場合は，有効厚さ（＝接合具の有効長さ）$l' = 5d$ とする．

　　図 2.3.5 より，引張有効面積 A_{et}，せん断の有効面積 A_{es} を求める．

　　$A_{et} = l\ \Sigma r_i = 80 \times (80 - 16) \times 2^※ = 10\ 240$ (mm^2)

　　$A_{es} = l\ \Sigma s_i = 80 \times 2 \times \{(120 - 16/2) + (224 - 16)\} \times 2^※ = 102\ 400$ (mm^2)

　　　※側材には，本来ならば主材の 1/2 の応力しか働かないが，主材の P_{uj}, P_{uw} と比較する関係で，便宜上，側材 2 枚分の有効面積を採ることとしている．

　　よって(本書 2.10)式より，${}_{/\!/} P_{uw} = \max \begin{Bmatrix} 10240 \times 12.0 \\ 102400 \times 2.7 \end{Bmatrix} = 276\ 480$ (N)

4) P_{u0} の判定

(本書 2.5)式より，$P_{u0} = \min ({}_\theta P_{uj},\ 主材の\ {}_\theta P_{uw},\ 側材の\ {}_{/\!/} P_{uw}) = {}_\theta P_{uj} = 91\ 426$ (N)

以上より，当該接合部は終局時に木材の割裂，せん断，引張りにより破壊しないので，接合種別は JA で，表 2.3.9 より ${}_j K_r = 1.0$ となる．

表 2.3.10 より ${}_j K_d = 1.1$，表 2.3.11 より ${}_j K_m = 1$，$P_{u0} = 91\ 426$ (N)であるから，

(本書 2.15)式より，$P_a = \dfrac{1}{3} \times 1.0 \times 1.1 \times 1 \times 91\ 426 = 33\ 523$ (N) $= 33.5$ (kN)　　> 20.0 (kN)　　…OK

【設計例 5】頂部

図 4.3.11 に示す木材の繊維に傾斜する方向に 10.5kN の長期の引張力を受けるボルト接合部の検定を行う．なお，本設計例は本書 p.34 に計算結果が示してあるので適宜参照されたい．

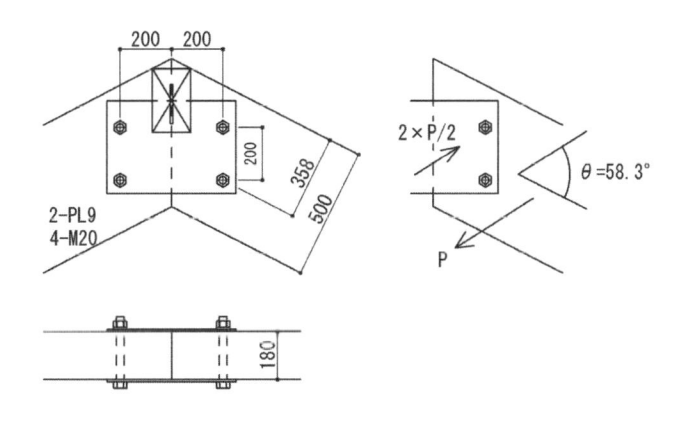

図 4.3.11　木材の繊維に傾斜する方向に力を受けるボルト接合部

(1) 設計条件

木　　　材：構造用集成材（対称異等級構成集成材，樹種：すぎ）E65-F225，180×500 (mm)

鋼　　　材：SS400　厚さ 9 (mm)

ボ ル ト：M20 (SS400)，$F = 235$ (N/mm^2)

接 合 形 式：（ⅱ）鋼板添え板 2 面せん断型

設 計 応 力：$N = 5.5$ (kN)（長期），$Q = 8.9$ (kN)（長期），合力 $P = 10.5$ (kN)（$\theta = 58.3°$）

(2) 耐力算定

① 単位接合部の降伏耐力 p_y：

本書 p.9〜14 に従い，まず始めに単位接合部の降伏せん断耐力 p_y を求める．

表 2.2.3 および(本書 2.3)式より $F_{e\theta} = 11.26$ (N/mm^2)，設計条件より $d = 20$ (mm)，ボルト有効長さ $l = 180$ (mm)

表 2.2.5 より，降伏モードⅣとなり，$C = 0.83$（→接合種別 JA）

よって(本書 2.2)式より，$_\theta p_y = 0.83 \times 11.26 \times 20 \times 180 = 33\ 645$ (N)

② 単位接合部の長期許容せん断耐力 p_a：

本書 p.9 の(2.1)式に従い，単位接合部の長期許容せん断耐力 p_a を求める．

表 2.2.1 より $_jK_d = 1.1$，表 2.2.2 より $_jK_m = 1$，表 2.2.5 より $r_u = 1.2$（ボルト，降伏モードⅣ），

上記①より $_\theta p_y = 33\ 645$ (N)

よって(本書 2.1)式より，$_\theta p_a = \dfrac{1}{3} \times 1.1 \times 1.0 \times 1.2 \times 33\,645 = 14\,804$ (N)

設計応力 $Q = 10.5$ (kN) $= 10\,500$ (N)より，必要本数は，$10\,500 / 14\,804 = 0.7$　→2 本とする．

③ 接合部[全体]の長期許容せん断耐力 P_a：

次に，本書 p.15〜28 に従い，接合部[全体]の長期許容せん断耐力 P_a を求める．なお，本接合部は，本書表 2.3.1 の⑤のケースに対応している．

1) $_\theta P_{uj}$ の算定

図 4.3.11 より $m = 2$，$n_i = 1$，表 2.3.3 より $_j K_n = 1.0$，$r_u = 1.2$（ボルト，降伏モードIV），

上記①より $_\theta p_y = 33\,645$ (N)

※繊維に平行方向に並んだ接合具本数が n_i，直角方向が m

(本書 2.9)式より，$_j K_{n,\theta} = {_j K_n} + (1 - {_j K_n}) \cdot \dfrac{\theta - 10°}{60°} = 1.0$

※$_j K_n$ が 1.0 未満の場合は，繊維傾斜に応じて $_j K_{n,\theta}$ を計算すること．

よって(本書 2.7)式より，$_\theta P_{uj} = 2 \times 1.0 \times 1 \times 1.2 \times 33\,645 = 80\,748$ (N)

2) $_\theta P_{uw}$ の算定

(a) $_\perp P_{uw1}$ の算定

表 2.3.8 より $C_r = 8.0$（∵すぎ = J3），ボルトの有効長さ $l = 180$ (mm)，

図 4.3.11 より $h_e = 358$ (mm)，$h_e / h = 358 / 500 = 0.72$

よって(本書 2.11)式より，$_\perp P_{uw1} = 2 \times 8.0 \times 180 \times \sqrt{358/(1 - 0.72)} = 102\,980$ (N)

(b) $_\perp P_{uw2}$ の算定

次に，材端接合部であるため $\xi = 1.0$，図 4.3.11 より $h_e = 358$ (mm)，

ボルトの有効長さ $l = 180$ (mm)，表 2.3.6 より $F_s = 2.7$ (N/mm^2)

よって(本書 2.12)式より，$_\perp P_{uw2} = \dfrac{2}{3} \times 1.0 \times 358 \times 180 \times 2.7 = 115\,992$ (N)

よって(本書 2.13)式より，$_\perp P_{uw} = \min({_\perp P_{uw1}}, {_\perp P_{uw2}}) = {_\perp P_{uw1}} = 102\,980$ (N)

また，$\theta = 58.3°$ なので，$\sin \theta = 0.85$

よって(本書 2.14)式より，$_\theta P_{uw} = {_\perp P_{uw}} / \sin \theta = 102\,980 / 0.85 = 121\,153$ (N)

3) P_{u0} の判定

(本書 2.5)式より，$P_{u0} = \min({_\theta P_{uj}}, {_\theta P_{uw}}) = {_\theta P_{uj}} = 80\,748$ (N)

以上より，当該接合部は終局時に木材の割裂，せん断，引張りにより破壊しないので，接合種別は JA で，表 2.3.9 より $_j K_r = 1.0$ となる．

表 2.3.10 より $_j K_d = 1.1$，表 2.3.11 より $_j K_m = 1$，$P_{u0} = 80\,748$ (N)であるから，

(本書 2.15)式より，$P_a = \dfrac{1}{3} \times 1.0 \times 1.1 \times 1 \times 80\,748 = 29\,607$ (N) $= 29.6$ (kN)　> 10.5 (kN)　…OK

【設計例6】 ブレース端部

図4.3.12に示す，22.73kNの短期の水平力を受けている軸組のブレース端部接合部の検定を行う．

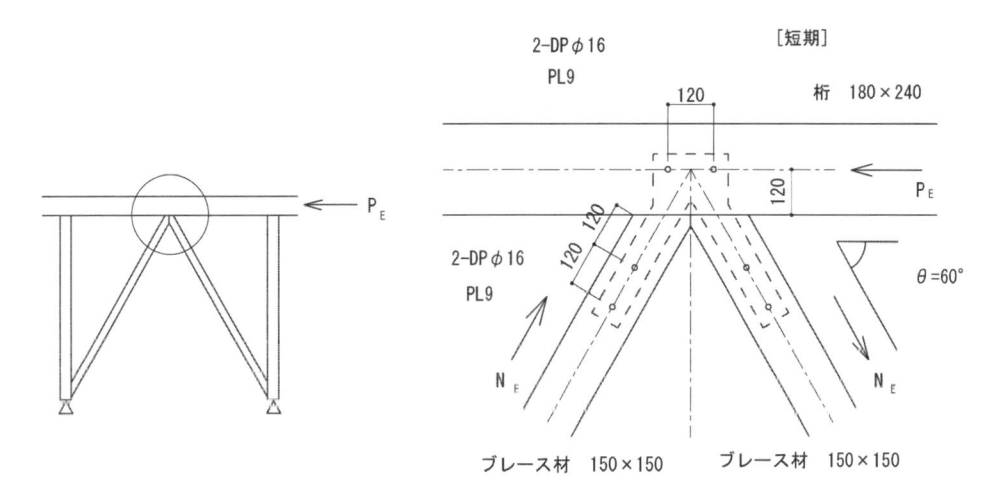

図4.3.12 木材の繊維に直角方向の引張力を受けるドリフトピン接合部及び
木材の繊維方向に引張力を受けるドリフトピン接合部

(1) 設計条件

　木　　　　材　：構造用集成材（対称異等級構成集成材，樹種：すぎ）E65-F225，
　　　　　　　　　180×240 (mm)（桁材），150×150 (mm)（ブレース材）
　鋼　　　　材　：SS400　厚さ9 (mm)
　ドリフトピン　：ϕ16 (SS400)，F = 235 (N/mm^2)
　接 合 形 式　：(iii)鋼板挿入2面せん断型
　設 計 応 力　：桁材　P_E = 22.73 (kN)（短期水平力），ブレース材　N_E = ±22.73 (kN)

(2) 耐力算定（桁材の接合部の検討）

① 単位接合部の降伏耐力 p_y：

本書p.9～14に従い，まず始めに単位接合部の降伏せん断耐力 p_y を求める．

表2.2.3および(本書2.3)式より　$_{/\!/}F_e$ = 19.4 (N/mm^2)

設計条件より d = 16 (mm) ，ドリフトピン有効長さは，l = 180 - 11 - 5 = 164 (mm)

　※有効長さ＝ドリフトピン全長180mm － （挿入鋼板厚9mm ＋ クリアランス2mm）
　　　　　　　　　　　　　　　　　　　　　　－ドリフトピン先端のテーパー長さ5mm

表2.2.6より，降伏モードⅢとなり，C = 0.519（→接合種別 JB）

よって(本書2.2)式より，　$_{/\!/}p_y$ = 0.519 × 19.4 × 16 × 164 = 26 420 (N)

② 単位接合部の短期許容せん断耐力 p_a：

本書p.9の(2.1)式に従い，単位接合部の長期許容せん断耐力 p_a を求める．

表 2.2.1 より $_jK_d = 2$，表 2.2.2 より $_jK_m = 1$，表 2.2.6 より $r_u = 1.0$（ドリフトピン），
上記①より $_{//}p_y = 26\,420$ (N)

よって(本書 2.1)式より， $_{//}p_a = \dfrac{1}{3} \times 2 \times 1.0 \times 1.0 \times 26\,420 = 17\,613$ (N)

設計応力 $Q = 22.73$ (kN) $= 22\,730$ (N)より，必要本数は，$22\,730 / 17\,613 = 1.29$ →2本とする．

③ 接合部［全体］の短期許容せん断耐力 P_a：

次に，本書 p.15〜28 に従い，接合部［全体］の長期許容せん断耐力 P_a を求める．なお，本接合部は，表 2.3.1 の②のケースに対応している．また，P_{uw} の検討は不要である．

1) $_{//}P_{uj}$ の算定

図 4.3.12 より $m = 1$，$n_i = 2$，表 2.3.3 より $_jK_n = 1.0$（接合種別 JB），$r_u = 1.0$（ドリフトピン），
上記①より $_{//}p_y = 26\,420$ (N)

※繊維に平行方向に並んだ接合具本数が n_i，直角方向が m

よって(本書 2.6)式より， $_{//}P_{uj} = 1 \times 1.0 \times 2 \times 1.0 \times 26\,420 = 52\,840$ (N)

2) P_{u0} の判定

P_{uw} の検討は不要のため，(本書 2.5)式より，$P_{u0} = {_{//}P_{uj}} = 52\,840$ (N)

以上より，当該接合部は終局時に木材の割裂，せん断，引張りにより破壊しないので，接合種別は JB で，表 2.3.9 より $_jK_r = 0.9$ となる．

表 2.3.10 より $_jK_d = 2$，表 2.3.11 より $_jK_m = 1$，$P_{u0} = 52\,840$ (N)であるから，

(本書 2.15)式より，$P_a = \dfrac{1}{3} \times 0.9 \times 2 \times 1 \times 52\,840 = 31\,704$ (N) $= 31.7$ (kN) > 22.7 (kN) …OK

(3) 耐力算定（ブレース材の接合部の検討）

長期に生じる応力に対して，短期に生じる応力の条件が厳しい為，長期に生じる力に対する検定は省略する．

① 単位接合部の降伏耐力 p_y：

本書 p.9〜14 に従い，まず始めに単位接合部の降伏せん断耐力 p_y を求める．

表 2.2.3 より $_{//}F_e = 19.4$ (N/mm^2)，設計条件より $d = 16$ (mm)，
ドリフトピン有効長さは，$l = 150 - 11 - 5 = 134$ (mm)

※有効長さ＝ドリフトピン全長 150mm －（挿入鋼板厚 9mm ＋ クリアランス 2mm）
－ドリフトピン先端のテーパー長さ 5mm

表 2.2.6 より，降伏モードⅢとなり，$C = 0.569$（→接合種別 JB）

よって(本書 2.2)式より， $_{//}p_y = 0.569 \times 19.4 \times 16 \times 134 = 23\,667$ (N)

② 単位接合部の短期許容せん断耐力 p_a :

本書 p.9 の(2.1)式に従い，単位接合部の短期許容せん断耐力 p_a を求める．

表 2.2.1 より $_jK_d = 2$，表 2.2.2 より $_jK_m = 1$，表 2.2.6 より $r_u = 1.0$（ドリフトピン），

上記①より $_{//}p_y = 23\,667$ (N)

よって(本書 2.1)式より，$_{//}p_a = \dfrac{1}{3} \times 2 \times 1 \times 1.0 \times 23\,667 = 15\,778$ (N)

設計応力 $Q = 22.73$ (kN) $= 22\,730$ (N)より，必要本数は，$22\,730 / 15\,778 = 1.5$ →2本とする．

③ 接合部[全体]の短期許容せん断耐力 P_a :

次に，本書 p.15〜28 に従い，接合部［全体］の短期許容せん断耐力 P_a を求める．なお，本接合部は，表 2.3.1 の①及び②のケースに対応している．

1) $_{//}P_{uj}$ の算定

図 4.3.12 より $m = 1$，$n_i = 2$，表 2.3.3 より $_jK_n = 1.0$，$r_u = 1.0$（ドリフトピン），

上記①より $_{//}p_y = 23\,667$ (N)

※繊維に平行方向に並んだ接合具本数が n_i，直角方向が m

よって(本書 2.6)式より，$_{//}P_{uj} = 1 \times 1.0 \times 2 \times 1.0 \times 23\,667 = 47\,334$ (N)

2) $_{//}P_{uw}$ の算定

本接合部の場合，集合型せん断破壊の検定は不要である．

3) P_{u0} の判定

(本書 2.5)式より，$P_{u0} = {_{//}P_{uj}} = 47\,334$ (N)

以上より，当該接合部は終局時に木材の割裂，せん断，引張りにより破壊しないので，接合種別は JB で，表 2.3.9 より $_jK_r = 0.9$ となる．

表 2.3.10 より $_jK_d = 2$，表 2.3.11 より $_jK_m = 1$，$P_{u0} = 47\,334$ (N)であるから，

(本書 2.15)式より，$P_a = \dfrac{1}{3} \times 0.9 \times 2 \times 1 \times 47\,334 = 28\,400$ (N) $= 28.4$ (kN) > 22.7 (kN) …OK

【計算例7】トラス端部

図 4.3.13 に示す木材の繊維方向に 12 kN の長期の引張力（弦材），13.42 kN の長期の引張力（斜材）及び 6 kN の長期の圧縮力（束材）を受けるボルト接合部の検定を行う．

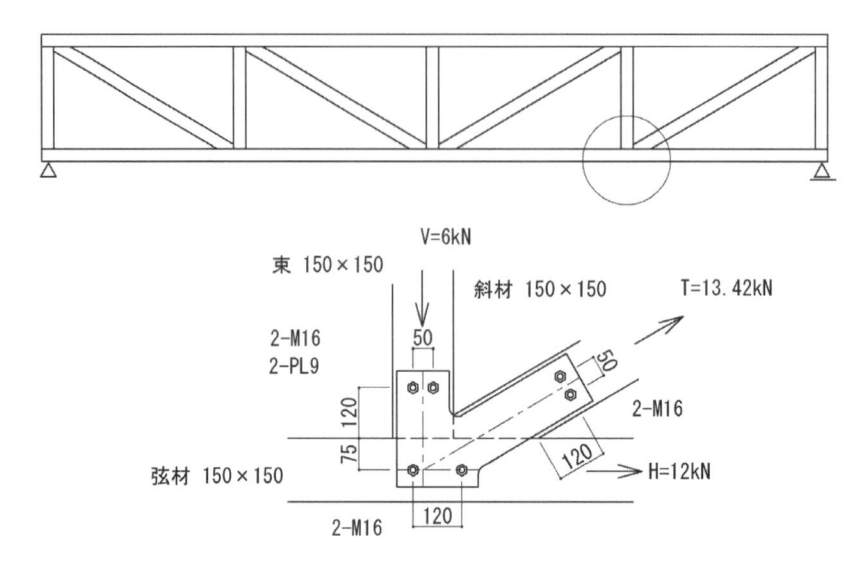

図 4.3.13 木材の繊維方向に力を受けるボルト接合部

(1) 設計条件

- 木　　　材：構造用集成材（対称異等級構成集成材，樹種：すぎ）E65-F225，150 × 150 (mm)（弦材，斜材，束材）
- ボ ル ト：M16 (SS400)，$F = 235$ (N/mm²)
- 接 合 形 式：(ⅱ) 鋼板添え板 2 面せん断型
- 設 計 応 力：弦材：$H = 12$ (kN)（長期），斜材：$T = 13.42$ (kN)（長期），束材：$V = 6$ (kN)（長期）

(2) 耐力算定（弦材の接合部の検討）

① 単位接合部の降伏耐力 p_y：

本書 p.9〜14 に従い，まず始めに単位接合部の降伏せん断耐力 p_y を求める．

表 2.2.3 より ${}_{/\!/}F_e = 19.4$ (N/mm²)，設計条件より $d = 16$ (mm)，

ボルト有効長さは，$l = 150$ (mm)

表 2.2.5 より，降伏モードⅣとなり，$C = 0.606$（→接合種別 JA）

よって(本書 2.2)式より，${}_{/\!/}p_y = 0.606 × 19.4 × 16 × 150 = 28\,215$ (N)

② 単位接合部の長期許容せん断耐力 p_a：

本書 p.9 の(2.1)式に従い，単位接合部の長期許容せん断耐力 p_a を求める．

表 2.2.1 より ${}_jK_d = 1.1$，表 2.2.2 より ${}_jK_m = 1$，表 2.2.5 より $r_u = 1.2$（ボルト，降伏モードⅣ），

上記①より $_{\parallel}p_y = 28\,215$ (N)

よって(本書 2.1)式より，$_{\parallel}p_a = \dfrac{1}{3} \times 1.1 \times 1 \times 1.2 \times 28\,215 = 12\,415$ (N)

設計応力 $H = 12$ (kN) $= 12\,000$ (N)より，必要本数は，$12\,000 / 12\,415 = 0.97$ →2本とする．

③ 接合部［全体］の長期許容せん断耐力 P_a：

次に，本書 p.15～28 に従い，接合部［全体］の長期許容せん断耐力 P_a を求める．なお，本接合部は，表 2.3.1 の②のケースに対応している．また，P_{uw} の検討は不要である．

1) $_{\parallel}P_{uj}$ の算定

図 4.3.13 より $m = 1$，$n_i = 2$，表 2.3.3 より $_jK_n = 1.0$，$r_u = 1.2$（ボルト，降伏モードⅣ），

上記①より $_{\parallel}p_y = 28\,215$ (N)

※繊維に平行方向に並んだ接合具本数が n_i，直角方向が m

よって(本書 2.6)式より，$_{\parallel}P_{uj} = 1 \times 1.0 \times 2 \times 1.2 \times 28\,215 = 67\,716$ (N)

2) P_{u0} の判定

P_{uw} の検討は不要のため，(本書 2.5)式より，$P_{u0} = {}_{\parallel}P_{uj} = 67\,716$ (N)

以上より，当該接合部は終局時に木材の割裂，せん断，引張りにより破壊しないので，接合種別は JA で，表 2.3.9 より $_jK_r = 1.0$ となる．

表 2.3.10 より $_jK_d = 1.1$，表 2.3.11 より $_jK_m = 1$，$P_{u0} = 67\,716$ (N)であるから，

(本書 2.15)式より，$P_a = \dfrac{1}{3} \times 1.0 \times 1.1 \times 1 \times 67\,716 = 24\,829$ (N) $= 24.8$ (kN) > 12.0 (kN) …OK

(3) 耐力算定（斜材の接合部の検討）

① 単位接合部の降伏耐力 p_y：

本書 p.9～14 に従い，まず始めに単位接合部の降伏せん断耐力 p_y を求める．

表 2.2.3 より $_{\parallel}F_e = 19.4$ (N/mm^2)，設計条件より $d = 16$ (mm)，

ボルト有効長さは，$l = 150$ (mm)

表 2.2.5 より，降伏モードⅣとなり，$C = 0.606$（→接合種別 JA）

よって(本書 2.2)式より，$_{\parallel}p_y = 0.606 \times 19.4 \times 16 \times 150 = 28\,215$ (N)

② 単位接合部の長期許容せん断耐力 p_a：

本書 p.9 の(2.1)式に従い，単位接合部の長期許容せん断耐力 p_a を求める．

表 2.2.1 より $_jK_d = 1.1$，表 2.2.2 より $_jK_m = 1$，表 2.2.5 より $r_u = 1.2$（ボルト，降伏モードⅣ），

上記①より $_{\parallel}p_y = 28\,215$ (N)

よって(本書 2.1)式より，$_{\parallel}p_a = \dfrac{1}{3} \times 1.1 \times 1 \times 1.2 \times 28\,215 = 12\,415$ (N)

設計応力 $T = 13.42$ (kN) $= 13\,420$ (N)より，必要本数は，$13\,420 / 12\,415 = 1.1$ →2本とする．

③ 接合部[全体]の長期許容せん断耐力 P_a :

次に，本書 p.15〜28 に従い，接合部［全体］の長期許容せん断耐力 P_a を求める．なお，本接合部は，表 2.3.1 の①のケースに対応しており，せん断力をボルトで負担している．

1) ${}_{/\!/}P_{uj}$ の算定

図 4.3.13 より $m=2$, $n_i=1$，表 2.3.3 より ${}_jK_n=1.0$, $r_u=1.2$（ボルト，降伏モードⅣ），

上記①より ${}_{/\!/}p_y = 28\,215$ (N)

※繊維に平行方向に並んだ接合具本数が n_i，直角方向が m

よって(本書 2.6)式より， ${}_{/\!/}P_{uj} = 2 \times 1.0 \times 1 \times 1.2 \times 28\,215 = 67\,716$ (N)

2) ${}_{/\!/}P_{uw}$ の算定

表 2.3.4 より $F_t=12.0$ (N/mm^2)，表 2.3.6 より $F_s=2.7$ (N/mm^2)，ボルト有効長さ $l=150$ (mm)

図 2.3.5 より，引張の有効面積 A_{et}，せん断の有効面積 A_{es} を求める．

$A_{et} = l\ \Sigma r_i = 150 \times (50 - 16) = 5\,100$ (mm^2)

$A_{es} = l\ \Sigma s_i = 150 \times (120 - 16/2) \times 2 = 33\,600$ (mm^2)

よって(本書 2.10)式より， ${}_{/\!/}P_{uw} = \max \begin{Bmatrix} 5100 \times 12.0 \\ 33600 \times 2.7 \end{Bmatrix} = 90\,720$ (N)

3) P_{u0} の判定

(本書 2.5)式より，$P_{u0} = \min (\ {}_{/\!/}P_{uj},\ {}_{/\!/}P_{uw}) = {}_{/\!/}P_{uj} = 67\,716$ (N)

以上より，当該接合部は終局時に木材の割裂，せん断，引張りにより破壊しないので，接合種別は JA で，表 2.3.9 より ${}_jK_r=1.0$ となる．

表 2.3.10 より ${}_jK_d=1.1$，表 2.3.11 より ${}_jK_m=1$，$P_{u0}=67\,716$ (N)であるから，

(本書 2.15)式より，$P_a = \dfrac{1}{3} \times 1.0 \times 1.1 \times 1 \times 67\,716 = 24\,829$ (N) $= 24.8$ (kN)　　> 13.4 (kN)　　…OK

(4) 耐力算定（束材の接合部の検討）

① 単位接合部の降伏耐力 p_y :

本書 p.9〜14 に従い，まず始めに単位接合部の降伏せん断耐力 p_y を求める．

表 2.2.3 より ${}_{/\!/}F_e = 19.4$ (N/mm^2)，設計条件より $d=16$ (mm)，

ボルト有効長さは，$l=150$ (mm)

表 2.2.5 より，降伏モードⅣとなり，$C=0.606$（→接合種別 JA）

よって(本書 2.2)式より，${}_{/\!/}p_y = 0.606 \times 19.4 \times 16 \times 150 = 28\,215$ (N)

② 単位接合部の長期許容せん断耐力 p_a :

本書 p.9 の(2.1)式に従い，単位接合部の長期許容せん断耐力 p_a を求める．

表 2.2.1 より ${}_jK_d=1.1$，表 2.2.2 より ${}_jK_m=1$，表 2.2.5 より $r_u=1.2$（ボルト，降伏モードⅣ），

上記①より ${}_\parallel p_y$ = 28 215 (N)

よって(本書 2.1)式より，${}_\parallel p_a = \dfrac{1}{3} \times 1.1 \times 1 \times 1.2 \times 28\,215 = 12\,415\,(N)$

設計応力 V = 6 (kN) = 6 000 (N)より，必要本数は，6 000 / 12 415 = 0.5　→2 本とする．

③ 接合部「全体」の長期許容せん断耐力 P_a：

次に，本書 p.15〜28 に従い，接合部［全体］の長期許容せん断耐力 P_a を求める．なお，本接合部は，表 2.3.1 の②のケースに対応している．また，P_{uw} の検討は不要である．

1) ${}_\parallel P_{uj}$ の算定

図 4.3.13 より m = 2，n_i = 1，表 2.3.3 より ${}_j K_n$ = 1.0，r_u = 1.2（ボルト，降伏モードⅣ），

上記①より ${}_\parallel p_y$ = 28 215 (N)

※繊維に平行方向に並んだ接合具本数が n_i，直角方向が m

よって(本書 2.6)式より，${}_\parallel P_{uj} = 2 \times 1.0 \times 1 \times 1.2 \times 28\,215 = 67\,716$ (N)

2) P_{u0} の判定

P_{uw} の検討は不要のため，(本書 2.5)式より，P_{u0} = ${}_\parallel P_{uj}$ = 67 716 (N)

以上より，当該接合部は終局時に木材の割裂，せん断，引張りにより破壊しないので，接合種別は JA で，表 2.3.9 より ${}_j K_r$ = 1.0 となる．

表 2.3.10 より ${}_j K_d$ = 1.1，表 2.3.11 より ${}_j K_m$ = 1，P_{u0} = 67 716 (N)であるから，

(本書 2.15)式より，$P_a = \dfrac{1}{3} \times 1.0 \times 1.1 \times 1 \times 67\,716 = 24\,829$ (N) = 24.8 (kN)　> 6.0 (kN)　…OK

引用文献（第 4 章）

1) 日本建築学会編：鋼構造設計規準－許容応力度設計法－，2005
2) 日本建築学会編：鉄筋コンクリート構造計算規準・同解説，2010
3) 日本建築学会編：鋼構造接合部設計指針，2012

第5章　設計資料

5.1　ボルト・ドリフトピン

　接合具として最も一般的に使用されるボルト・ドリフトピンについて，接合形式，降伏モード，耐力表等を纏めた．

5.1.1　接合形式と降伏モードおよび関連係数の整理
（1）接合形式別降伏モード

　接合形式（木規準 p.33 図 6.3(a)，および木規準 p.377 付録 3 付図 3.1 参照），降伏モード（木規準 p.34 図 6.3(b)参照）およびそれに関連する係数を整理すると以下のようになる．

接合形式（ⅰ）…木材側材2面せん断型　〔木規準 p.377 付録3 付図3.1 では接合形式Ａ１，Ａ２〕
　側材厚と主材厚の比(α)が $0.5 \leqq \alpha \leqq 1$ の場合は A1 と A2 の耐力の中間値を，$1 < \alpha$ の場合は A2 の耐力値を用いる．

表5.1.1　接合形式（ⅰ）の降伏モードと関連係数

	降伏モード	Ⅰa	Ⅰb	Ⅲ	Ⅳ
ボルト	接合種別 C	JC		JB	JA
	終局強度比 r_u	1.0		1.1	1.2
	靱性係数 $_jK_r$	0.75		0.9	1.0
ドリフトピン	接合種別 C	JC		JB	JA
	終局強度比 r_u	1.0			
	靱性係数 $_jK_r$	0.75		0.9	1.0

接合形式（ⅱ）…鋼板添え板2面せん断型　　〔木規準 p.377 付録3 付図3.1 では接合形式B〕

表5.1.2　接合形式（ⅱ）の降伏モードと関連係数

	降伏モード	Ⅰ	Ⅳ
ボルト	接合種別 C	JC	JA
	終局強度比 r_u	1.0	1.2
	靭性係数 $_jK_r$	0.75	1.0

接合形式（ⅲ）…鋼板挿入2面せん断型　　〔木規準 p.377 付録3 付図3.1 では接合形式C〕

表5.1.3　接合形式（ⅲ）の降伏モードと関連係数

	降伏モード	Ⅰa	Ⅲ	Ⅳ
ボルト	接合種別 C	JC	JB	JA
	終局強度比 r_u	1.0	1.1	1.2
	靭性係数 $_jK_r$	0.75	0.9	1.0
ドリフトピン	接合種別 C	JC	JB	JA
	終局強度比 r_u		1.0	
	靭性係数 $_jK_r$	0.75	0.9	1.0

接合形式（ⅳ）…木材側材1面せん断型　　〔木規準 p.377 付録3 付図 3.1 では接合形式 D〕

表 5.1.4　接合形式（ⅳ）の降伏モードと関連係数

	降伏モード	Ⅰa	Ⅰb	Ⅱ	Ⅲa	Ⅲb	Ⅳ
ボルト	接合種別 C	JC	JC	JB	JB	JB	JA
ボルト	終局強度比 r_u	1.0	1.0	1.1	1.1	1.1	1.2
ボルト	靭性係数 $_jK_r$	0.75	0.75	0.9	0.9	0.9	1.0
ドリフトピン	接合種別 C	JC	JC	JC	JB	JB	JA
ドリフトピン	終局強度比 r_u	1.0	1.0	1.0	1.0	1.0	1.0
ドリフトピン	靭性係数 $_jK_r$	0.75	0.75	0.75	0.9	0.9	1.0

接合形式（ⅴ）…鋼板添え板1面せん断型　　〔木規準 p.377 付録3 付図 3.1 では接合形式 E〕

表 5.1.5　接合形式（ⅴ）の降伏モードと関連係数

	降伏モード	Ⅰ	Ⅲ	Ⅳ
ボルト	接合種別 C	JC	JB	JA
ボルト	終局強度比 r_u	1.0	1.1	1.2
ボルト	靭性係数 $_jK_r$	0.75	0.9	1.0

（2）接合形式係数と関連係数の整理

前項に示した各接合形式と接合部降伏モードの関係，および接合部降伏モードと r_u, $_jK_r$, $_jK_n$ の関係を纏めなおすと，表 5.1.6～5.1.9 の通りとなる．（木規準 pp.34～41 参照）

ⅰ）ボルト接合

表 5.1.6　ボルト接合の場合の接合形式と接合部降伏モード

接合形式	接合部降伏モード （接合形式係数：C の誘導のために検討すべき接合部降伏モード）			
（ⅰ）　木材側材2面せん断型	Ⅰa，Ⅰb	－	Ⅲ	Ⅳ
（ⅱ）　鋼板添え板2面せん断型	Ⅰ	－	－	Ⅳ
（ⅲ）　鋼板挿入2面せん断型	Ⅰ	－	Ⅲ	Ⅳ
（ⅳ）　木材側材1面せん断型	Ⅰa，Ⅰb	Ⅱ	Ⅲa，Ⅲb	Ⅳ
（ⅴ）　鋼板添え板1面せん断型	Ⅰ	－	Ⅲ	Ⅳ

表 5.1.7　ボルト接合の場合の接合部降伏モードと接合種別，終局強度比等との関連

接合部降伏モード		Ⅰ	Ⅱ	Ⅲ	Ⅳ
接合種別[*1]		JC		JB	JA
終局強度比 r_u[*2]		1.0		1.1	1.2
靱性係数 $_jK_r$[*3]		0.75		0.9	1.0
1列のボルト本数(n) による耐力低減係数 $_jK_n$[*4]	1～2 本	1.0			
	3～4 本	0.9		0.92	0.95
	5～6 本	0.8		0.85	0.9
	7～10 本	0.7		0.8	0.9

*1　木規準解説 p.244 参照．なお，接合部［全体］の耐力が P_{uw} で決まる場合（木材の割裂，せん断または引張り等により決定される場合）は，接合部［全体］の接合種別は JC とする（木規準 p.36 参照）．

*2　木規準 p.40 表 6.5 参照．

*3　木規準 p.35 表 6.3 参照．

*4　木規準 p.41 表 6.6 参照．

ⅱ）ドリフトピン接合

表5.1.8　ドリフトピン接合の場合の接合形式と接合部降伏モード

接合形式	接合部降伏モード （接合形式係数：C の誘導のために検討すべき接合部降伏モード）			
（ⅰ）　木材側材二面せん断型	Ⅰa，Ⅰb	−	Ⅲ	Ⅳ
（ⅲ）　鋼板挿入二面せん断型	Ⅰ	−	Ⅲ	Ⅳ
（ⅳ）　木材側材一面せん断型	Ⅰa，Ⅰb	Ⅱ	Ⅲa，Ⅲb	Ⅳ

表5.1.9　ドリフトピン接合の場合の接合部降伏モードと接合種別，終局強度比等との関連

接合部降伏モード		Ⅰ	Ⅱ	Ⅲ	Ⅳ
接合種別[*1]			JC	JB	JA
終局強度比 r_u[*2]		1.0			
靱性係数 $_jK_r$[*3]		0.75		0.9	1.0
1列のドリフトピン本数(n)による耐力低減係数 $_jK_n$[*4]	1〜2本	1.0			
	3〜4本	0.9		0.92	0.95
	5〜6本	0.8		0.85	0.9
	7〜10本	0.7		0.8	0.9

*1　木規準解説 p.251 参照．なお，接合部［全体］の耐力が P_{uw} で決まる場合（木材の割裂，せん断または引張り等により決定される場合）は，接合部［全体］の接合種別は JC とする（木規準 p.36 参照）．

*2　木規準 p.44 参照．

*3　木規準 p.35 表6.3 参照．

*4　木規準 p.41 表6.6 参照．

5.1.2 単位接合部の長期許容せん断耐力表

接合部［全体］を設計する際の目安として，単位接合部の長期許容せん断耐力表を示す．

(1) 計算条件と注意点
i) 木材の品質

単位接合部の長期許容せん断耐力算出に用いた木材の品質は木規準に準じ，表 5.1.10 に示す樹種・等級とした．計算に用いた強度値は，該当する製材と集成材の基準強度値とした．

表 5.1.10　許容せん断耐力算出に用いた木材の品質

グループ	樹種	品質・等級	計算に用いた基準材料強度	
			F_s	F_t
J1	からまつ	比重 0.50 程度		
		梁せい 210mm 以下 構造用製材（甲種構造材 2 級）	2.1	15.6
		梁せい 240mm 以上 構造用集成材（対称異等級構成集成材 E95-F270）	3.6	15.0
J2	ひのき	比重 0.44 程度		
		梁せい 210mm 以下 構造用製材（甲種構造材 2 級）	2.1	20.4
		梁せい 240mm 以上 構造用集成材（対称異等級構成集成材 E95-F270）	3.6	15.0
J3	すぎ	比重 0.38 程度		
		梁せい 210mm 以下 構造用製材（甲種構造材 2 級）	1.8	15.6
		梁せい 240mm 以上 構造用集成材（対称異等級構成集成材 E65-F225）	2.7	12.0

注：製材の F_t は本書巻末付録にある製材（甲種構造材 2 級）の引張の基準材料強度とし，集成材の F_t は本書 p.21 表 2.3.4 に示す内層ラミナの引張の基準値とした．

ⅱ) 耐力表の注意点

　単位接合部の耐力表の見方は，図 5.1.1 に示す通りである．接合種別は，JA は靭性変形等により極めて靭性が高い接合部を，JB は JA および JC 以外の接合部を，JC は脆性的な破壊をして変形性能の小さい接合部を示すものとする．

　表に示した耐力，接合種別は，接合具の縁端距離が十分確保された場合の値である．接合具の縁端距離が十分でない場合には，耐力や接合種別は異なってくる．また，接合部［全体］の耐力は，単純に"単位接合部の耐力×接合具本数"ではないので，注意が必要である．

p_a は，単位接合部の長期許容せん断耐力を示す．

○樹種：からまつ（比重 0.50 程度，樹種グループ J1）
　　　　構造用製材（甲種構造材 2 級），構造用集成材（対称異等級構成集成材 E95-F270）
繊維平行方向 $_{//}p_a$ (kN/本)

接合具径 d	主材厚 b (=l)	l/d	繊維平行方向 $_{//}p_a$ (kN/本)											
			ⅰ*1		ⅱ		ⅲ(BT)		ⅲ(DP)		ⅳ*2		ⅴ	
12		10.0	5.65	JA	7.99	JA	6.91	JB	6.28	JB	2.82	JA	3.99	JA
16	120	7.5	8.56	JB	14.21	JA	10.56	JB	9.60	JB	5.02	JA	7.10	JA
20		6.0	11.97	JB	22.20	JA	15.24	JB	13.85	JB	7.85	JA	11.10	JA
12		12.5	5.65	JA	7.99	JA	7.99	JA	6.66	JA	2.82	JA	3.99	JA
16	150	9.4	10.04	JA	14.21	JA	11.97	JB	10.88	JB	5.02	JA	7.10	JA
20		7.5	13.37	JB	22.20	JA	16.64	JB	15.13	JB	7.85	JA	11.10	JA

l/d は，主材厚／接合具径を示す．一般的に，この値が大きいほど接合部の靭性は高くなる（＝JA）．反対に，この値が小さいものは脆性破壊しやすいので注意が必要である（＝JC）．

ⅰ〜ⅴは，接合形式を示す．ⅲについては，ボルト(BT)の場合とドリフトピン(DP)の場合を分けて示している．

*1　接合形式ⅰは，側材厚≧主材厚/2 の場合．
*2　接合形式ⅳは，側材厚＝主材厚の場合．

図 5.1.1　耐力表の見方

（2）単位接合部の長期許容せん断耐力

表 5.1.11(a)　単位接合部の長期許容せん断耐力表（その1）

○樹種：からまつ（比重 0.50 程度，樹種グループ　J1）

　　　　構造用製材（甲種構造材 2 級），構造用集成材（対称異等級構成集成材 E95-F270）

繊維平行方向 $_{//}p_a$ (kN/本)

接合具径 d	主材厚 b $(=l)$	l/d	繊維平行方向 $_{//}p_a$ (kN/本)											
			i [*1]		ii		iii(BT)		iii(DP)		iv [*2]		v	
12	120	10.0	5.65	JA	7.99	JA	6.91	JB	6.28	JB	2.82	JA	3.99	JA
16	120	7.5	8.56	JB	14.21	JA	10.56	JB	9.60	JB	5.02	JA	7.10	JA
20	120	6.0	11.97	JB	22.20	JA	15.24	JB	13.85	JB	7.85	JA	11.10	JA
12	150	12.5	5.65	JA	7.99	JA	7.99	JA	6.66	JA	2.82	JA	3.99	JA
16	150	9.4	10.04	JA	14.21	JA	11.97	JB	10.88	JB	5.02	JA	7.10	JA
20	150	7.5	13.37	JB	22.20	JA	16.64	JB	15.13	JB	7.85	JA	11.10	JA
12	180	15.0	5.65	JA	7.99	JA	7.99	JA	6.66	JA	2.82	JA	3.99	JA
16	180	11.3	10.04	JA	14.21	JA	14.21	JA	11.84	JA	5.02	JA	7.10	JA
20	180	9.0	15.70	JA	22.20	JA	18.40	JB	16.73	JB	7.85	JA	11.10	JA
12	210	17.5	5.65	JA	7.99	JA	7.99	JA	6.66	JA	2.82	JA	3.99	JA
16	210	13.1	10.04	JA	14.21	JA	14.21	JA	11.84	JA	5.02	JA	7.10	JA
20	210	10.5	15.70	JA	22.20	JA	22.20	JA	18.50	JA	7.85	JA	11.10	JA

繊維直交方向 $_{\perp}p_a$ (kN/本)

接合具径 d	主材厚 b $(=l)$	l/d	繊維直交方向 $_{\perp}p_a$ (kN/本)											
			i [*1]		ii		iii(BT)		iii(DP)		iv [*2]		v	
12	120	10.0	4.61	JA	5.65	JA	4.09	JB	3.72	JB	2.30	JA	2.82	JA
16	120	7.5	7.32	JB	10.04	JA	6.70	JB	6.09	JB	4.10	JA	5.02	JA
20	120	6.0	10.18	JB	11.17	JC	10.20	JB	9.27	JB	5.65	JB	6.52	JB
12	150	12.5	4.61	JA	5.65	JA	4.60	JB	4.18	JB	2.30	JA	2.82	JA
16	150	9.4	8.20	JA	10.04	JA	7.16	JB	6.51	JB	4.10	JA	5.02	JA
20	150	7.5	11.44	JB	15.70	JA	10.51	JB	9.55	JB	6.40	JA	7.85	JA
12	180	15.0	4.61	JA	5.65	JA	5.65	JA	4.71	JA	2.30	JA	2.82	JA
16	180	11.3	8.20	JA	10.04	JA	7.79	JB	7.08	JB	4.10	JA	5.02	JA
20	180	9.0	12.81	JA	15.70	JA	11.08	JB	10.08	JB	6.40	JA	7.85	JA
12	210	17.5	4.61	JA	5.65	JA	5.65	JA	4.71	JA	2.30	JA	2.82	JA
16	210	13.1	8.20	JA	10.04	JA	8.52	JB	7.75	JB	4.10	JA	5.02	JA
20	210	10.5	12.81	JA	15.70	JA	11.83	JB	10.76	JB	6.40	JA	7.85	JA

[*1]　側材厚　≧　主材厚/2
[*2]　側材厚　＝　主材厚

注：上表の耐力，接合種別は 単位接合部の強度目安である．$h_e \geqq 4d$ であっても，接合具の縁距離によって接合耐力や接合種別が異なることがある．また，接合部［全体］の耐力は，単純に"単位接合部×接合具数"ではないことに注意が必要である．

表 5.1.11(b)　単位接合部の長期許容せん断耐力表（その2）

○樹種：ひのき（比重 0.44 程度，樹種グループ J2）
　　　　構造用製材（甲種構造材 2 級），構造用集成材（対称異等級構成集成材 E95-F270）

繊維平行方向 $_{//}p_a$ (kN/本)

接合具径 d	主材厚 b (=l)	l/d	繊維平行方向 $_{//}pa$ (kN/本)											
			i [*1]		ii		iii(BT)		iii(DP)		iv [*2]		v	
12	120	10.0	5.30	JA	7.50	JA	6.25	JB	5.68	JB	2.65	JA	3.75	JA
16	120	7.5	7.76	JB	13.34	JA	9.66	JB	8.78	JB	4.71	JA	6.67	JA
20	120	6.0	10.95	JB	20.85	JA	14.08	JB	12.80	JB	7.37	JA	10.42	JA
12	150	12.5	5.30	JA	7.50	JA	7.50	JA	6.25	JA	2.65	JA	3.75	JA
16	150	9.4	9.43	JA	13.34	JA	10.84	JA	9.85	JB	4.71	JA	6.67	JA
20	150	7.5	12.13	JB	20.85	JA	15.22	JB	13.83	JB	7.37	JA	10.42	JA
12	180	15.0	5.30	JA	7.50	JA	7.50	JA	6.25	JA	2.65	JA	3.75	JA
16	180	11.3	9.43	JA	13.34	JA	12.22	JA	11.11	JB	4.71	JA	6.67	JA
20	180	9.0	13.48	JB	20.85	JA	16.69	JB	15.17	JB	7.37	JA	10.42	JA
12	210	17.5	5.30	JA	7.50	JA	7.50	JA	6.25	JA	2.65	JA	3.75	JA
16	210	13.1	9.43	JA	13.34	JA	13.34	JA	11.12	JA	4.71	JA	6.67	JA
20	210	10.5	14.74	JA	20.85	JA	18.36	JB	16.69	JB	7.37	JA	10.42	JA

繊維直交方向 $_{\perp}p_a$ (kN/本)

接合具径 d	主材厚 b (=l)	l/d	繊維直交方向 $_{\perp}pa$ (kN/本)											
			i [*1]		ii		iii(BT)		iii(DP)		iv [*2]		v	
12	120	10.0	4.33	JA	5.30	JA	3.76	JB	3.41	JB	2.16	JA	2.65	JA
16	120	7.5	6.63	JB	9.43	JA	6.22	JB	5.66	JB	3.85	JA	4.71	JA
20	120	6.0	9.29	JB	9.85	JC	9.55	JB	8.69	JB	5.11	JB	5.91	JB
12	150	12.5	4.33	JA	5.30	JA	4.17	JB	3.79	JB	2.16	JA	2.65	JA
16	150	9.4	7.70	JA	9.43	JA	6.58	JB	5.98	JB	3.85	JA	4.71	JA
20	150	7.5	10.37	JB	14.74	JA	9.75	JB	8.87	JB	6.01	JA	7.37	JA
12	180	15.0	4.33	JA	5.30	JA	4.67	JA	4.25	JB	2.16	JA	2.65	JA
16	180	11.3	7.70	JA	9.43	JA	7.10	JB	6.45	JB	3.85	JA	4.71	JA
20	180	9.0	12.03	JA	14.74	JA	10.20	JB	9.27	JB	6.01	JA	7.37	JA
12	210	17.5	4.33	JA	5.30	JA	5.30	JA	4.42	JA	2.16	JA	2.65	JA
16	210	13.1	7.70	JA	9.43	JA	7.72	JB	7.01	JB	3.85	JA	4.71	JA
20	210	10.5	12.03	JA	14.74	JA	10.81	JB	9.83	JB	6.01	JA	7.37	JA

[*1]　側材厚 ≧ 主材厚/2
[*2]　側材厚 ＝ 主材厚

注：上表の耐力，接合種別は　単位接合部の強度目安である．$h_e \geq 4d$ であっても，接合具の縁距離によって接合耐力や接合種別が異なることがある．また，接合部［全体］の耐力は，単純に"単位接合部×接合具数"ではないことに注意が必要である．

表 5.1.11(c) 単位接合部の長期許容せん断耐力表（その 3）

○樹種：すぎ（比重 0.38 程度，樹種グループ J3）

　　　構造用製材（甲種構造材 2 級），構造用集成材（対称異等級構成集成材 E65-F225）

繊維平行方向 $_{//}p_a$ (kN/本)

接合具径 d	主材厚 b (=l)	l/d	繊維平行方向 $_{//}p_a$ (kN/本)											
			i [*1]		ii		iii(BT)		iii(DP)		iv [*2]		v	
12	120	10.0	4.93	JA	6.98	JA	5.59	JB	5.08	JB	2.46	JA	3.49	JA
16	120	7.5	6.97	JB	12.41	JA	8.76	JB	7.96	JB	4.39	JA	6.20	JA
20	120	6.0	9.93	JB	19.40	JA	12.91	JB	11.74	JB	6.86	JA	9.70	JA
12	150	12.5	4.93	JA	6.98	JA	6.98	JA	5.82	JA	2.46	JA	3.49	JA
16	150	9.4	7.88	JB	12.41	JA	9.71	JB	8.83	JB	4.39	JA	6.20	JA
20	150	7.5	10.89	JB	19.40	JA	13.78	JB	12.53	JB	6.86	JA	9.70	JA
12	180	15.0	4.93	JA	6.98	JA	6.98	JA	5.82	JA	2.46	JA	3.49	JA
16	180	11.3	8.78	JB	12.41	JA	10.85	JB	9.86	JB	4.39	JA	6.20	JA
20	180	9.0	12.01	JB	19.40	JA	14.96	JB	13.60	JB	6.86	JA	9.70	JA
12	210	17.5	4.93	JA	6.98	JA	6.98	JA	5.82	JA	2.46	JA	3.49	JA
16	210	13.1	8.78	JA	12.41	JA	12.41	JA	10.34	JA	4.39	JA	6.20	JA
20	210	10.5	13.72	JA	19.40	JA	16.35	JB	14.86	JB	6.86	JA	9.70	JA

繊維直交方向 $_{\perp}p_a$ (kN/本)

接合具径 d	主材厚 b (=l)	l/d	繊維直交方向 $_{\perp}p_a$ (kN/本)											
			i [*1]		ii		iii(BT)		iii(DP)		iv [*2]		v	
12	120	10.0	4.03	JA	4.93	JA	3.41	JB	3.10	JB	2.01	JA	2.46	JA
16	120	7.5	5.94	JB	6.82	JC	5.74	JB	5.22	JB	3.58	JA	3.84	JB
20	120	6.0	8.40	JB	8.53	JC	7.75	JC	7.75	JC	4.57	JB	5.30	JB
12	150	12.5	4.03	JA	4.93	JA	3.75	JB	3.41	JB	2.01	JA	2.46	JA
16	150	9.4	7.17	JA	8.78	JA	6.00	JB	5.45	JB	3.58	JA	4.39	JA
20	150	7.5	9.28	JB	10.67	JC	8.99	JB	8.17	JB	5.60	JA	6.01	JB
12	180	15.0	4.03	JA	4.93	JA	4.16	JB	3.78	JB	2.01	JA	2.46	JA
16	180	11.3	7.17	JA	8.78	JA	6.41	JB	5.82	JB	3.58	JA	4.39	JA
20	180	9.0	11.20	JA	13.72	JA	9.31	JB	8.46	JB	5.60	JA	6.86	JA
12	210	17.5	4.03	JA	4.93	JA	4.93	JA	4.11	JA	2.01	JA	2.46	JA
16	210	13.1	7.17	JA	8.78	JA	6.91	JB	6.28	JB	3.58	JA	4.39	JA
20	210	10.5	11.20	JA	13.72	JA	9.78	JB	8.89	JB	5.60	JA	6.86	JA

*1　側材厚　≧　主材厚/2
*2　側材厚　＝　主材厚

注：上表の耐力，接合種別は　単位接合部の強度目安である．$h_e \geq 4d$ であっても，接合具の縁距離によって接合耐力や接合種別が異なることがある．また，接合部［全体］の耐力は，単純に"単位接合部×接合具数"ではないことに注意が必要である．

5.1.3 接合部耐力表

接合部［全体］を設計する際の目安として，比較的一般的と思われる部材断面寸法における接合具配置での接合部［全体］の長期許容せん断耐力を求めた結果を示す．それ以外の接合部における耐力計算については本書第2章，第3章を参考にされたい．

（1）木材の品質

接合部［全体］の長期許容耐力算出に用いた木材の品質は木規準に準じ，表5.1.10に示す樹種・等級とした．計算に用いた強度値は，該当する製材と集成材の基準強度値の小さい方とした．

（2）耐力表の見方

比較的一般的な接合具配置での接合部［全体］の長期許容せん断耐力表の見方は図5.1.2の通りである．また，接合形式ごとに「繊維方向加力時の接合部耐力」，「繊維直角方向加力時の接合部耐力」の順に纏めてある（接合形式（i）（iv）については「繊維方向加力時の接合部耐力」のみ）．

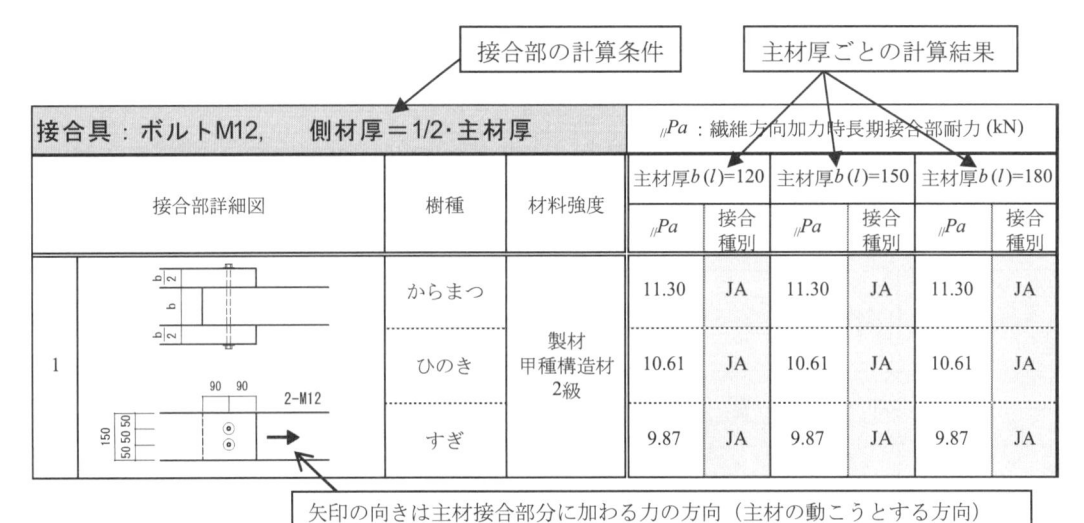

接合具：ボルトM12，側材厚＝1/2・主材厚			$_{//}Pa$：繊維方向加力時長期接合部耐力 (kN)					
			主材厚$b(l)$=120		主材厚$b(l)$=150		主材厚$b(l)$=180	
接合部詳細図	樹種	材料強度	$_{//}Pa$	接合種別	$_{//}Pa$	接合種別	$_{//}Pa$	接合種別
1	からまつ	製材 甲種構造材 2級	11.30	JA	11.30	JA	11.30	JA
	ひのき		10.61	JA	10.61	JA	10.61	JA
	すぎ		9.87	JA	9.87	JA	9.87	JA

図5.1.2 接合部［全体］の耐力表の見方

（3）許容耐力の換算

中長期，中短期，短期の許容せん断耐力は，耐力表に示す長期許容せん断耐力の値に表5.1.12の値を乗じて求める．

表5.1.12 許容耐力の換算係数

荷重継続期間	長期許容せん断耐力に乗ずる係数
長期	1.1 / 1.1
中長期（長期積雪時）	1.43 / 1.1
中短期（短期積雪時）	1.6 / 1.1
短期	2.0 / 1.1

（4）有効長さ

ボルトの耐力は，主材厚さを有効長さとして計算している．ドリフトピンの耐力は，ピン先端部が面取りされている場合が多いため，テーパー長さを5mmと仮定し，［主材厚－5mm］を有効長さとして計算している．

（5）鋼板挿入式接合の注意点

接合形式（ⅲ）の鋼板挿入2面せん断型の場合のみ，ドリフトピンの耐力値を示しているが，この値をボルト接合の場合の耐力値としても差しつかえない．

（6）注意事項

ⅰ）接合具本数を多くすると木部での破壊が生じやすくなり，接合部［全体］の耐力は頭打ちとなる．

ⅱ）接合具の配置は木規準に準ずるものとする．耐力表では，部材断面に応じた一般的な接合具配置としているが，これ以外の配置をとる場合は，接合部耐力に対する加力方向，縁端距離，接合具間隔の影響を考慮する必要がある（図 5.1.3 参照）．

　　例）接合形式（ⅲ）鋼板挿入2面せん断型
　　　　樹種　すぎ，　主材厚180mm，　接合具径16mm，　鋼板厚9mm，
　　　　加力方向　繊維直角方向
　　　　（矢印の向きは，木材の動こうとする方向で示す．）

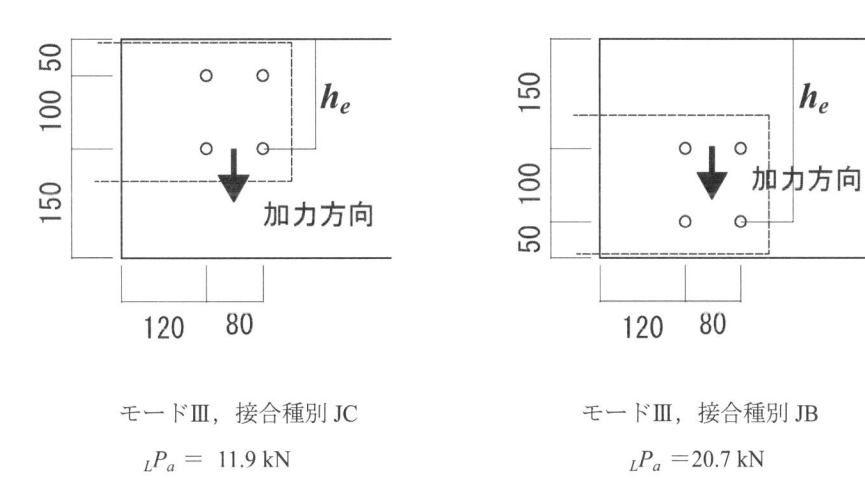

モードⅢ，接合種別 JC　　　　　　　　　モードⅢ，接合種別 JB
$_LP_a = 11.9$ kN　　　　　　　　　　　$_LP_a = 20.7$ kN

図 5.1.3　接合具の配置による耐力の違い

ⅲ）接合部耐力表では，接合部［全体］を構成する単位接合部に均一な応力が作用する場合を想定している．接合部に有害な二次応力が生ずることのないように注意する．

接合部耐力表インデックス

接合形式（ⅰ）
木材側材2面せん断型　その1〜3 79
　　　接合具：ボルト、加力方向：繊維方向

接合形式（ⅱ）
鋼板添え板2面せん断型　その1〜6 82
　　　接合具：ボルト、加力方向：繊維方向

鋼板添え板2面せん断型　その7〜12 88
　　　接合具：ボルト、加力方向：繊維直角方向

接合形式（ⅲ）
鋼板挿入2面せん断型　その1〜6 94
　　　接合具：ドリフトピン、加力方向：繊維方向

鋼板挿入2面せん断型　その7〜12 100
　　　接合具：ドリフトピン、加力方向：繊維直角方向

接合形式（ⅳ）
木材側材1面せん断型　その1〜3 106
　　　接合具：ボルト、加力方向：繊維方向

接合形式（ⅴ）
鋼板添え板1面せん断型　その1〜6 109
　　　接合具：ボルト、加力方向：繊維方向

鋼板添え板1面せん断型　その7〜9 115
　　　接合具：ボルト、加力方向：繊維直角方向

表 5.1.13(a) 接合部耐力表：接合形式（ⅰ）：木材側材 2 面せん断型　（その 1）

接合具：ボルトM12，　側材厚＝1/2・主材厚				$_{//}Pa$：繊維方向加力時長期接合部耐力 (kN)					
	接合部詳細図	樹種	材料強度	主材厚$b(l)$=120		主材厚$b(l)$=150		主材厚$b(l)$=180	
				$_{//}Pa$	接合種別	$_{//}Pa$	接合種別	$_{//}Pa$	接合種別
1	2-M12	からまつ	製材甲種構造材2級	11.30	JA	11.30	JA	11.30	JA
		ひのき		10.61	JA	10.61	JA	10.61	JA
		すぎ		9.87	JA	9.87	JA	9.87	JA
2	4-M12	からまつ	製材甲種構造材2級	22.60	JA	22.60	JA	22.60	JA
		ひのき		21.23	JA	21.23	JA	21.23	JA
		すぎ		19.75	JA	19.75	JA	19.75	JA
3	上面図は、No1と同じ 3-M12	からまつ	製材甲種構造材2級	16.95	JA	16.95	JA	16.95	JA
		ひのき		15.92	JA	15.92	JA	15.92	JA
		すぎ		14.81	JA	14.81	JA	14.81	JA
4	上面図は、No2と同じ 6-M12	からまつ	製材甲種構造材2級	33.91	JA	33.91	JA	33.91	JA
		ひのき		31.84	JA	31.84	JA	31.84	JA
		すぎ		29.63	JA	29.63	JA	29.63	JA
5	上面図は、No1と同じ 3-M12	からまつ	構造用集成材E95-F270	16.95	JA	16.95	JA	16.95	JA
		ひのき		15.92	JA	15.92	JA	15.92	JA
		すぎ	構造用集成材E65-F225	14.81	JA	14.81	JA	14.81	JA
6	上面図は、No2と同じ 6-M12	からまつ	構造用集成材E95-F270	33.91	JA	33.91	JA	33.91	JA
		ひのき		31.84	JA	31.84	JA	31.84	JA
		すぎ	構造用集成材E65-F225	29.63	JA	29.63	JA	29.63	JA

表5.1.13(b) 接合部耐力表：接合形式（ⅰ）：木材側材2面せん断型 （その2）

接合具：ボルトM16， 側材厚＝1/2・主材厚				$_lPa$：繊維方向加力時長期接合部耐力 (kN)					
				主材厚$b(l)$=120		主材厚$b(l)$=150		主材厚$b(l)$=180	
	接合部詳細図	樹種	材料強度	$_lPa$	接合種別	$_lPa$	接合種別	$_lPa$	接合種別
1	2-M16	からまつ	製材甲種構造材2級	15.40	JB	20.09	JA	20.09	JA
		ひのき		13.98	JB	18.87	JA	18.87	JA
		すぎ		12.54	JB	14.18	JB	17.56	JA
2	4-M16	からまつ	製材甲種構造材2級	30.81	JB	40.19	JA	40.19	JA
		ひのき		27.96	JB	37.74	JA	37.74	JA
		すぎ		25.09	JB	28.36	JB	35.12	JA
3	上面図は、No1と同じ 2-M16	からまつ	構造用集成材 E95-F270	15.40	JB	20.09	JA	20.09	JA
		ひのき	構造用集成材 E95-F270	13.98	JB	18.87	JA	18.87	JA
		すぎ	構造用集成材 E65-F225	12.54	JB	14.18	JB	17.56	JA
4	上面図は、No2と同じ 4-M16	からまつ	構造用集成材 E95-F270	30.81	JB	40.19	JA	40.19	JA
		ひのき	構造用集成材 E95-F270	27.96	JB	37.74	JA	37.74	JA
		すぎ	構造用集成材 E65-F225	25.09	JB	28.36	JB	35.12	JA
5	上面図は、No1と同じ 3-M16	からまつ	構造用集成材 E95-F270	23.10	JB	30.14	JA	30.14	JA
		ひのき	構造用集成材 E95-F270	20.97	JB	28.30	JA	28.30	JA
		すぎ	構造用集成材 E65-F225	18.82	JB	21.27	JB	26.34	JA
6	上面図は、No2と同じ 6-M16	からまつ	構造用集成材 E95-F270	46.22	JB	60.29	JA	60.29	JA
		ひのき	構造用集成材 E95-F270	41.94	JB	56.61	JA	56.61	JA
		すぎ	構造用集成材 E65-F225	37.64	JB	42.55	JB	52.69	JA

表 5.1.13(c)　接合部耐力表：接合形式（ⅰ）：木材側材 2 面せん断型　（その 3）

接合具：ボルトM20，　側材厚＝1/2・主材厚				ₗₗPa：繊維方向加力時長期接合部耐力(kN)					
	接合部詳細図	樹種	材料強度	主材厚 $b(l)$=120		主材厚 $b(l)$=150		主材厚 $b(l)$=180	
				$_{\parallel}Pa$	接合種別	$_{\parallel}Pa$	接合種別	$_{\parallel}Pa$	接合種別
1	2-M20	からまつ	構造用集成材 E95-F270	21.54	JB	24.07	JB	31.40	JA
		ひのき		19.72	JB	21.84	JB	24.27	JB
		すぎ	構造用集成材 E65-F225	17.87	JB	19.60	JB	21.62	JB
2	4-M20	からまつ	構造用集成材 E95-F270	43.10	JD	48.15	JB	62.80	JA
		ひのき		39.45	JB	43.69	JB	48.55	JB
		すぎ	構造用集成材 E65-F225	35.75	JB	39.21	JB	43.24	JB
3	2-M20	からまつ	構造用集成材 E95-F270	21.54	JB	24.07	JB	31.40	JA
		ひのき		19.72	JB	21.84	JB	24.27	JB
		すぎ	構造用集成材 E65-F225	17.87	JB	19.60	JB	21.62	JB
4	4-M20	からまつ	構造用集成材 E95-F270	43.10	JB	48.15	JB	62.80	JA
		ひのき		39.45	JB	43.69	JB	48.55	JB
		すぎ	構造用集成材 E65-F225	35.75	JB	39.21	JB	43.24	JB
5	3-M20	からまつ	構造用集成材 E95-F270	32.32	JB	36.11	JB	47.10	JA
		ひのき		29.58	JB	32.77	JB	36.41	JB
		すぎ	構造用集成材 E65-F225	26.81	JB	29.41	JB	32.43	JB
6	6-M20	からまつ	構造用集成材 E95-F270	64.65	JB	72.22	JB	94.20	JA
		ひのき		59.17	JB	65.54	JB	72.83	JB
		すぎ	構造用集成材 E65-F225	53.63	JB	58.82	JB	64.87	JB

表5.1.14(a)　接合部耐力表：接合形式（ⅱ）：鋼板添え板2面せん断型　（その1）

接合具：ボルトM12，　添え板鋼板厚$t=6$				$_{//}Pa$：繊維方向加力時長期接合部耐力 (kN)					
	接合部詳細図	樹種	材料強度	主材厚$b(l)$=120		主材厚$b(l)$=150		主材厚$b(l)$=180	
				$_{//}Pa$	接合種別	$_{//}Pa$	接合種別	$_{//}Pa$	接合種別
1	2-M12	からまつ	製材 甲種構造材 2級	15.98	JA	15.98	JA	15.98	JA
		ひのき		15.01	JA	15.01	JA	15.01	JA
		すぎ		13.97	JA	13.97	JA	13.97	JA
2	4-M12	からまつ	製材 甲種構造材 2級	22.45	JC	22.45	JC	22.45	JC
		ひのき		30.02	JA	30.02	JA	30.02	JA
		すぎ		19.56	JC	19.56	JC	19.56	JC
3	3-M12	からまつ	製材 甲種構造材 2級	23.98	JA	23.98	JA	23.98	JA
		ひのき		22.51	JA	22.51	JA	22.51	JA
		すぎ		20.95	JA	20.95	JA	20.95	JA
4	6-M12	からまつ	製材 甲種構造材 2級	47.96	JA	47.96	JA	47.96	JA
		ひのき		45.03	JA	45.03	JA	45.03	JA
		すぎ		41.91	JA	41.91	JA	41.91	JA
5	3-M12	からまつ	構造用 集成材 E95-F270	23.98	JA	23.98	JA	23.98	JA
		ひのき		22.51	JA	22.51	JA	22.51	JA
		すぎ	構造用 集成材 E65-F225	20.95	JA	20.95	JA	20.95	JA
6	6-M12	からまつ	構造用 集成材 E95-F270	47.96	JA	47.96	JA	47.96	JA
		ひのき		45.03	JA	45.03	JA	45.03	JA
		すぎ	構造用 集成材 E65-F225	30.09	JC	30.09	JC	30.09	JC

表5.1.14(b)　接合部耐力表：接合形式（ⅱ）：鋼板添え板2面せん断型　（その2）

接合具：ボルトM16，　添え板鋼板厚 $t=6$

$_{//}Pa$：繊維方向加力時長期接合部耐力(kN)

#	接合部詳細図	樹種	材料強度	主材厚$b(l)$=120		主材厚$b(l)$=150		主材厚$b(l)$=180	
				$_{//}Pa$	接合種別	$_{//}Pa$	接合種別	$_{//}Pa$	接合種別
1	120 2-M16 210 70 70 70	からまつ	製材 甲種構造材 2級	28.42	JA	28.42	JA	28.42	JA
		ひのき		26.68	JA	26.68	JA	26.68	JA
		すぎ		24.83	JA	24.83	JA	24.83	JA
2	120 120 4-M16 210 70 70 70	からまつ	製材 甲種構造材 2級	29.93	JC	37.42	JC	39.91	JC
		ひのき		36.35	JC	53.37	JA	53.37	JA
		すぎ		27.79	JC	34.74	JC	37.06	JC
3	上面図は、No1と同じ 120 2-M16 240 70 100	からまつ	構造用集成材 E95-F270	28.42	JA	28.42	JA	28.42	JA
		ひのき		26.68	JA	26.68	JA	26.68	JA
		すぎ	構造用集成材 E65-F225	24.83	JA	24.83	JA	24.83	JA
4	上面図は、No2と同じ 120 120 4-M16 240 70 100	からまつ	構造用集成材 E95-F270	56.84	JA	56.84	JA	56.84	JA
		ひのき		53.37	JA	53.37	JA	53.37	JA
		すぎ	構造用集成材 E65-F225	49.67	JA	49.67	JA	49.67	JA
5	上面図は、No1と同じ 120 3-M16 300 90 70 70	からまつ	構造用集成材 E95-F270	42.63	JA	42.63	JA	42.63	JA
		ひのき		40.03	JA	40.03	JA	40.03	JA
		すぎ	構造用集成材 E65-F225	37.25	JA	37.25	JA	37.25	JA
6	上面図は、No2と同じ 120 120 6-M16 300 90 70 70	からまつ	構造用集成材 E95-F270	53.46	JC	85.26	JA	85.26	JA
		ひのき		53.46	JC	80.07	JA	80.07	JA
		すぎ	構造用集成材 E65-F225	42.76	JC	53.46	JC	74.51	JA

表 5.1.14(c)　接合部耐力表：接合形式（ⅱ）：鋼板添え板 2 面せん断型　（その 3）

接合具：ボルト M20，　添え板鋼板厚 $t=6$　　　$_{//}Pa$：繊維方向加力時長期接合部耐力 (kN)

	接合部詳細図	樹種	材料強度	主材厚 $b(l)$=120		主材厚 $b(l)$=150		主材厚 $b(l)$=180	
				$_{//}Pa$	接合種別	$_{//}Pa$	接合種別	$_{//}Pa$	接合種別
1	2-M20	からまつ	構造用集成材 E95-F270	30.88	JC	44.40	JA	44.40	JA
		ひのき	構造用集成材 E95-F270	30.88	JC	41.70	JA	41.70	JA
		すぎ	構造用集成材 E65-F225	23.76	JC	38.80	JA	38.80	JA
2	4-M20	からまつ	構造用集成材 E95-F270	59.40	JC	88.81	JA	88.81	JA
		ひのき	構造用集成材 E95-F270	59.40	JC	83.40	JA	83.40	JA
		すぎ	構造用集成材 E65-F225	44.55	JC	55.68	JC	77.61	JA
3	2-M20 (上面図は、No1と同じ)	からまつ	構造用集成材 E95-F270	30.88	JC	44.40	JA	44.40	JA
		ひのき	構造用集成材 E95-F270	30.88	JC	41.70	JA	41.70	JA
		すぎ	構造用集成材 E65-F225	23.76	JC	38.80	JA	38.80	JA
4	4-M20 (上面図は、No2と同じ)	からまつ	構造用集成材 E95-F270	59.40	JC	88.81	JA	88.81	JA
		ひのき	構造用集成材 E95-F270	59.40	JC	83.40	JA	83.40	JA
		すぎ	構造用集成材 E65-F225	44.55	JC	55.68	JC	77.61	JA
5	3-M20 (上面図は、No1と同じ)	からまつ	構造用集成材 E95-F270	66.61	JA	66.61	JA	66.61	JA
		ひのき	構造用集成材 E95-F270	62.55	JA	62.55	JA	62.55	JA
		すぎ	構造用集成材 E65-F225	58.21	JA	58.21	JA	58.21	JA
6	6-M20 (上面図は、No2と同じ)	からまつ	構造用集成材 E95-F270	59.40	JC	74.25	JC	89.10	JC
		ひのき	構造用集成材 E95-F270	59.40	JC	74.25	JC	89.10	JC
		すぎ	構造用集成材 E65-F225	47.52	JC	59.40	JC	71.28	JC

第5章 設計資料

表5.1.14(d)　接合部耐力表：接合形式（ⅱ）：鋼板添え板2面せん断型　（その4）

接合具：ボルトM12,　添え板鋼板厚 $t=6$

$_{//}Pa$：繊維方向加力時長期接合部耐力 (kN)

	接合部詳細図	樹種	材料強度	主材厚 $b(l)=120$		主材厚 $b(l)=150$		主材厚 $b(l)=180$	
				$_{//}Pa$	接合種別	$_{//}Pa$	接合種別	$_{//}Pa$	接合種別
1	2-M12	からまつ	製材甲種構造材2級	15.98	JA	15.98	JA	15.98	JA
		ひのき		15.01	JA	15.01	JA	15.01	JA
		すぎ		13.97	JA	13.97	JA	13.97	JA
2	4-M12	からまつ	製材甲種構造材2級	31.97	JA	31.97	JA	31.97	JA
		ひのき		30.02	JA	30.02	JA	30.02	JA
		すぎ		27.94	JA	27.94	JA	27.94	JA
3	上面図は、No1と同じ　3-M12	からまつ	製材甲種構造材2級	22.78	JA	22.78	JA	22.78	JA
		ひのき		21.39	JA	21.39	JA	21.39	JA
		すぎ		19.91	JA	19.91	JA	19.91	JA
4	上面図は、No2と同じ　6-M12	からまつ	製材甲種構造材2級	45.56	JA	45.56	JA	45.56	JA
		ひのき		42.78	JA	42.78	JA	42.78	JA
		すぎ		39.82	JA	39.82	JA	39.82	JA

表5.1.14(e)　接合部耐力表：接合形式（ⅱ）：鋼板添え板2面せん断型　（その5）

接合具：ボルトM16，　添え板鋼板厚 $t=6$

$_{//}Pa$：繊維方向加力時長期接合部耐力 (kN)

	接合部詳細図	樹種	材料強度	主材厚 $b(l)$=120		主材厚 $b(l)$=150		主材厚 $b(l)$=180	
				$_{//}Pa$	接合種別	$_{//}Pa$	接合種別	$_{//}Pa$	接合種別
1	2-M16	からまつ	製材 甲種構造材 2級	28.42	JA	28.42	JA	28.42	JA
		ひのき		26.68	JA	26.68	JA	26.68	JA
		すぎ		24.83	JA	24.83	JA	24.83	JA
2	4-M16	からまつ	製材 甲種構造材 2級	56.84	JA	56.84	JA	56.84	JA
		ひのき		53.37	JA	53.37	JA	53.37	JA
		すぎ		49.67	JA	49.67	JA	49.67	JA
3	3-M16 上面図は、No1と同じ	からまつ	構造用 集成材 E95-F270	40.49	JA	40.49	JA	40.49	JA
		ひのき		38.03	JA	38.03	JA	38.03	JA
		すぎ	構造用 集成材 E65-F225	35.39	JA	35.39	JA	35.39	JA
4	6-M16 上面図は、No2と同じ	からまつ	構造用 集成材 E95-F270	81.00	JA	81.00	JA	81.00	JA
		ひのき		76.06	JA	76.06	JA	76.06	JA
		すぎ	構造用 集成材 E65-F225	70.79	JA	70.79	JA	70.79	JA

表 5.1.14(f)　接合部耐力表：接合形式（ⅱ）：鋼板添え板 2 面せん断型　（その 6）

接合具：ボルト M20，　添え板鋼板厚 $t=6$				$_{//}Pa$：繊維方向加力時長期接合部耐力 (kN)					
接合部詳細図		樹種	材料強度	主材厚 $b(l)=120$		主材厚 $b(l)=150$		主材厚 $b(l)=180$	
				$_{//}Pa$	接合種別	$_{//}Pa$	接合種別	$_{//}Pa$	接合種別
1	2-M20	からまつ	構造用集成材 E95-F270	44.40	JA	44.40	JA	44.40	JA
		ひのき		41.70	JA	41.70	JA	41.70	JA
		すぎ	構造用集成材 E65-F225	38.80	JA	38.80	JA	38.80	JA
2	4-M20	からまつ	構造用集成材 E95-F270	88.81	JA	88.81	JA	88.81	JA
		ひのき		83.40	JA	83.40	JA	83.40	JA
		すぎ	構造用集成材 E65-F225	77.61	JA	77.61	JA	77.61	JA
3	3-M20	からまつ	構造用集成材 E95-F270	63.28	JA	63.28	JA	63.28	JA
		ひのき		59.42	JA	59.42	JA	59.42	JA
		すぎ	構造用集成材 E65-F225	55.30	JA	55.30	JA	55.30	JA
4	6-M20	からまつ	構造用集成材 E95-F270	126.56	JA	126.56	JA	126.56	JA
		ひのき		118.85	JA	118.85	JA	118.85	JA
		すぎ	構造用集成材 E65-F225	110.61	JA	110.61	JA	110.61	JA

表 5.1.14(g)　接合部耐力表：接合形式（ⅱ）：鋼板添え板 2 面せん断型　（その 7）

接合具：ボルト M12，　添え板鋼板厚 $t=6$

$_\perp Pa$：繊維直角方向加力時長期接合部耐力 (kN)

No	接合部詳細図	樹種	材料強度	主材厚 $b(l)=120$		主材厚 $b(l)=150$		主材厚 $b(l)=180$	
				$_\perp Pa$	接合種別	$_\perp Pa$	接合種別	$_\perp Pa$	接合種別
1	2-M12	からまつ	製材 甲種構造材 2級	4.62	JC	4.62	JC	4.62	JC
		ひのき		4.62	JC	4.62	JC	4.62	JC
		すぎ		3.96	JC	3.96	JC	3.96	JC
2	4-M12	からまつ	製材 甲種構造材 2級	4.62	JC	4.62	JC	4.62	JC
		ひのき		4.62	JC	4.62	JC	4.62	JC
		すぎ		3.96	JC	3.96	JC	3.96	JC
3	3-M12	からまつ	製材 甲種構造材 2級	7.39	JC	7.39	JC	7.39	JC
		ひのき		7.39	JC	7.39	JC	7.39	JC
		すぎ		6.33	JC	6.33	JC	6.33	JC
4	6-M12	からまつ	製材 甲種構造材 2級	7.39	JC	7.39	JC	7.39	JC
		ひのき		7.39	JC	7.39	JC	7.39	JC
		すぎ		6.33	JC	6.33	JC	6.33	JC
5	3-M12	からまつ	構造用 集成材 E95-F270	16.95	JA	16.95	JA	16.95	JA
		ひのき		15.92	JA	15.92	JA	15.92	JA
		すぎ	構造用 集成材 E65-F225	14.81	JA	14.81	JA	14.81	JA
6	6-M12	からまつ	構造用 集成材 E95-F270	15.04	JC	15.04	JC	15.04	JC
		ひのき		15.04	JC	15.04	JC	15.04	JC
		すぎ	構造用 集成材 E65-F225	11.28	JC	11.28	JC	11.28	JC

表 5.1.14(h)　接合部耐力表；接合形式（ⅱ）：鋼板添え板 2 面せん断型　（その 8）

接合具：ボルト M16,　添え板鋼板厚 $t=6$				$_\perp Pa$：繊維直角方向加力時長期接合部耐力 (kN)					
接合部詳細図		樹種	材料強度	主材厚 $b(l)$=120		主材厚 $b(l)$=150		主材厚 $b(l)$=180	
				$_\perp Pa$	接合種別	$_\perp Pa$	接合種別	$_\perp Pa$	接合種別
1	2-M16	からまつ	製材 甲種構造材 2級	6.46	JC	8.08	JC	8.62	JC
		ひのき		6.46	JC	8.08	JC	8.62	JC
		すぎ		5.54	JC	6.93	JC	7.39	JC
2	4-M16	からまつ	製材 甲種構造材 2級	6.46	JC	8.08	JC	8.62	JC
		ひのき		6.46	JC	8.08	JC	8.62	JC
		すぎ		5.54	JC	6.93	JC	7.39	JC
3	上面図は、No1と同じ 2-M16	からまつ	構造用 集成材 E95-F270	13.46	JC	20.09	JA	20.09	JA
		ひのき		13.46	JC	18.87	JA	18.87	JA
		すぎ	構造用 集成材 E65-F225	10.09	JC	12.62	JC	17.56	JA
4	上面図は、No2と同じ 4-M16	からまつ	構造用 集成材 E95-F270	13.46	JC	16.83	JC	17.95	JC
		ひのき		13.46	JC	16.83	JC	17.95	JC
		すぎ	構造用 集成材 E65-F225	10.09	JC	12.62	JC	13.46	JC
5	上面図は、No1と同じ 3-M16	からまつ	構造用 集成材 E95-F270	18.21	JC	30.14	JA	30.14	JA
		ひのき		18.21	JC	28.30	JA	28.30	JA
		すぎ	構造用 集成材 E65-F225	13.66	JC	17.07	JC	18.21	JC
6	上面図は、No2と同じ 6-M16	からまつ	構造用 集成材 E95-F270	18.21	JC	22.77	JC	24.28	JC
		ひのき		18.21	JC	22.77	JC	24.28	JC
		すぎ	構造用 集成材 E65-F225	13.66	JC	17.07	JC	18.21	JC

表5.1.14(i) 接合部耐力表：接合形式（ⅱ）：鋼板添え板2面せん断型　（その9）

接合具：ボルトM20，　添え板鋼板厚 $t=6$				$_\perp Pa$：繊維直角方向加力時長期接合部耐力 (kN)					
	接合部詳細図	樹種	材料強度	主材厚 $b(l)$=120		主材厚 $b(l)$=150		主材厚 $b(l)$=180	
				$_\perp Pa$	接合種別	$_\perp Pa$	接合種別	$_\perp Pa$	接合種別
1	BT2M20	からまつ	構造用集成材 E95-F270	12.67	JC	15.84	JC	19.00	JC
		ひのき	構造用集成材 E95-F270	12.67	JC	15.84	JC	19.00	JC
		すぎ	構造用集成材 E65-F225	9.50	JC	11.88	JC	14.25	JC
2	4-M20	からまつ	構造用集成材 E95-F270	12.67	JC	15.84	JC	19.00	JC
		ひのき	構造用集成材 E95-F270	12.67	JC	15.84	JC	19.00	JC
		すぎ	構造用集成材 E65-F225	9.50	JC	11.88	JC	14.25	JC
3	2-M20	からまつ	構造用集成材 E95-F270	16.76	JC	21.78	JC	31.40	JA
		ひのき	構造用集成材 E95-F270	14.78	JC	21.78	JC	29.48	JA
		すぎ	構造用集成材 E65-F225	12.80	JC	16.00	JC	19.60	JC
4	4-M20	からまつ	構造用集成材 E95-F270	17.42	JC	21.78	JC	26.13	JC
		ひのき	構造用集成材 E95-F270	17.42	JC	21.78	JC	26.13	JC
		すぎ	構造用集成材 E65-F225	13.06	JC	16.33	JC	19.60	JC
5	3-M20	からまつ	構造用集成材 E95-F270	22.17	JC	27.72	JC	33.26	JC
		ひのき	構造用集成材 E95-F270	22.17	JC	27.72	JC	44.23	JA
		すぎ	構造用集成材 E65-F225	16.63	JC	20.79	JC	24.94	JC
6	6-M20	からまつ	構造用集成材 E95-F270	22.17	JC	27.72	JC	33.26	JC
		ひのき	構造用集成材 E95-F270	22.17	JC	27.72	JC	33.26	JC
		すぎ	構造用集成材 E65-F225	16.63	JC	20.79	JC	24.94	JC

表 5.1.14(j)　接合部耐力表：接合形式（ⅱ）：鋼板添え板2面せん断型　（その10）

接合具：ボルトM12，　添え板鋼板厚 $t=6$				$_\perp Pa$：繊維直角方向加力時長期接合部耐力 (kN)					
	接合部詳細図	樹種	材料強度	主材厚 $b(l)=120$		主材厚 $b(l)=150$		主材厚 $b(l)=180$	
				$_\perp Pa$	接合種別	$_\perp Pa$	接合種別	$_\perp Pa$	接合種別
1	2-M12	からまつ	製材甲種構造材2級	4.62	JC	4.62	JC	4.62	JC
		ひのき		4.62	JC	4.62	JC	4.62	JC
		すぎ		3.96	JC	3.96	JC	3.96	JC
2	4-M12	からまつ	製材甲種構造材2級	9.24	JC	9.24	JC	9.24	JC
		ひのき		9.24	JC	9.24	JC	9.24	JC
		すぎ		7.92	JC	7.92	JC	7.92	JC
3	3-M12	からまつ	製材甲種構造材2級	4.62	JC	4.62	JC	4.62	JC
		ひのき		4.62	JC	4.62	JC	4.62	JC
		すぎ		3.96	JC	3.96	JC	3.96	JC
4	6-M12	からまつ	製材甲種構造材2級	9.24	JC	9.24	JC	9.24	JC
		ひのき		9.24	JC	9.24	JC	9.24	JC
		すぎ		7.92	JC	7.92	JC	7.92	JC

表 5.1.14(k)　接合部耐力表：接合形式（ⅱ）：鋼板添え板 2 面せん断型　（その１１）

接合具：ボルト M16,　添え板鋼板厚 $t=6$

$_\perp Pa$：繊維直角方向加力時長期接合部耐力 (kN)

	接合部詳細図	樹種	材料強度	主材厚 $b(l)$=120		主材厚 $b(l)$=150		主材厚 $b(l)$=180	
				$_\perp Pa$	接合種別	$_\perp Pa$	接合種別	$_\perp Pa$	接合種別
1	2-M16	からまつ	製材甲種構造材2級	6.46	JC	8.08	JC	8.62	JC
		ひのき		6.46	JC	8.08	JC	8.62	JC
		すぎ		5.54	JC	6.93	JC	7.39	JC
2	4-M16	からまつ	製材甲種構造材2級	12.93	JC	16.17	JC	17.24	JC
		ひのき		12.93	JC	16.17	JC	17.24	JC
		すぎ		11.08	JC	13.86	JC	14.78	JC
3	3-M16	からまつ	構造用集成材E95-F270	6.46	JC	8.08	JC	8.62	JC
		ひのき	構造用集成材E95-F270	6.46	JC	8.08	JC	8.62	JC
		すぎ	構造用集成材E65-F225	5.54	JC	6.93	JC	7.39	JC
4	6-M16	からまつ	構造用集成材E95-F270	12.93	JC	16.17	JC	17.24	JC
		ひのき	構造用集成材E95-F270	12.93	JC	16.17	JC	17.24	JC
		すぎ	構造用集成材E65-F225	11.08	JC	13.86	JC	14.78	JC

第5章 設計資料 —93—

表5.1.14(l) 接合部耐力表：接合形式（ⅱ）：鋼板添え板2面せん断型　（その12）

接合具：ボルトM20, 添え板鋼板厚$t=6$				$_\perp Pa$：繊維直角方向加力時長期接合部耐力(kN)					
	接合部詳細図	樹種	材料強度	主材厚$b(l)$=120		主材厚$b(l)$=150		主材厚$b(l)$=180	
				$_\perp Pa$	接合種別	$_\perp Pa$	接合種別	$_\perp Pa$	接合種別
1		からまつ	構造用集成材 E95-F270	7.39	JC	9.24	JC	11.08	JC
		ひのき		7.39	JC	9.24	JC	11.08	JC
		すぎ	構造用集成材 E65-F225	6.33	JC	7.92	JC	9.50	JC
2		からまつ	構造用集成材 E95-F270	25.34	JC	31.68	JC	38.01	JC
		ひのき		25.34	JC	31.68	JC	38.01	JC
		すぎ	構造用集成材 E65-F225	19.00	JC	23.76	JC	28.51	JC
3		からまつ	構造用集成材 E95-F270	7.39	JC	9.24	JC	11.08	JC
		ひのき		7.39	JC	9.24	JC	11.08	JC
		すぎ	構造用集成材 E65-F225	6.33	JC	7.92	JC	9.50	JC
4		からまつ	構造用集成材 E95-F270	25.34	JC	31.68	JC	38.01	JC
		ひのき		25.34	JC	31.68	JC	38.01	JC
		すぎ	構造用集成材 E65-F225	19.00	JC	23.76	JC	28.51	JC

表 5.1.15(a)　接合部耐力表：接合形式（iii）：鋼板挿入2面せん断型　（その1）

接合具ドリフトピンM12,　挿入鋼板厚 $t=9$				$_{//}Pa$：繊維方向加力時長期接合部耐力 (kN)					
				主材厚 $b(l)$=120		主材厚 $b(l)$=150		主材厚 $b(l)$=180	
	接合部詳細図	樹種	材料強度	$_{//}Pa$	接合種別	$_{//}Pa$	接合種別	$_{//}Pa$	接合種別
1	2-M12	からまつ	製材 甲種構造材 2級	11.31	JB	13.32	JA	13.32	JA
		ひのき		10.23	JB	12.51	JA	12.51	JA
		すぎ		9.15	JB	11.64	JA	11.64	JA
2	4-M12	からまつ	製材 甲種構造材 2級	22.63	JB	26.64	JA	26.64	JA
		ひのき		20.47	JB	25.02	JA	25.02	JA
		すぎ		18.30	JB	23.28	JA	23.28	JA
3	上面図は、No1と同じ 3-M12	からまつ	製材 甲種構造材 2級	16.97	JB	19.98	JA	19.98	JA
		ひのき		15.35	JB	18.76	JA	18.76	JA
		すぎ		13.72	JB	17.46	JA	17.46	JA
4	上面図は、No2と同じ 6-M12	からまつ	製材 甲種構造材 2級	33.95	JB	39.96	JA	39.96	JA
		ひのき		30.70	JB	37.53	JA	37.53	JA
		すぎ		27.45	JB	34.92	JA	34.92	JA
5	上面図は、No1と同じ 3-M12	からまつ	構造用 集成材 E95-F270	16.97	JB	19.98	JA	19.98	JA
		ひのき		15.35	JB	18.76	JA	18.76	JA
		すぎ	構造用 集成材 E65-F225	13.72	JB	17.46	JA	17.46	JA
6	上面図は、No2と同じ 6-M12	からまつ	構造用 集成材 E95-F270	33.95	JB	39.96	JA	39.96	JA
		ひのき		30.70	JB	37.53	JA	37.53	JA
		すぎ	構造用 集成材 E65-F225	27.45	JB	34.92	JA	34.92	JA

表 5.1.15(b) 接合部耐力表：接合形式（ⅲ）：鋼板挿入 2 面せん断型 （その 2）

接合具ドリフトピン M16， 挿入鋼板厚 $t=9$

$_{//}Pa$：繊維方向加力時長期接合部耐力 (kN)

	接合部詳細図	樹種	材料強度	主材厚 $b(l)$=120		主材厚 $b(l)$=150		主材厚 $b(l)$=180	
				$_{//}Pa$	接合種別	$_{//}Pa$	接合種別	$_{//}Pa$	接合種別
1		からまつ	製材 甲種構造材 2級	17.27	JB	19.58	JB	23.68	JA
		ひのき		15.81	JB	17.74	JB	19.99	JB
		すぎ		14.33	JB	15.89	JB	17.76	JB
2		からまつ	製材 甲種構造材 2級	27.19	JC	39.17	JB	47.36	JA
		ひのき		31.62	JB	35.48	JB	39.99	JB
		すぎ		28.66	JB	31.78	JB	35.52	JB
3		からまつ	構造用集成材 E95-F270	17.27	JB	19.58	JB	23.68	JA
		ひのき	構造用集成材 E95-F270	15.81	JB	17.74	JB	19.99	JB
		すぎ	構造用集成材 E65-F225	14.33	JB	15.89	JB	17.76	JB
4		からまつ	構造用集成材 E95-F270	34.56	JB	39.17	JB	47.36	JA
		ひのき	構造用集成材 E95-F270	31.62	JB	35.48	JB	39.99	JB
		すぎ	構造用集成材 E65-F225	28.66	JB	31.78	JB	35.52	JB
5		からまつ	構造用集成材 E95-F270	25.92	JB	29.38	JB	35.52	JA
		ひのき	構造用集成材 E95-F270	23.71	JB	26.61	JB	29.99	JB
		すぎ	構造用集成材 E65-F225	21.49	JB	23.84	JB	26.64	JB
6		からまつ	構造用集成材 E95-F270	51.84	JB	58.76	JB	71.05	JA
		ひのき	構造用集成材 E95-F270	47.43	JB	53.23	JB	59.99	JB
		すぎ	構造用集成材 E65-F225	43.00	JB	47.68	JB	53.29	JB

表 5.1.15(c)　接合部耐力表：接合形式（iii）：鋼板挿入 2 面せん断型　（その 3）

接合具ドリフトピンM20，挿入鋼板厚$t=9$				$_{//}Pa$：繊維方向加力時長期接合部耐力 (kN)					
				主材厚$b(l)$=120		主材厚$b(l)$=150		主材厚$b(l)$=180	
	接合部詳細図	樹種	材料強度	$_{//}Pa$	接合種別	$_{//}Pa$	接合種別	$_{//}Pa$	接合種別
1	2-M20	からまつ	構造用集成材 E95-F270	24.93	JB	27.24	JB	30.11	JB
		ひのき		23.04	JB	24.90	JB	27.31	JB
		すぎ	構造用集成材 E65-F225	21.13	JB	22.55	JB	24.49	JB
2	4-M20	からまつ	構造用集成材 E95-F270	49.87	JB	54.48	JB	60.23	JB
		ひのき		46.09	JB	49.81	JB	54.62	JB
		すぎ	構造用集成材 E65-F225	42.26	JB	45.10	JB	48.98	JB
3	上面図は、No1と同じ 2-M20	からまつ	構造用集成材 E95-F270	24.93	JB	27.24	JB	30.11	JB
		ひのき		23.04	JB	24.90	JB	27.31	JB
		すぎ	構造用集成材 E65-F225	21.13	JB	22.55	JB	24.49	JB
4	上面図は、No2と同じ 4-M20	からまつ	構造用集成材 E95-F270	49.87	JB	54.48	JB	60.23	JB
		ひのき		46.09	JB	49.81	JB	54.62	JB
		すぎ	構造用集成材 E65-F225	42.26	JB	45.10	JB	48.98	JB
5	上面図は、No1と同じ 3-M20	からまつ	構造用集成材 E95-F270	37.40	JB	40.86	JB	45.17	JB
		ひのき		34.57	JB	37.35	JB	40.96	JB
		すぎ	構造用集成材 E65-F225	31.69	JB	33.82	JB	36.74	JB
6	上面図は、No2と同じ 6-M20	からまつ	構造用集成材 E95-F270	53.95	JC	81.72	JB	90.34	JB
		ひのき		53.95	JC	74.71	JB	81.93	JB
		すぎ	構造用集成材 E65-F225	43.16	JC	55.04	JC	73.48	JB

表 5.1.15(d)　接合部耐力表：接合形式（ⅲ）：鋼板挿入2面せん断型　（その4）

接合具ドリフトピンM12，挿入鋼板厚 $t=9$				$_{//}Pa$：繊維方向加力時長期接合部耐力 (kN)					
	接合部詳細図	樹種	材料強度	主材厚 $b(l)=120$		主材厚 $b(l)=150$		主材厚 $b(l)=180$	
				$_{//}Pa$	接合種別	$_{//}Pa$	接合種別	$_{//}Pa$	接合種別
1	2-M12	からまつ	製材甲種構造材2級	11.31	JB	13.32	JA	13.32	JA
		ひのき		10.23	JB	12.51	JA	12.51	JA
		すぎ		9.15	JB	11.64	JA	11.64	JA
2	4-M12	からまつ	製材甲種構造材2級	22.63	JB	26.64	JA	26.64	JA
		ひのき		20.47	JB	25.02	JA	25.02	JA
		すぎ		18.30	JB	23.28	JA	23.28	JA
3	3-M12	からまつ	製材甲種構造材2級	15.61	JB	18.98	JA	18.98	JA
		ひのき		14.12	JB	17.82	JA	17.82	JA
		すぎ		12.62	JB	16.59	JA	16.59	JA
4	6-M12	からまつ	製材甲種構造材2級	31.24	JB	37.96	JA	37.96	JA
		ひのき		28.25	JB	35.65	JA	35.65	JA
		すぎ		25.25	JB	33.18	JA	33.18	JA

表 5.1.15(e)　接合部耐力表：接合形式（ⅲ）：鋼板挿入 2 面せん断型　（その 5）

接合具ドリフトピンM16，挿入鋼板厚$t=9$			$_{//}Pa$：繊維方向加力時長期接合部耐力 (kN)					
接合部詳細図	樹種	材料強度	主材厚$b(l)=120$		主材厚$b(l)=150$		主材厚$b(l)=180$	
			$_{//}Pa$	接合種別	$_{//}Pa$	接合種別	$_{//}Pa$	接合種別
1	からまつ	製材甲種構造材2級	17.27	JB	19.58	JB	23.68	JA
1	ひのき	製材甲種構造材2級	15.81	JB	17.74	JB	19.99	JB
1	すぎ	製材甲種構造材2級	14.33	JB	15.89	JB	17.76	JB
2	からまつ	製材甲種構造材2級	34.56	JB	39.17	JB	47.36	JA
2	ひのき	製材甲種構造材2級	31.62	JB	35.48	JB	39.99	JB
2	すぎ	製材甲種構造材2級	28.66	JB	31.78	JB	35.52	JB
3	からまつ	構造用集成材E95-F270	23.84	JB	27.03	JB	33.74	JA
3	ひのき	構造用集成材E95-F270	21.81	JB	24.48	JB	27.59	JB
3	すぎ	構造用集成材E65-F225	19.78	JB	21.93	JB	24.51	JB
4	からまつ	構造用集成材E95-F270	47.69	JB	54.06	JB	67.49	JA
4	ひのき	構造用集成材E95-F270	43.64	JB	48.97	JB	55.19	JB
4	すぎ	構造用集成材E65-F225	39.56	JB	43.87	JB	49.03	JB

表 5.1.15(f)　接合部耐力表：接合形式（iii）：鋼板挿入 2 面せん断型　（その 6）

接合具ドリフトピンM20，挿入鋼板厚$t=9$			$_{//}Pa$：繊維方向加力時長期接合部耐力 (kN)					
接合部詳細図	樹種	材料強度	主材厚$b(l)=120$		主材厚$b(l)=150$		主材厚$b(l)=180$	
			$_{//}Pa$	接合種別	$_{//}Pa$	接合種別	$_{//}Pa$	接合種別
1　2-M20	からまつ	構造用集成材 E95-F270	24.93	JB	27.24	JB	30.11	JB
	ひのき		23.04	JB	24.90	JB	27.31	JB
	すぎ	構造用集成材 E65-F225	21.13	JB	22.55	JB	24.49	JB
2　4-M20	からまつ	構造用集成材 E95-F270	49.87	JB	54.48	JB	60.23	JB
	ひのき		46.09	JB	49.81	JB	54.62	JB
	すぎ	構造用集成材 E65-F225	42.26	JB	45.10	JB	48.98	JB
3　3-M20	からまつ	構造用集成材 E95-F270	34.41	JB	37.59	JB	41.56	JB
	ひのき		31.80	JB	34.36	JB	37.68	JB
	すぎ	構造用集成材 E65-F225	29.16	JB	31.12	JB	33.80	JB
4　6-M20	からまつ	構造用集成材 E95-F270	68.83	JB	75.18	JB	83.12	JB
	ひのき		63.61	JB	68.73	JB	75.37	JB
	すぎ	構造用集成材 E65-F225	58.32	JB	62.24	JB	67.60	JB

表 5.1.15(g)　接合部耐力表：接合形式（ⅲ）：鋼板挿入 2 面せん断型　　（その 7）

接合具ドリフトピンM12, 挿入鋼板厚$t=9$			$_\perp Pa$：繊維直角方向加力時長期接合部耐力 (kN)					
			主材厚$b(l)$=120		主材厚$b(l)$=150		主材厚$b(l)$=180	
接合部詳細図	樹種	材料強度	$_\perp Pa$	接合種別	$_\perp Pa$	接合種別	$_\perp Pa$	接合種別
1	からまつ	製材 甲種構造材 2級	4.19	JC	4.62	JC	4.62	JC
	ひのき		4.19	JC	4.62	JC	4.62	JC
	すぎ		3.59	JC	3.96	JC	3.96	JC
2	からまつ	製材 甲種構造材 2級	4.19	JC	4.62	JC	4.62	JC
	ひのき		4.19	JC	4.62	JC	4.62	JC
	すぎ		3.59	JC	3.96	JC	3.96	JC
3	からまつ	製材 甲種構造材 2級	6.71	JC	7.39	JC	7.39	JC
	ひのき		6.71	JC	7.39	JC	7.39	JC
	すぎ		5.75	JC	6.33	JC	6.33	JC
4	からまつ	製材 甲種構造材 2級	6.71	JC	7.39	JC	7.39	JC
	ひのき		6.71	JC	7.39	JC	7.39	JC
	すぎ		5.75	JC	6.33	JC	6.33	JC
5	からまつ	構造用集成材 E95-F270	10.06	JB	11.29	JB	14.12	JA
	ひのき	構造用集成材 E95-F270	9.23	JB	10.25	JB	11.48	JB
	すぎ	構造用集成材 E65-F225	8.39	JB	9.21	JB	10.22	JB
6	からまつ	構造用集成材 E95-F270	13.66	JC	15.04	JC	15.04	JC
	ひのき	構造用集成材 E95-F270	13.66	JC	15.04	JC	15.04	JC
	すぎ	構造用集成材 E65-F225	10.24	JC	11.28	JC	11.28	JC

表 5.1.15(h)　接合部耐力表：接合形式（iii）：鋼板挿入2面せん断型　（その8）

接合具ドリフトピンM16，　挿入鋼板厚 $t=9$　　　　$_\perp Pa$：繊維直角方向加力時長期接合部耐力 (kN)

	接合部詳細図	樹種	材料強度	主材厚 $b(l)=120$		主材厚 $b(l)=150$		主材厚 $b(l)=180$	
				$_\perp Pa$	接合種別	$_\perp Pa$	接合種別	$_\perp Pa$	接合種別
1	2-M16	からまつ	製材 甲種構造材 2級	5.87	JC	7.49	JC	8.62	JC
		ひのき		5.87	JC	7.49	JC	8.62	JC
		すぎ		5.03	JC	6.42	JC	7.39	JC
2	4-M16	からまつ	製材 甲種構造材 2級	5.87	JC	7.49	JC	8.62	JC
		ひのき		5.87	JC	7.49	JC	8.62	JC
		すぎ		5.03	JC	6.42	JC	7.39	JC
3	上面図は、No1と同じ 2-M16	からまつ	構造用集成材 E95-F270	10.96	JB	11.72	JB	12.75	JB
		ひのき	構造用集成材 E95-F270	10.18	JB	10.77	JB	11.62	JB
		すぎ	構造用集成材 E65-F225	9.39	JB	9.82	JB	10.48	JB
4	上面図は、No2と同じ 4-M16	からまつ	構造用集成材 E95-F270	12.22	JC	15.59	JC	17.95	JC
		ひのき	構造用集成材 E95-F270	12.22	JC	15.59	JC	17.95	JC
		すぎ	構造用集成材 E65-F225	9.17	JC	11.69	JC	13.46	JC
5	上面図は、No1と同じ 3-M16	からまつ	構造用集成材 E95-F270	16.44	JB	17.58	JB	19.13	JB
		ひのき	構造用集成材 E95-F270	15.28	JB	16.16	JB	17.43	JB
		すぎ	構造用集成材 E65-F225	14.09	JB	14.73	JB	15.73	JB
6	上面図は、No2と同じ 6-M16	からまつ	構造用集成材 E95-F270	16.54	JC	21.09	JC	24.28	JC
		ひのき	構造用集成材 E95-F270	16.54	JC	21.09	JC	24.28	JC
		すぎ	構造用集成材 E65-F225	12.40	JC	15.82	JC	18.21	JC

表 5.1.15(i)　接合部耐力表：接合形式（iii）：鋼板挿入 2 面せん断型　（その 9）

接合具ドリフトピン M20,　挿入鋼板厚 $t=9$				$_\perp Pa$：繊維直角方向加力時長期接合部耐力 (kN)					
	接合部詳細図	樹種	材料強度	主材厚 $b(l)=120$		主材厚 $b(l)=150$		主材厚 $b(l)=180$	
				$_\perp Pa$	接合種別	$_\perp Pa$	接合種別	$_\perp Pa$	接合種別
1	2-M20	からまつ	構造用集成材 E95-F270	11.50	JC	17.20	JB	18.14	JB
		ひのき	構造用集成材 E95-F270	11.50	JC	15.96	JB	16.69	JB
		すぎ	構造用集成材 E65-F225	8.63	JC	11.00	JC	15.23	JB
2	4-M20	からまつ	構造用集成材 E95-F270	11.50	JC	14.67	JC	17.84	JC
		ひのき	構造用集成材 E95-F270	11.50	JC	14.67	JC	17.84	JC
		すぎ	構造用集成材 E65-F225	8.63	JC	11.00	JC	13.38	JC
3	上面図は、No1と同じ 2-M20	からまつ	構造用集成材 E95-F270	16.68	JB	17.20	JB	18.14	JB
		ひのき	構造用集成材 E95-F270	15.64	JB	15.96	JB	16.69	JB
		すぎ	構造用集成材 E65-F225	11.62	JC	14.71	JB	15.23	JB
4	上面図は、No2と同じ 4-M20	からまつ	構造用集成材 E95-F270	15.82	JC	20.18	JC	24.53	JC
		ひのき	構造用集成材 E95-F270	15.82	JC	20.18	JC	24.53	JC
		すぎ	構造用集成材 E65-F225	11.86	JC	15.13	JC	18.40	JC
5	上面図は、No1と同じ 3-M20	からまつ	構造用集成材 E95-F270	20.14	JC	25.80	JB	27.21	JB
		ひのき	構造用集成材 E95-F270	23.46	JB	23.95	JB	25.05	JB
		すぎ	構造用集成材 E65-F225	15.10	JC	22.07	JB	22.85	JB
6	上面図は、No2と同じ 6-M20	からまつ	構造用集成材 E95-F270	20.14	JC	25.68	JC	31.22	JC
		ひのき	構造用集成材 E95-F270	20.14	JC	25.68	JC	31.22	JC
		すぎ	構造用集成材 E65-F225	15.10	JC	19.26	JC	23.42	JC

表5.1.15(j) 接合部耐力表：接合形式（ⅲ）：鋼板挿入2面せん断型 （その１０）

接合具ドリフトピンM12, 挿入鋼板厚$t=9$			$_\perp Pa$：繊維直角方向加力時長期接合部耐力 (kN)					
接合部詳細図	樹種	材料強度	主材厚$b(l)=120$		主材厚$b(l)=150$		主材厚$b(l)=180$	
			$_\perp Pa$	接合種別	$_\perp Pa$	接合種別	$_\perp Pa$	接合種別
1 (2-M12)	からまつ	製材甲種構造材2級	4.19	JC	4.62	JC	4.62	JC
	ひのき		4.19	JC	4.62	JC	4.62	JC
	すぎ		3.59	JC	3.96	JC	3.96	JC
2 (4-M12)	からまつ	製材甲種構造材2級	8.39	JC	9.24	JC	9.24	JC
	ひのき		8.39	JC	9.24	JC	9.24	JC
	すぎ		7.19	JC	7.92	JC	7.92	JC
3 (3-M12) 上面図は、No1と同じ	からまつ	製材甲種構造材2級	4.19	JC	4.62	JC	4.62	JC
	ひのき		4.19	JC	4.62	JC	4.62	JC
	すぎ		3.59	JC	3.96	JC	3.96	JC
4 (6-M12) 上面図は、No2と同じ	からまつ	製材甲種構造材2級	8.39	JC	9.24	JC	9.24	JC
	ひのき		8.39	JC	9.24	JC	9.24	JC
	すぎ		7.19	JC	7.92	JC	7.92	JC

表 5.1.15(k)　接合部耐力表：接合形式（ⅲ）：鋼板挿入 2 面せん断型　　（その１１）

接合具ドリフトピンM16,　挿入鋼板厚 $t=9$				$_\perp Pa$：繊維直角方向加力時長期接合部耐力 (kN)					
	接合部詳細図	樹種	材料強度	主材厚 $b(l)$=120		主材厚 $b(l)$=150		主材厚 $b(l)$=180	
				$_\perp Pa$	接合種別	$_\perp Pa$	接合種別	$_\perp Pa$	接合種別
1	2-M16	からまつ	製材甲種構造材2級	5.87	JC	7.49	JC	8.62	JC
		ひのき		5.87	JC	7.49	JC	8.62	JC
		すぎ		5.03	JC	6.42	JC	7.39	JC
2	4-M16	からまつ	製材甲種構造材2級	11.74	JC	14.98	JC	17.24	JC
		ひのき		11.74	JC	14.98	JC	17.24	JC
		すぎ		10.07	JC	12.84	JC	14.78	JC
3	3-M16 (上面図は、No1と同じ)	からまつ	構造用集成材E95-F270	5.87	JC	7.49	JC	8.62	JC
		ひのき	構造用集成材E95-F270	5.87	JC	7.49	JC	8.62	JC
		すぎ	構造用集成材E65-F225	5.03	JC	6.42	JC	7.39	JC
4	6-M16 (上面図は、No2と同じ)	からまつ	構造用集成材E95-F270	11.74	JC	14.98	JC	17.24	JC
		ひのき	構造用集成材E95-F270	11.74	JC	14.98	JC	17.24	JC
		すぎ	構造用集成材E65-F225	10.07	JC	12.84	JC	14.78	JC

表 5.1.15(I)　接合部耐力表：接合形式（iii）：鋼板挿入2面せん断型　（その12）

接合具ドリフトピンM20,　挿入鋼板厚$t=9$			$_\perp Pa$：繊維直角方向加力時長期接合部耐力 (kN)					
			主材厚$b(l)=120$		主材厚$b(l)=150$		主材厚$b(l)=180$	
接合部詳細図	樹種	材料強度	$_\perp Pa$	接合種別	$_\perp Pa$	接合種別	$_\perp Pa$	接合種別
1 (2-M20)	からまつ	構造用集成材 E95-F270	6.71	JC	8.56	JC	10.40	JC
	ひのき	構造用集成材 E95-F270	6.71	JC	8.56	JC	10.40	JC
	すぎ	構造用集成材 E65-F225	5.75	JC	7.33	JC	8.92	JC
2 (4-M20)	からまつ	構造用集成材 E95-F270	23.02	JC	34.40	JB	36.28	JB
	ひのき	構造用集成材 E95-F270	23.02	JC	31.94	JB	33.39	JB
	すぎ	構造用集成材 E65-F225	17.26	JC	22.01	JC	30.48	JB
3 (3-M20, 上面図は No1と同じ)	からまつ	構造用集成材 E95-F270	6.71	JC	8.56	JC	10.40	JC
	ひのき	構造用集成材 E95-F270	6.71	JC	8.56	JC	10.40	JC
	すぎ	構造用集成材 E65-F225	5.75	JC	7.33	JC	8.92	JC
4 (6-M20, 上面図は No2と同じ)	からまつ	構造用集成材 E95-F270	23.02	JC	29.35	JC	35.69	JC
	ひのき	構造用集成材 E95-F270	23.02	JC	29.35	JC	35.69	JC
	すぎ	構造用集成材 E65-F225	17.26	JC	22.01	JC	26.76	JC

表5.1.16(a)　接合部耐力表：接合形式（ⅳ）：木材側材1面せん断型　（その1）

接合具：ボルトM12，　側材厚＝主材厚				$_lPa$：繊維方向加力時長期接合部耐力 (kN)				
	接合部詳細図	樹種	材料強度	主材厚$b(l)$=120		主材厚$b(l)$=150		主材厚$b(l)$=180	
				$_lPa$	接合種別	$_lPa$	接合種別	$_lPa$	接合種別
1	2-M12	からまつ	製材 甲種構造材 2級	5.65	JA	5.65	JA	5.65	JA
		ひのき		5.30	JA	5.30	JA	5.30	JA
		すぎ		4.93	JA	4.93	JA	4.93	JA
2	4-M12	からまつ	製材 甲種構造材 2級	11.30	JA	11.30	JA	11.30	JA
		ひのき		10.61	JA	10.61	JA	10.61	JA
		すぎ		9.87	JA	9.87	JA	9.87	JA
3	3-M12 上面図は、No1と同じ	からまつ	製材 甲種構造材 2級	8.47	JA	8.47	JA	8.47	JA
		ひのき		7.96	JA	7.96	JA	7.96	JA
		すぎ		7.40	JA	7.40	JA	7.40	JA
4	6-M12 上面図は、No2と同じ	からまつ	製材 甲種構造材 2級	16.95	JA	16.95	JA	16.95	JA
		ひのき		15.92	JA	15.92	JA	15.92	JA
		すぎ		14.81	JA	14.81	JA	14.81	JA
5	3-M12 上面図は、No1と同じ	からまつ	構造用集成材 E95-F270	8.47	JA	8.47	JA	8.47	JA
		ひのき		7.96	JA	7.96	JA	7.96	JA
		すぎ	構造用集成材 E65-F225	7.40	JA	7.40	JA	7.40	JA
6	6-M12 上面図は、No2と同じ	からまつ	構造用集成材 E95-F270	16.95	JA	16.95	JA	16.95	JA
		ひのき		15.92	JA	15.92	JA	15.92	JA
		すぎ	構造用集成材 E65-F225	14.81	JA	14.81	JA	14.81	JA

表 5.1.16(b)　接合部耐力表：接合形式（ⅳ）：木材側材1面せん断型　（その2）

接合具：ボルトM16，　側材厚＝主材厚			$_{//}Pa$：繊維方向加力時長期接合部耐力 (kN)					
接合部詳細図	樹種	材料強度	主材厚$b(l)$=120		主材厚$b(l)$=150		主材厚$b(l)$=180	
			$_{//}Pa$	接合種別	$_{//}Pa$	接合種別	$_{//}Pa$	接合種別
1	からまつ	製材甲種構造材2級	10.04	JA	10.04	JA	10.04	JA
	ひのき		9.43	JA	9.43	JA	9.43	JA
	すぎ		8.78	JA	8.78	JA	8.78	JA
2	からまつ	製材甲種構造材2級	20.09	JA	20.09	JA	20.09	JA
	ひのき		18.87	JA	18.87	JA	18.87	JA
	すぎ		17.56	JA	17.56	JA	17.56	JA
3	からまつ	構造用集成材 E95-F270	10.04	JA	10.04	JA	10.04	JA
	ひのき		9.43	JA	9.43	JA	9.43	JA
	すぎ	構造用集成材 E65-F225	8.78	JA	8.78	JA	8.78	JA
4	からまつ	構造用集成材 E95-F270	20.09	JA	20.09	JA	20.09	JA
	ひのき		18.87	JA	18.87	JA	18.87	JA
	すぎ	構造用集成材 E65-F225	17.56	JA	17.56	JA	17.56	JA
5	からまつ	構造用集成材 E95-F270	15.07	JA	15.07	JA	15.07	JA
	ひのき		14.15	JA	14.15	JA	14.15	JA
	すぎ	構造用集成材 E65-F225	13.17	JA	13.17	JA	13.17	JA
6	からまつ	構造用集成材 E95-F270	30.14	JA	30.14	JA	30.14	JA
	ひのき		28.30	JA	28.30	JA	28.30	JA
	すぎ	構造用集成材 E65-F225	26.34	JA	26.34	JA	26.34	JA

表 5.1.16(c)　接合部耐力表：接合形式（ⅳ）：木材側材1面せん断型　（その3）

接合具：ボルトM20，　側材厚＝主材厚			$_{//}Pa$：繊維方向加力時長期接合部耐力 (kN)					
			主材厚$b(l)$=120		主材厚$b(l)$=150		主材厚$b(l)$=180	
接合部詳細図	樹種	材料強度	$_{//}Pa$	接合種別	$_{//}Pa$	接合種別	$_{//}Pa$	接合種別
1	からまつ	構造用集成材 E95-F270	15.70	JA	15.70	JA	15.70	JA
	ひのき		14.74	JA	14.74	JA	14.74	JA
	すぎ	構造用集成材 E65-F225	13.72	JA	13.72	JA	13.72	JA
2	からまつ	構造用集成材 E95-F270	31.40	JA	31.40	JA	31.40	JA
	ひのき		29.48	JA	29.48	JA	29.48	JA
	すぎ	構造用集成材 E65-F225	27.44	JA	27.44	JA	27.44	JA
3	からまつ	構造用集成材 E95-F270	15.70	JA	15.70	JA	15.70	JA
	ひのき		14.74	JA	14.74	JA	14.74	JA
	すぎ	構造用集成材 E65-F225	13.72	JA	13.72	JA	13.72	JA
4	からまつ	構造用集成材 E95-F270	31.40	JA	31.40	JA	31.40	JA
	ひのき		29.48	JA	29.48	JA	29.48	JA
	すぎ	構造用集成材 E65-F225	27.44	JA	27.44	JA	27.44	JA
5	からまつ	構造用集成材 E95-F270	23.55	JA	23.55	JA	23.55	JA
	ひのき		22.11	JA	22.11	JA	22.11	JA
	すぎ	構造用集成材 E65-F225	20.58	JA	20.58	JA	20.58	JA
6	からまつ	構造用集成材 E95-F270	47.10	JA	47.10	JA	47.10	JA
	ひのき		44.23	JA	44.23	JA	44.23	JA
	すぎ	構造用集成材 E65-F225	41.16	JA	41.16	JA	41.16	JA

表 5.1.17(a)　接合部耐力表：接合形式（ⅴ）：鋼板添え板1面せん断型　（その1）

接合具ボルトM12,　添え板鋼板厚 $t=9$				$_{//}Pa$：繊維方向加力時長期接合部耐力(kN)				
	接合部詳細図	樹種	材料強度	主材厚 $b(l)=120$		主材厚 $b(l)=150$		主材厚 $b(l)=180$	
				$_{//}Pa$	接合種別	$_{//}Pa$	接合種別	$_{//}Pa$	接合種別
1	2-M12	からまつ	製材 甲種構造材 2級	7.99	JA	7.99	JA	7.99	JA
		ひのき		7.50	JA	7.50	JA	7.50	JA
		すぎ		6.98	JA	6.98	JA	6.98	JA
2	4-M12	からまつ	製材 甲種構造材 2級	11.22	JC	11.22	JC	11.22	JC
		ひのき		15.01	JA	15.01	JA	15.01	JA
		すぎ		9.77	JC	9.77	JC	9.77	JC
3	3-M12	からまつ	製材 甲種構造材 2級	11.99	JA	11.99	JA	11.99	JA
		ひのき		11.25	JA	11.25	JA	11.25	JA
		すぎ		10.47	JA	10.47	JA	10.47	JA
4	6-M12	からまつ	製材 甲種構造材 2級	23.98	JA	23.98	JA	23.98	JA
		ひのき		22.51	JA	22.51	JA	22.51	JA
		すぎ		20.95	JA	20.95	JA	20.95	JA
5	3-M12	からまつ	構造用 集成材 E95-F270	11.99	JA	11.99	JA	11.99	JA
		ひのき		11.25	JA	11.25	JA	11.25	JA
		すぎ	構造用 集成材 E65-F225	10.47	JA	10.47	JA	10.47	JA
6	6-M12	からまつ	構造用 集成材 E95-F270	23.98	JA	23.98	JA	23.98	JA
		ひのき		22.51	JA	22.51	JA	22.51	JA
		すぎ	構造用 集成材 E65-F225	15.04	JC	15.04	JC	15.04	JC

表5.1.17(b)　接合部耐力表：接合形式（v）：鋼板添え板1面せん断型　（その2）

接合具ボルトM16,　添え板鋼板厚 $t=9$				$_{//}Pa$：繊維方向加力時長期接合部耐力 (kN)					
				主材厚 $b(l)=120$		主材厚 $b(l)=150$		主材厚 $b(l)=180$	
	接合部詳細図	樹種	材料強度	$_{//}Pa$	接合種別	$_{//}Pa$	接合種別	$_{//}Pa$	接合種別
1	120　2-M16　210　70 70 70	からまつ	製材 甲種構造材 2級	14.20	JA	14.20	JA	14.20	JA
		ひのき		13.34	JA	13.34	JA	13.34	JA
		すぎ		12.41	JA	12.41	JA	12.41	JA
2	120 120　4-M16　210	からまつ	製材 甲種構造材 2級	19.95	JC	19.95	JC	19.95	JC
		ひのき		26.68	JA	26.68	JA	26.68	JA
		すぎ		18.53	JC	18.53	JC	18.53	JC
3	上面図は、No1と同じ　120　2-M16　240	からまつ	構造用 集成材 E95-F270	14.20	JA	14.20	JA	14.20	JA
		ひのき		13.34	JA	13.34	JA	13.34	JA
		すぎ	構造用 集成材 E65-F225	12.41	JA	12.41	JA	12.41	JA
4	上面図は、No2と同じ　120 120　4-M16　240	からまつ	構造用 集成材 E95-F270	28.42	JA	28.42	JA	28.42	JA
		ひのき		26.68	JA	26.68	JA	26.68	JA
		すぎ	構造用 集成材 E65-F225	24.83	JA	24.83	JA	24.83	JA
5	上面図は、No1と同じ　120　3-M16　300	からまつ	構造用 集成材 E95-F270	21.31	JA	21.31	JA	21.31	JA
		ひのき		20.01	JA	20.01	JA	20.01	JA
		すぎ	構造用 集成材 E65-F225	18.62	JA	18.62	JA	18.62	JA
6	上面図は、No2と同じ　120 120　6-M16　300	からまつ	構造用 集成材 E95-F270	42.63	JA	42.63	JA	42.63	JA
		ひのき		40.03	JA	40.03	JA	40.03	JA
		すぎ	構造用 集成材 E65-F225	37.25	JA	37.25	JA	37.25	JA

表 5.1.17(c)　接合部耐力表：接合形式（ⅴ）：鋼板添え板1面せん断型　（その3）

接合具ボルトM20,　添え板鋼板厚 $t=9$				$_{//}Pa$：繊維方向加力時長期接合部耐力 (kN)					
	接合部詳細図	樹種	材料強度	主材厚 $b(l)$=120		主材厚 $b(l)$=150		主材厚 $b(l)$=180	
				$_{//}Pa$	接合種別	$_{//}Pa$	接合種別	$_{//}Pa$	接合種別
1	2-M20	からまつ	構造用集成材 E95-F270	22.20	JA	22.20	JA	22.20	JA
		ひのき		20.85	JA	20.85	JA	20.85	JA
		すぎ	構造用集成材 E65-F225	19.40	JA	19.40	JA	19.40	JA
2	4-M20	からまつ	構造用集成材 E95-F270	44.40	JA	44.40	JA	44.40	JA
		ひのき		41.70	JA	41.70	JA	41.70	JA
		すぎ	構造用集成材 E65-F225	38.80	JA	38.80	JA	38.80	JA
3	2-M20	からまつ	構造用集成材 E95-F270	22.20	JA	22.20	JA	22.20	JA
		ひのき		20.85	JA	20.85	JA	20.85	JA
		すぎ	構造用集成材 E65-F225	19.40	JA	19.40	JA	19.40	JA
4	4-M20	からまつ	構造用集成材 E95-F270	44.40	JA	44.40	JA	44.40	JA
		ひのき		41.70	JA	41.70	JA	41.70	JA
		すぎ	構造用集成材 E65-F225	38.80	JA	38.80	JA	38.80	JA
5	3-M20	からまつ	構造用集成材 E95-F270	33.30	JA	33.30	JA	33.30	JA
		ひのき		31.27	JA	31.27	JA	31.27	JA
		すぎ	構造用集成材 E65-F225	29.10	JA	29.10	JA	29.10	JA
6	6-M20	からまつ	構造用集成材 E95-F270	49.50	JC	49.50	JC	49.50	JC
		ひのき		62.55	JA	62.55	JA	62.55	JA
		すぎ	構造用集成材 E65-F225	39.60	JC	39.60	JC	39.60	JC

表5.1.17(d)　接合部耐力表：接合形式（ⅴ）：鋼板添え板1面せん断型　（その4）

接合具ボルトM12,　添え板鋼板厚$t=9$				$_{//}Pa$：繊維方向加力時長期接合部耐力(kN)					
	接合部詳細図	樹種	材料強度	主材厚$b(l)$=120		主材厚$b(l)$=150		主材厚$b(l)$=180	
				$_{//}Pa$	接合種別	$_{//}Pa$	接合種別	$_{//}Pa$	接合種別
1	2-M12	からまつ	製材甲種構造材2級	7.99	JA	7.99	JA	7.99	JA
		ひのき		7.50	JA	7.50	JA	7.50	JA
		すぎ		6.98	JA	6.98	JA	6.98	JA
2	4-M12	からまつ	製材甲種構造材2級	15.98	JA	15.98	JA	15.98	JA
		ひのき		15.01	JA	15.01	JA	15.01	JA
		すぎ		13.97	JA	13.97	JA	13.97	JA
3	3-M12	からまつ	製材甲種構造材2級	11.38	JA	11.38	JA	11.38	JA
		ひのき		10.69	JA	10.69	JA	10.69	JA
		すぎ		9.95	JA	9.95	JA	9.95	JA
4	6-M12	からまつ	製材甲種構造材2級	22.78	JA	22.78	JA	22.78	JA
		ひのき		21.39	JA	21.39	JA	21.39	JA
		すぎ		19.91	JA	19.91	JA	19.91	JA

表 5.1.17(e)　接合部耐力表：接合形式（ⅴ）：鋼板添え板1面せん断型　（その5）

接合具ボルトM16，　添え板鋼板厚 $t=9$				$_{//}Pa$：繊維方向加力時長期接合部耐力 (kN)					
	接合部詳細図	樹種	材料強度	主材厚 $b(l)=120$		主材厚 $b(l)=150$		主材厚 $b(l)=180$	
				$_{//}Pa$	接合種別	$_{//}Pa$	接合種別	$_{//}Pa$	接合種別
1	2-M16	からまつ	製材 甲種構造材 2級	14.20	JA	14.20	JA	14.20	JA
		ひのき		13.34	JA	13.34	JA	13.34	JA
		すぎ		12.41	JA	12.41	JA	12.41	JA
2	4-M16	からまつ	製材 甲種構造材 2級	28.42	JA	28.42	JA	28.42	JA
		ひのき		26.68	JA	26.68	JA	26.68	JA
		すぎ		24.83	JA	24.83	JA	24.83	JA
3	3-M16	からまつ	構造用 集成材 E95-F270	20.24	JA	20.24	JA	20.24	JA
		ひのき		19.01	JA	19.01	JA	19.01	JA
		すぎ	構造用 集成材 E65-F225	17.69	JA	17.69	JA	17.69	JA
4	6-M16	からまつ	構造用 集成材 E95-F270	40.49	JA	40.49	JA	40.49	JA
		ひのき		38.03	JA	38.03	JA	38.03	JA
		すぎ	構造用 集成材 E65-F225	35.39	JA	35.39	JA	35.39	JA

表5.1.17(f) 接合部耐力表：接合形式（ⅴ）：鋼板添え板1面せん断型　（その6）

接合具ボルトM20，添え板鋼板厚$t=9$			$_{//}Pa$：繊維方向加力時長期接合部耐力 (kN)					
接合部詳細図	樹種	材料強度	主材厚$b(l)=120$		主材厚$b(l)=150$		主材厚$b(l)=180$	
			$_{//}Pa$	接合種別	$_{//}Pa$	接合種別	$_{//}Pa$	接合種別
1	からまつ	構造用集成材 E95-F270	22.20	JA	22.20	JA	22.20	JA
1	ひのき	構造用集成材 E95-F270	20.85	JA	20.85	JA	20.85	JA
1	すぎ	構造用集成材 E65-F225	19.40	JA	19.40	JA	19.40	JA
2	からまつ	構造用集成材 E95-F270	44.40	JA	44.40	JA	44.40	JA
2	ひのき	構造用集成材 E95-F270	41.70	JA	41.70	JA	41.70	JA
2	すぎ	構造用集成材 E65-F225	38.80	JA	38.80	JA	38.80	JA
3	からまつ	構造用集成材 E95-F270	31.63	JA	31.63	JA	31.63	JA
3	ひのき	構造用集成材 E95-F270	29.71	JA	29.71	JA	29.71	JA
3	すぎ	構造用集成材 E65-F225	27.65	JA	27.65	JA	27.65	JA
4	からまつ	構造用集成材 E95-F270	63.28	JA	63.28	JA	63.28	JA
4	ひのき	構造用集成材 E95-F270	59.42	JA	59.42	JA	59.42	JA
4	すぎ	構造用集成材 E65-F225	55.30	JA	55.30	JA	55.30	JA

表5.1.17(g)　接合部耐力表：接合形式（ⅴ）：鋼板添え板1面せん断型　（その7）

接合具ボルトM12，　添え板鋼板厚t＝9

$_\perp Pa$：繊維直交方向加力時長期接合部耐力(kN)

	接合部詳細図	樹種	材料強度	主材厚b(l)=120		主材厚b(l)=150		主材厚b(l)=180	
				$_\perp Pa$	接合種別	$_\perp Pa$	接合種別	$_\perp Pa$	接合種別
1	2-M12	からまつ	製材甲種構造材2級	2.31	JC	2.31	JC	2.31	JC
		ひのき		2.31	JC	2.31	JC	2.31	JC
		すぎ		1.98	JC	1.98	JC	1.98	JC
2	4-M12	からまつ	製材甲種構造材2級	2.31	JC	2.31	JC	2.31	JC
		ひのき		2.31	JC	2.31	JC	2.31	JC
		すぎ		1.98	JC	1.98	JC	1.98	JC
3	3-M12 上面図は、No1と同じ	からまつ	製材甲種構造材2級	3.69	JC	3.69	JC	3.69	JC
		ひのき		3.69	JC	3.69	JC	3.69	JC
		すぎ		3.16	JC	3.16	JC	3.16	JC
4	6-M12 上面図は、No2と同じ	からまつ	製材甲種構造材2級	3.69	JC	3.69	JC	3.69	JC
		ひのき		3.69	JC	3.69	JC	3.69	JC
		すぎ		3.16	JC	3.16	JC	3.16	JC
5	3-M12 上面図は、No1と同じ	からまつ	構造用集成材E95-F270	8.47	JA	8.47	JA	8.47	JA
		ひのき		7.96	JA	7.96	JA	7.96	JA
		すぎ	構造用集成材E65-F225	7.40	JA	7.40	JA	7.40	JA
6	6-M12 上面図は、No2と同じ	からまつ	構造用集成材E95-F270	7.52	JC	7.52	JC	7.52	JC
		ひのき		7.52	JC	7.52	JC	7.52	JC
		すぎ	構造用集成材E65-F225	5.64	JC	5.64	JC	5.64	JC

表 5.1.17(h)　接合部耐力表：接合形式（ⅴ）：鋼板添え板 1 面せん断型　（その 8）

接合具ボルトM16,　添え板鋼板厚 $t=9$			$_\perp Pa$：繊維直交方向加力時長期接合部耐力 (kN)					
接合部詳細図		樹種	材料強度	主材厚 $b(l)$=120		主材厚 $b(l)$=150		主材厚 $b(l)$=180	
				$_\perp Pa$	接合種別	$_\perp Pa$	接合種別	$_\perp Pa$	接合種別
1	(120, 2-M16, 210/70/70)	からまつ	製材 甲種構造材 2級	4.31	JC	4.31	JC	4.31	JC
		ひのき		4.31	JC	4.31	JC	4.31	JC
		すぎ		3.69	JC	3.69	JC	3.69	JC
2	(120,120, 4-M16, 210/70/70)	からまつ	製材 甲種構造材 2級	4.31	JC	4.31	JC	4.31	JC
		ひのき		4.31	JC	4.31	JC	4.31	JC
		すぎ		3.69	JC	3.69	JC	3.69	JC
3	上面図は、No1と同じ 120, 2-M16, 240/70/100/70	からまつ	構造用 集成材 E95-F270	10.04	JA	10.04	JA	10.04	JA
		ひのき		9.43	JA	9.43	JA	9.43	JA
		すぎ	構造用 集成材 E65-F225	6.92	JB	8.78	JA	8.78	JA
4	上面図は、No2と同じ 120,120, 4-M16, 240/70/100/70	からまつ	構造用 集成材 E95-F270	8.97	JC	8.97	JC	8.97	JC
		ひのき		8.97	JC	8.97	JC	8.97	JC
		すぎ	構造用 集成材 E65-F225	6.73	JC	6.73	JC	6.73	JC
5	上面図は、No1と同じ 120, 3-M16, 300/90/70/70/70	からまつ	構造用 集成材 E95-F270	15.07	JA	15.07	JA	15.07	JA
		ひのき		14.15	JA	14.15	JA	14.15	JA
		すぎ	構造用 集成材 E65-F225	10.38	JB	9.10	JC	9.10	JC
6	上面図は、No2と同じ 120,120, 6-M16, 300/90/70/70/70	からまつ	構造用 集成材 E95-F270	12.14	JC	12.14	JC	12.14	JC
		ひのき		12.14	JC	12.14	JC	12.14	JC
		すぎ	構造用 集成材 E65-F225	9.10	JC	9.10	JC	9.10	JC

表 5.1.17(i) 接合部耐力表：接合形式（ⅴ）：鋼板添え板 1 面せん断型 （その 9）

接合具ボルト M20，　添え板鋼板厚 $t=9$				$_\perp Pa$：繊維直交方向加力時長期接合部耐力 (kN)					
	接合部詳細図	樹種	材料強度	主材厚 $b(l)=120$		主材厚 $b(l)=150$		主材厚 $b(l)=180$	
				$_\perp Pa$	接合種別	$_\perp Pa$	接合種別	$_\perp Pa$	接合種別
1		からまつ	構造用集成材 E95-F270	11.73	JB	10.56	JC	10.56	JC
		ひのき		10.64	JB	10.56	JC	10.56	JC
		すぎ	構造用集成材 E65-F225	7.92	JC	7.92	JC	7.92	JC
2		からまつ	構造用集成材 E95-F270	10.56	JC	10.56	JC	10.56	JC
		ひのき		10.56	JC	10.56	JC	10.56	JC
		すぎ	構造用集成材 E65-F225	7.92	JC	7.92	JC	7.92	JC
3		からまつ	構造用集成材 E95-F270	11.73	JB	15.70	JA	15.70	JA
		ひのき		10.64	JB	14.74	JA	14.74	JA
		すぎ	構造用集成材 E65-F225	9.54	JB	10.82	JB	13.72	JA
4		からまつ	構造用集成材 E95-F270	14.52	JC	14.52	JC	14.52	JC
		ひのき		14.52	JC	14.52	JC	14.52	JC
		すぎ	構造用集成材 E65-F225	10.89	JC	10.89	JC	10.89	JC
5		からまつ	構造用集成材 E95-F270	17.60	JB	23.55	JA	23.55	JA
		ひのき		15.96	JB	22.11	JA	22.11	JA
		すぎ	構造用集成材 E65-F225	14.31	JB	16.23	JB	13.86	JC
6		からまつ	構造用集成材 E95-F270	18.48	JC	18.48	JC	18.48	JC
		ひのき		18.48	JC	18.48	JC	18.48	JC
		すぎ	構造用集成材 E65-F225	13.86	JC	13.86	JC	13.86	JC

5.1.4 木材の破壊が生じない条件

第2章で述べたように，接合部［全体］の許容せん断耐力を算出する際には，木材が割裂，せん断および引張り等によって破壊する「木材の破壊」と，それらの破壊を生じることなく個々の接合部が終局に至る「接合部の破壊」についてそれぞれ計算を行い，耐力の小さい方をもって決定する．

木材の破壊を生じる場合，その破壊は脆性的なものとなる恐れが大きいため，接合種別をJCと定めている．さらに，構造上靭性が要求されるような主要な部分においては，木材の破壊が生じないように接合具配置等を設計するよう推奨している．

本項では上記を踏まえ，一般的な接合部において木材の破壊を生じないような配置間隔の条件を図示することにより，実際の設計において配置間隔の目安となることを期待したものである．

接合部全体が割裂またはせん断により破壊しないための配置間隔の条件を図 5.1.6(a)-(g)～図 5.1.7(a),(b)に示した．図の見方は以下の通りである．

a) 繊維直角方向

図 5.1.4 の左は材端部（$\xi=1$）の場合，右は材中間部（$\xi=2$）の場合である．太線は接合部全体が割裂（一点鎖線）またはせん断（破線）により破壊しないための h_e の最小値を表している．接合具本数，材厚，に応じて異なる曲線が示されてあり，本数が多くなるほど必要な h_e の値も大きくなる．接合形式，接合具径ごとに各ページに記載した．なお，主材樹種はすぎ対称異等級構成構造用集成材 E65-F225 を基本とし，冒頭にて主材樹種の比較を行った．

このグラフの条件に加え，木規準で示されている配置間隔を遵守すること．繊維直角方向加力では，加力側縁距離および列間隔を $4d$ 以上確保する必要があることから，図の目盛り間隔も $4d$ としている．

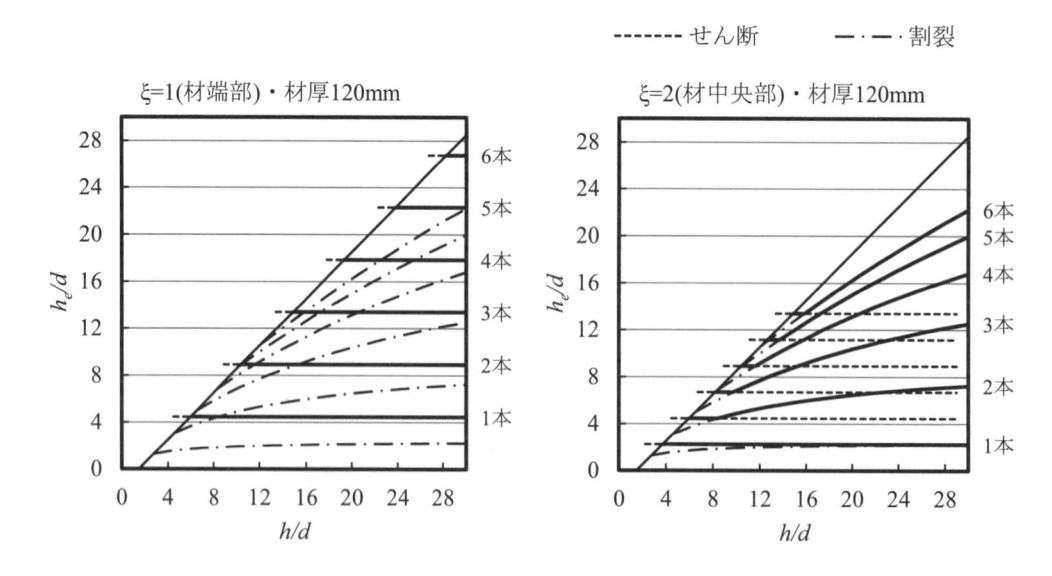

図 5.1.4 木材の破壊を生じない条件の例（繊維直角方向加力時）

例 1) $\xi=1$, $n=2$, $m=2$, $h=24d$ の場合

$\xi=1$ より図 5.1.4 左を参照する．接合具本数 4 本のとき，$h/d=24$ に対応する h_e の値は約 $18d$ である．一方，$m=2$ より h_e は $8d$ 以上必要となるが，上記の値はこの条件を満たしている．

例 2) $\xi=2$, $n=1$, $m=4$, $h=20d$ の場合

$\xi=2$ より図 5.1.4 右を参照する．接合具本数 4 本のとき，$h/d=20$ に対応する h_e の値は約 $13d$ である．一方，$m=4$ より h_e は $16d$ 以上必要となるため，結局必要な h_e は $16d$ となる．なお，同じ 4 本でも $n=2$, $m=2$ であれば，必要な h_e は $13d$ となる．

b) 繊維平行方向

図 5.1.5 の左は接合具間隔 s のグラフ，右は列間隔 r のグラフとなっている．繊維平行方向の接合具本数 n，繊維直交方向の接合具本数 m に応じて異なる曲線を示してある．接合部の降伏モードが変化する主材厚さを一点鎖線で図中に示した．接合形式，主材樹種ごとに各ページに記載した．

図 5.1.5 のグラフのうち，いずれか一方を満たせばよい．ただし，木規準で示されている配置間隔を遵守すること．接合具間隔 $7d$，列間隔 $3d$ の位置は図中に破線で示してある．

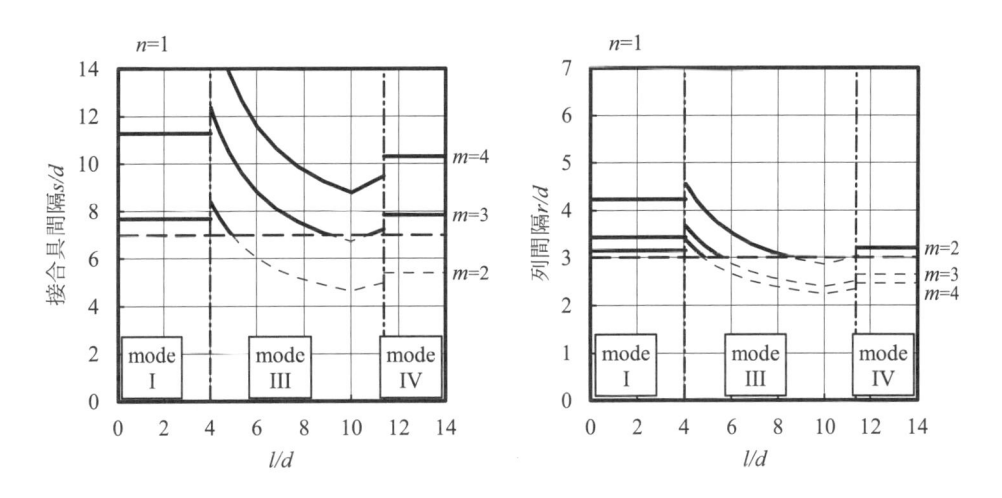

図 5.1.5 木材の破壊を生じない条件の例（繊維平行方向加力時）

例) $n=1$, $m=3$, $l=6d$ の場合

$m=3$ の曲線で $l/d=6$ に対応する条件は，図 5.1.5 左では $s=9d$，図 5.1.5 右では $r=2.9d$ となる．しかし，右図では木規準の最低配置間隔である $r=3d$ を下回っているため，r は $3d$ 以上とする．図 5.1.5 右で条件を満たしてるので，s は $7d$ 以上あればよい．

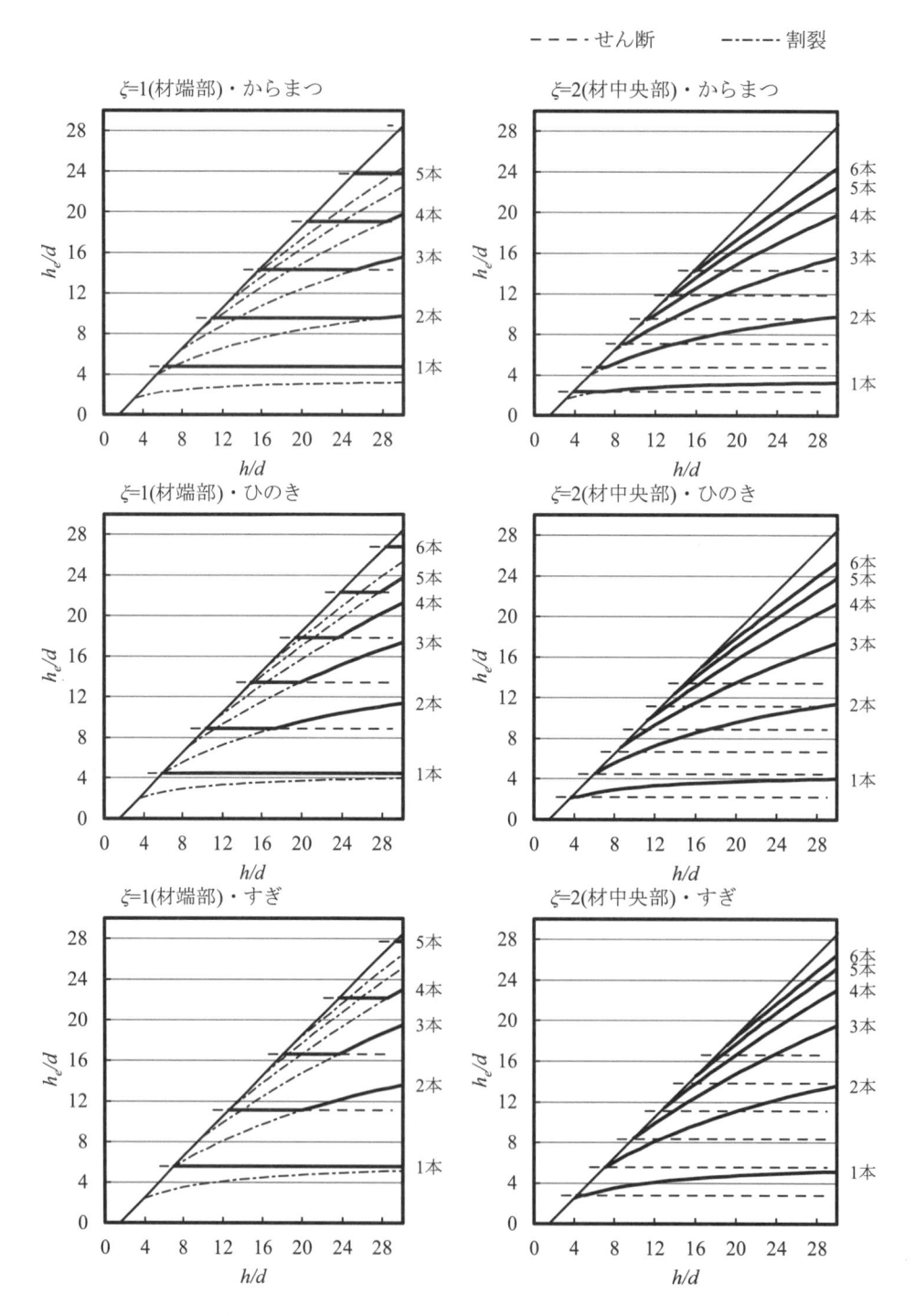

図 5.1.6(a)　木材の破壊を生じない条件(a)（繊維直角方向加力時）
接合形式：鋼板添え板 2 面せん断，接合具：ボルト，$d = 16$ (mm)
主材：対称異等級構成集成材 E95-F270（からまつ・ひのき），E65-F225（すぎ），
材厚：150 (mm)

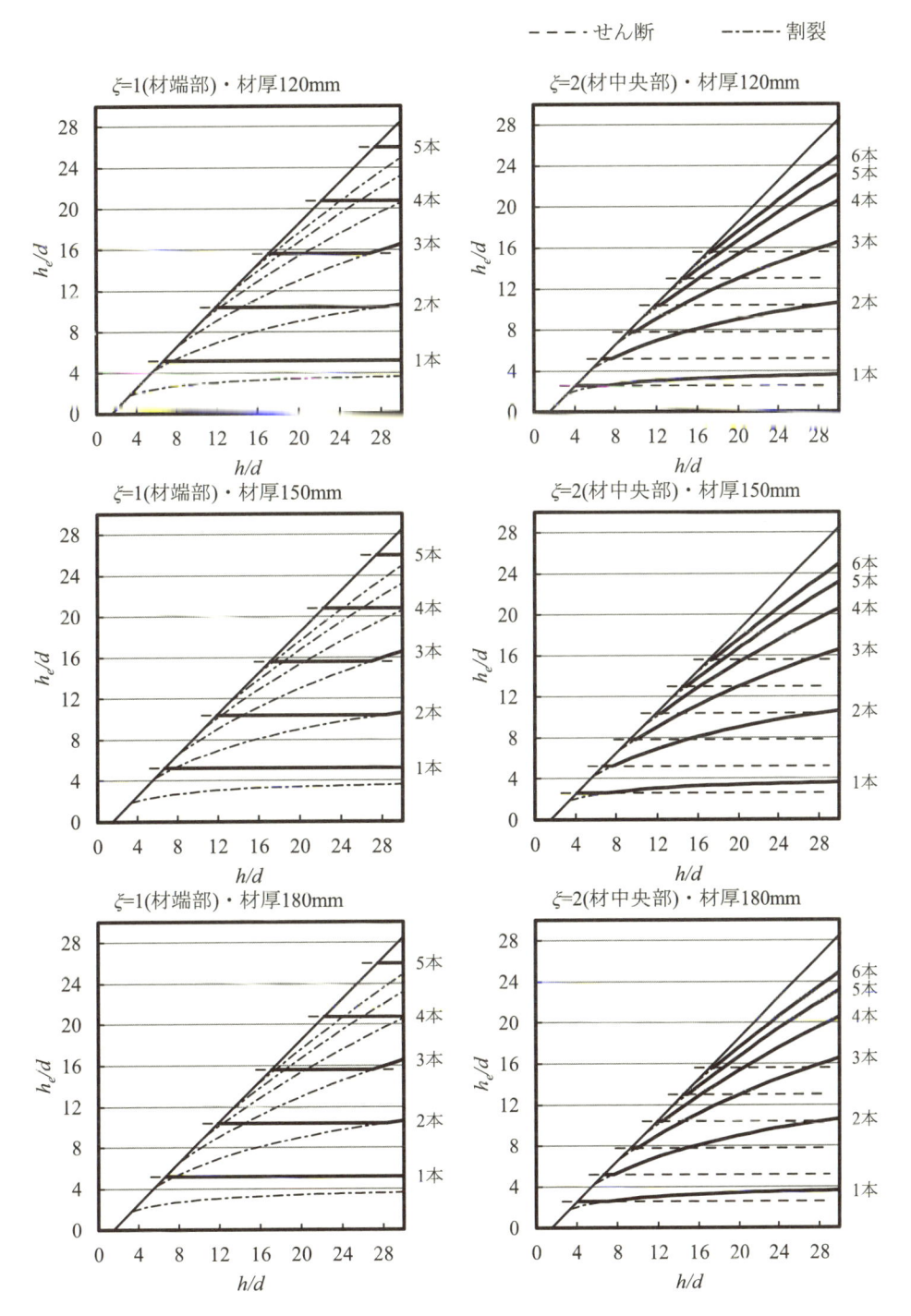

図 5.1.6(b)　木材の破壊を生じない条件(b)（繊維直角方向加力時）
接合形式：鋼板添え板 2 面せん断，接合具：ボルト，$d = 12$ (mm)
主材：対称異等級構成集成材 E65-F225（すぎ）

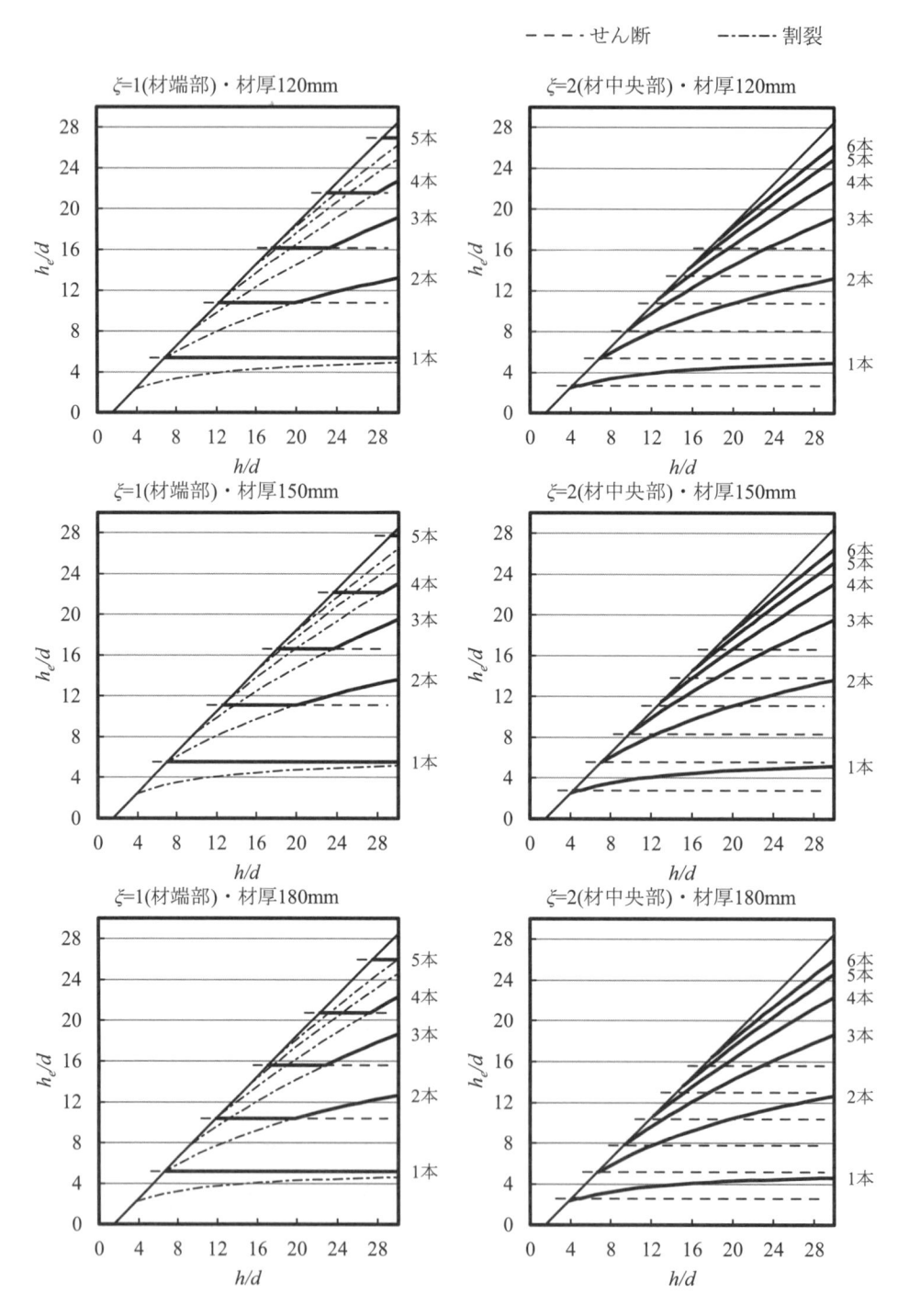

図 5.1.6(c)　木材の破壊を生じない条件(c)（繊維直角方向加力時）
接合形式：鋼板添え板2面せん断，接合具：ボルト，$d = 16$ (mm)
主材：対称異等級構成集成材　E65-F225（すぎ）

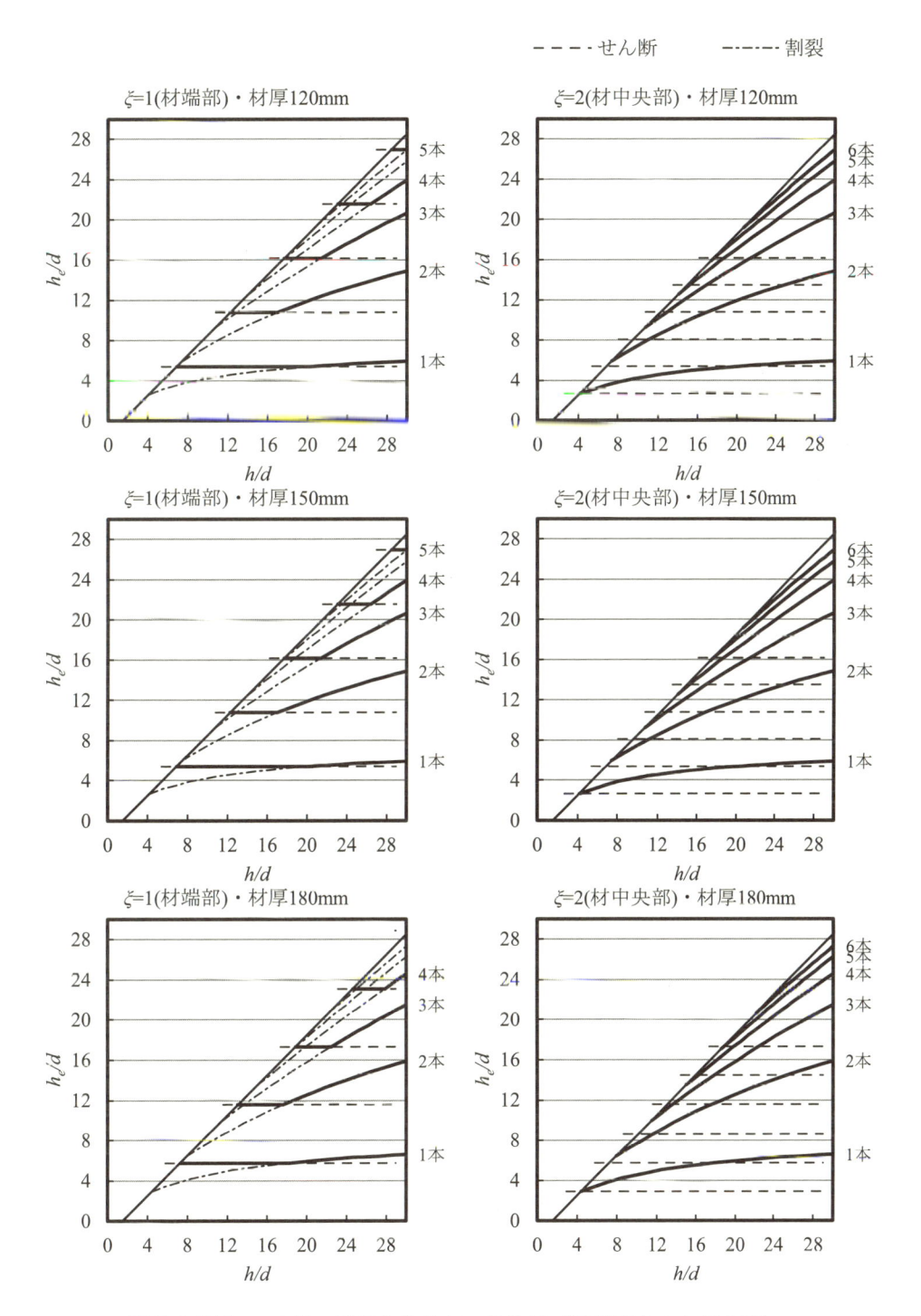

図 5.1.6(d)　木材の破壊を生じない条件(d)（繊維直角方向加力時）
接合形式：鋼板添え板 2 面せん断，接合具：ボルト，$d = 20$ (mm)
主材：対称異等級構成集成材　E65-F225（すぎ）

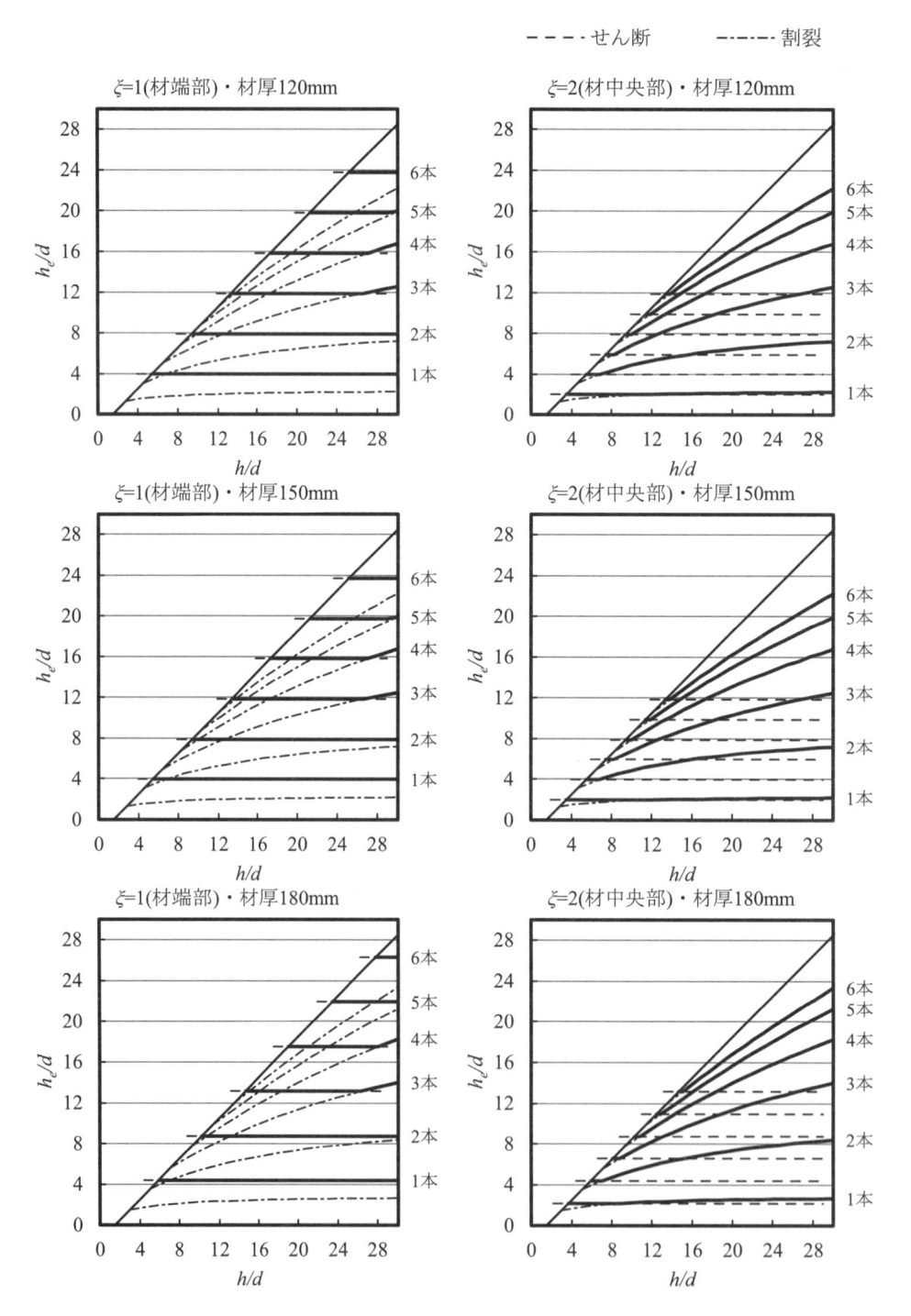

図 5.1.6(e)　木材の破壊を生じない条件(e)（繊維直角方向加力時）
接合形式：鋼板挿入 2 面せん断，接合具：ボルト，$d = 12$ (mm)
主材：対称異等級構成集成材 E65-F225（すぎ）

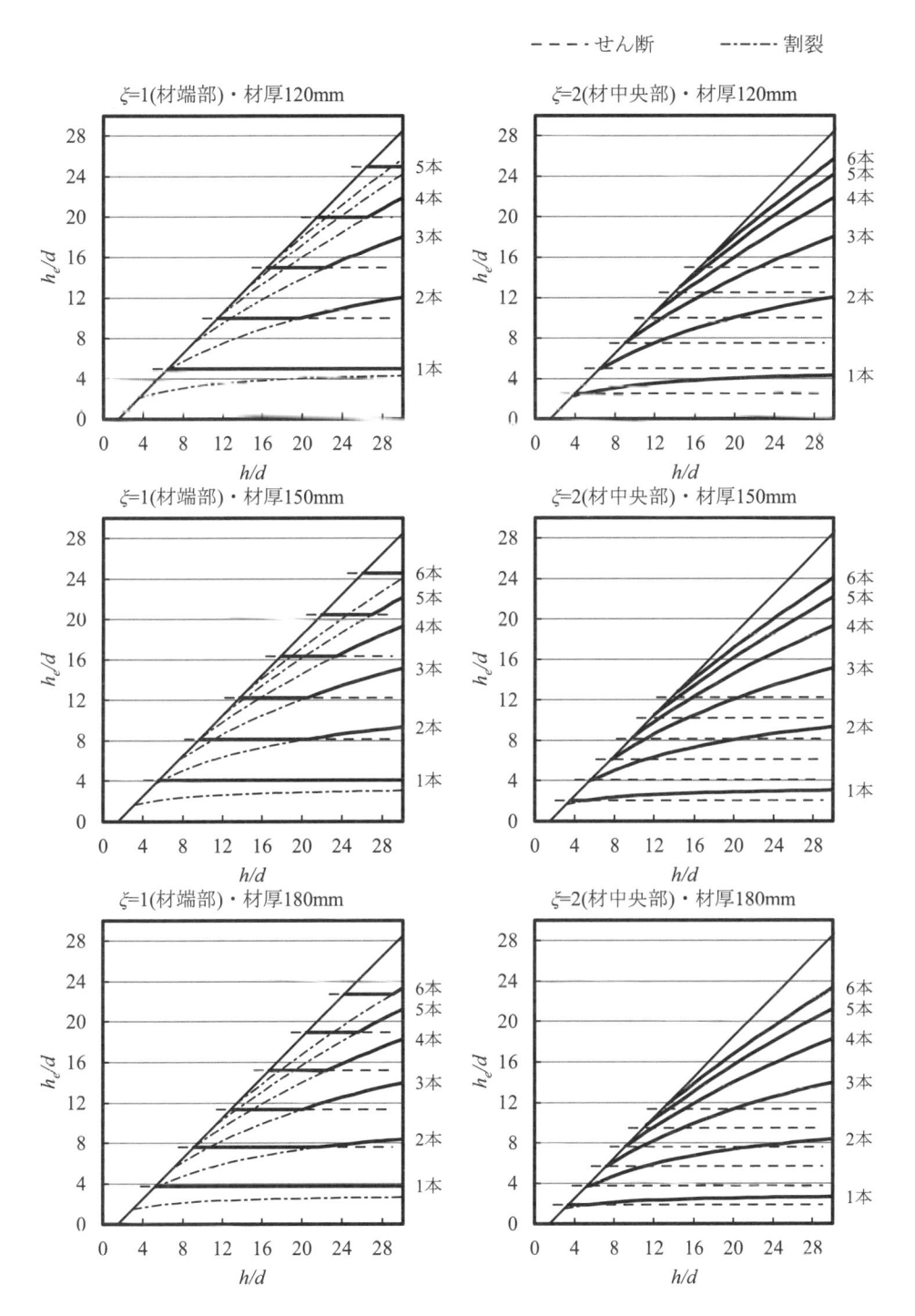

図 5.1.6(f) 木材の破壊を生じない条件(f)（繊維直角方向加力時）
接合形式：鋼板挿入 2 面せん断，接合具：ボルト，$d = 16$ (mm)
主材：対称異等級構成集成材 E65-F225（すぎ）

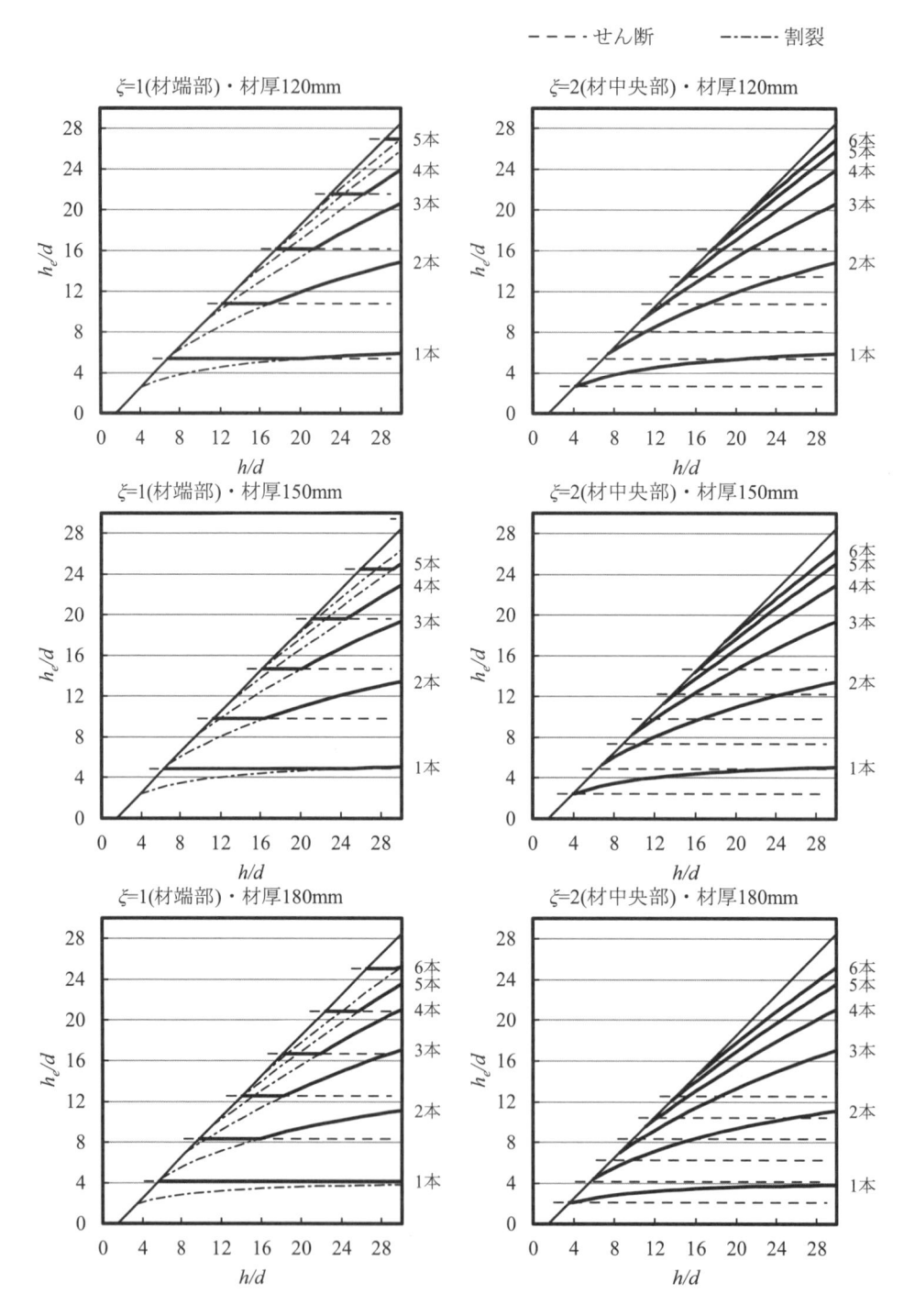

図 5.1.6(g)　木材の破壊を生じない条件(g)（繊維直角方向加力時）
接合形式：鋼板挿入 2 面せん断，接合具：ボルト，$d = 20$ (mm)
主材：対称異等級構成集成材　E65-F225（すぎ）

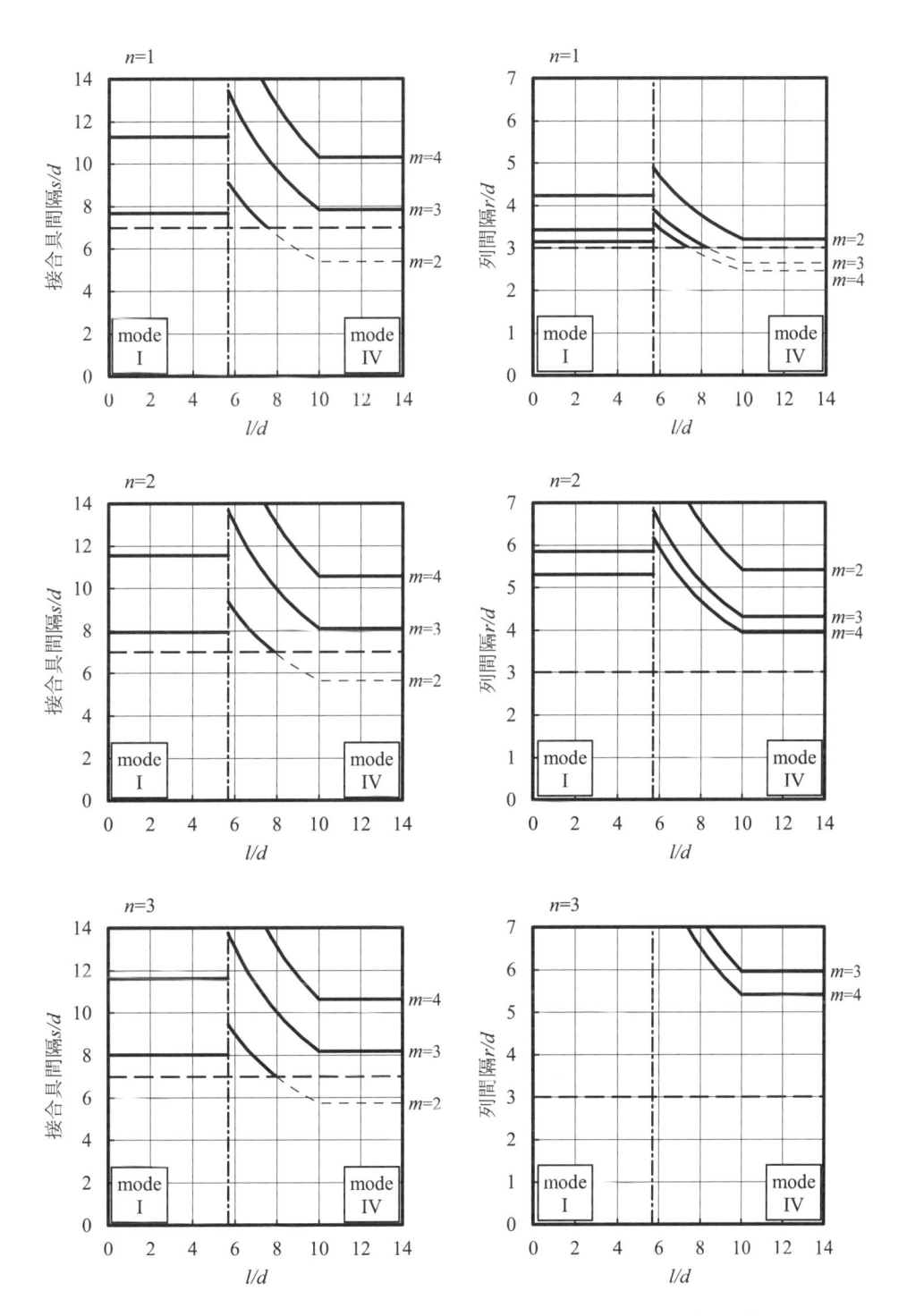

図 5.1.7(a)　木材の破壊を生じない条件(a)（繊維平行方向加力時）
接合形式：鋼板添え板2面せん断，接合具：ボルト，dは任意
主材：対称異等級構成集成材　E65-F225（すぎ）

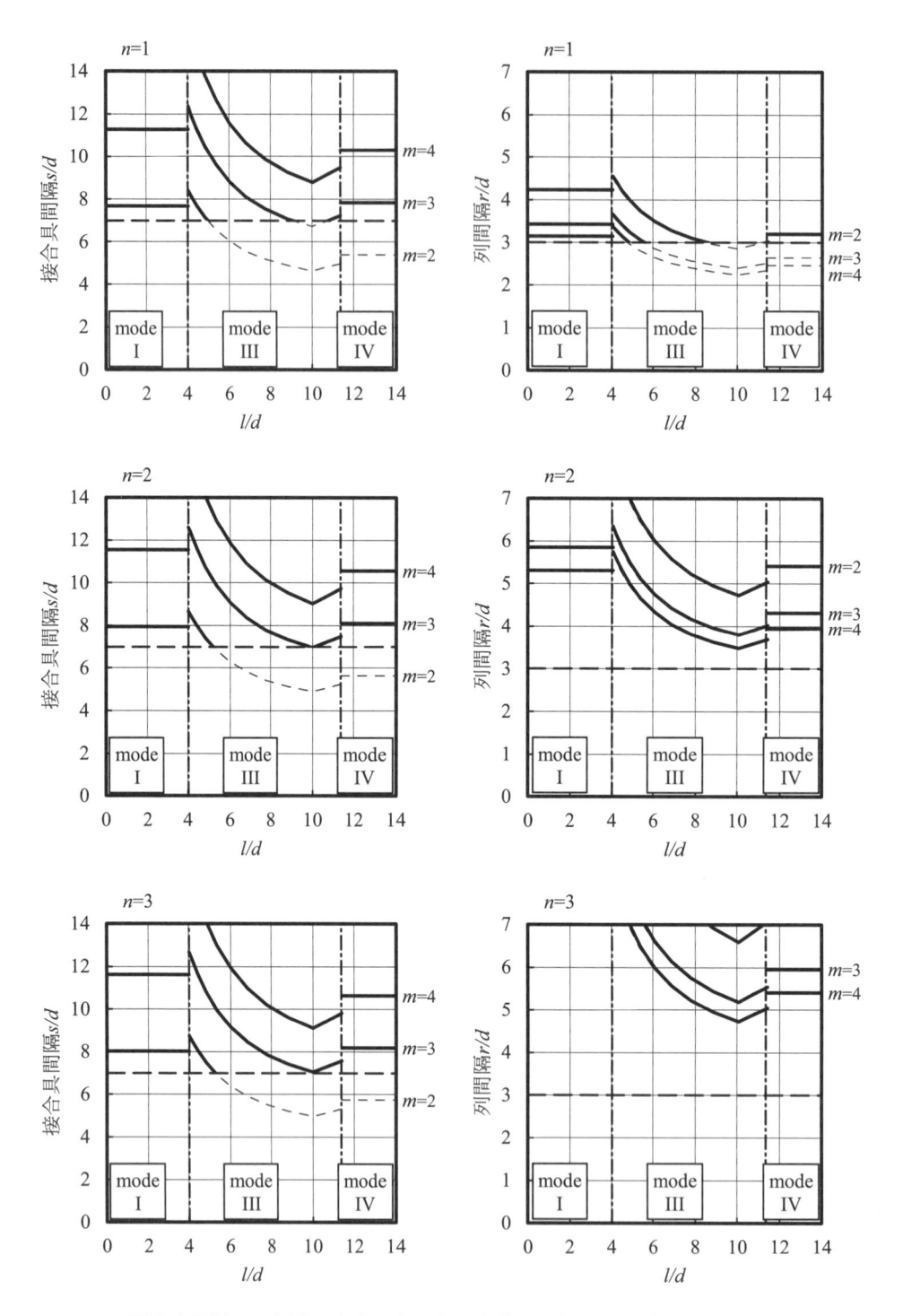

図 5.1.7(b)　木材の破壊を生じない条件(b)（繊維平行方向加力時）
接合形式：鋼板挿入2面せん断，接合具：ボルト，dは任意
主材：対称異等級構成集成材　E65-F225（すぎ）

5.1.5 設計上の留意事項

（1）主材厚ボルト径比（l/d）を8以上

2面せん断ボルト接合においては，靭性のある接合部設計（接合種別JA）の目安として，主材厚（接合具の有効長さ）とボルト径の比（l/d）を8以上とすることは有効と考えられている（木規準p.247 (6)注意事項）．

（2）ボルト接合とドリフトピン接合の違い

ボルトの場合，主材厚ボルト径比（l/d）が大きければ，大変形時にボルト頭，ナット，座金によりボルトが引っ張りを負担する，いわゆるロープ効果により終局耐力が増大する（木規準p.247 (6)注意事項）．この特性を考慮して，終局強度比（r_u），靭性係数（$_jK_r$）は，ボルト接合とドリフトピン接合で異なる値となっている．

（3）ボルトとドリフトピンの併用

鋼板挿入2面せん断接合などにおいて，図5.1.8のように木部の開き防止を兼ねてボルトとドリフトピンを併用した場合の耐力は，単位接合部の接合種別が同一であり，接合具と先孔が密着するように加工されている場合は，個々の接合部の終局せん断耐力の和をもとに接合部［全体］の許容せん断耐力を求めてよい（木規準p.238 (f) 異種の接合部の耐力の加算）．

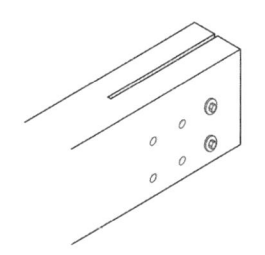

図5.1.8　ボルトとドリフトピンの併用

（4）断面欠損および二次応力

接合具の本数が多い場合や鋼板が大きい場合は，木部の断面欠損が大きくなるので注意が必要である．加えて，変形時の二次応力も大きくなるため，木部の断面を大きくするなどの配慮が必要となる．特にトラスやブレースなど，木部の繊維方向に軸力が発生する部材については，断面算定の段階では設計断面が小さくなる傾向にあり，接合部設計段階で接合具が納まらないことがあるので注意が必要である．

図5.1.9に，トラスやブレースの設計で起こりやすい例を示す．左側の2例は，接合部に生じる軸力に対し必要な本数の接合具を無理に配置したため，多数のボルト穴により木材側に大きな断面欠損を生じた場合である．加えて，木材端部が鋭角な場合，端部に配した接合具に対して十分な縁端距離が取れない場合がある．このような接合は，接合部のわずかな変形でも木材に割裂き等の力が生ずるので好ましくない．右側の例は，接合部に挿入した鋼板が木材の断面と比べて厚い例である．

これは，接合具径が木材断面に比べて太い（部材幅／接合具径が小さい）場合と同様に，脆性的な破壊が起こりやすくなるため好ましくない．

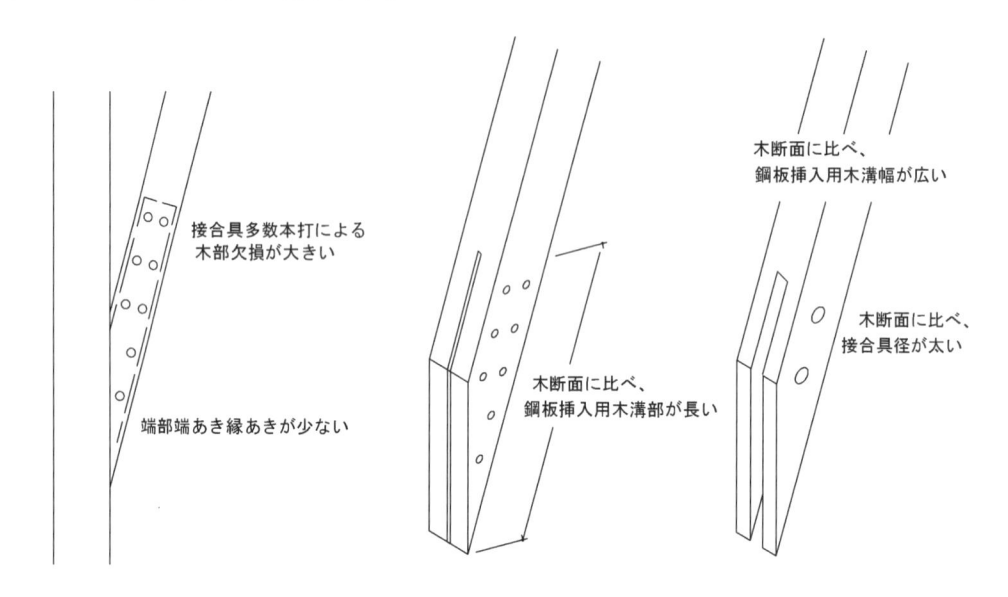

図 5.1.9　割裂等の不具合を生じやすい例

　図 5.1.10 はトラス合掌尻の例である．左図では，登り梁と陸梁を挿入鋼板で繋いでいるが，登り梁，陸梁の軸芯のずれた位置で接合しているため，鋼板が回転して大きな二次応力が生ずる懸念がある．右図は，登り梁の軸力を合掌尻の支圧プレート（鋼板）で受け，その力を軸芯に沿って挿入鋼板接合で陸梁に伝達する工夫の例である．木造の接合部では鉄骨造の接合部に比べ軸芯がずれやすいため，軸芯を合わせようとすると木部の欠損が多大になることも多く，注意と工夫が必要である．

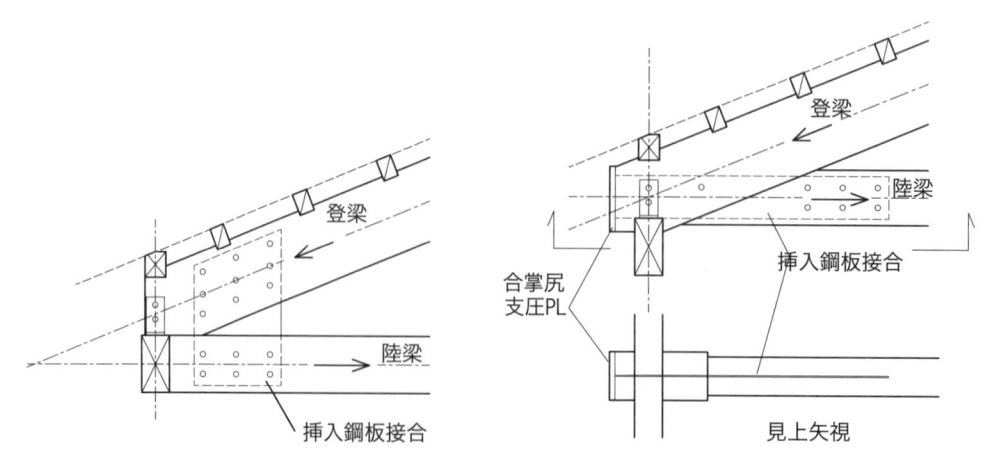

（矢印(→)は想定した力の向きを表す）
　　×　軸芯のずれによる二次応力に注意　　　○　二次応力が生じにくい接合
図 5.1.10　二次応力に対する配慮

（5）接合金物に関する注意点

接合部［全体］の耐力が接合具の耐力で決定し，かつ接合具の本数が多い場合では，特に，鋼材の支圧耐力，あるいはせん断耐力が不足する場合があるので注意する．

図 5.1.11 の左側は，接合部端部などで鋼材部分の座屈補強に関する注意例である．鋼板挿入型接合などでは，木材部分が鋼材の座屈防止に役立っている場合があり，端部などで鋼材が露出した部分の座屈には注意が必要である．また，同図右例のように引張りを受ける接合部の鋼板においても，鋼板の断面欠損が大きい，あるいは鋼板の厚さが薄いなどのことから，鋼材の耐力が不足する場合があるので注意が必要である．

一般に木造の接合部の単位接合部の耐力は，鋼構造のそれに比べて小さいことから，鋼材の検討がおろそかになりがちであるが，上述の点には特に注意が必要である．

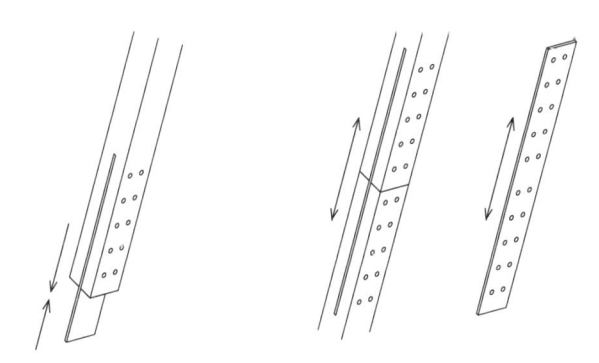

注意：露出した鋼材部分の座屈耐力　　　　注意：鋼材部分の引張耐力

（矢印(→)は想定した力の向きを表す）

図 5.1.11　鋼材に対する注意

（6）その他の注意事例

①実際の接合あるいは支持と，モデル化で想定している接合あるいは支持が異なることにより，二次応力による割裂等が生じる場合（図 5.1.12，図 5.1.13）．

対処方法：単純梁同士の梁を接合する場合は梁端部の回転を拘束しないように接合部を設計する。

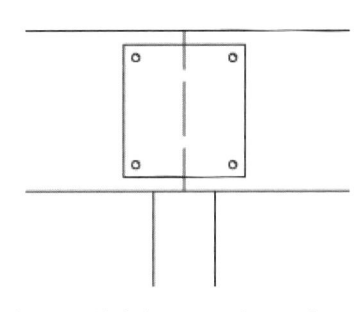

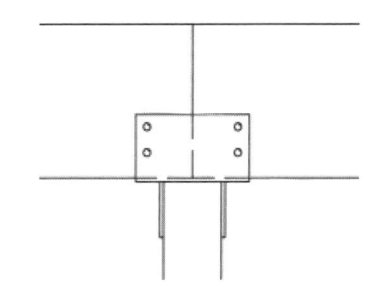

× 　曲げによる接合部の二次応力注意　　　　○　 二次応力が生じにくい接合
× 　柱梁接合部が不安定

図 5.1.12　二次応力による割裂等が生じやすい事例1

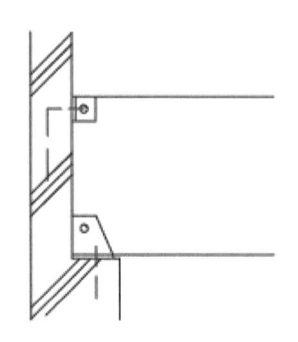

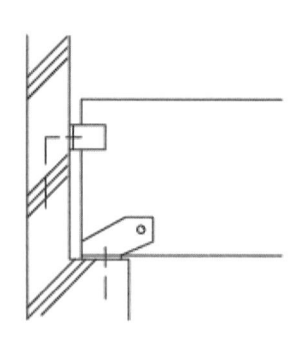

×　RC部とのクリアランスがなく
　　端部ボルトの端あきが不足している

○　クリアランス、端あき
　　を充分とる

図5.1.13　二次応力による割裂等が生じやすい事例2

②トラスとして設計しているにも関わらず、実際の接合部では軸心の不一致により二次応力が生じる例（図5.1.14）.

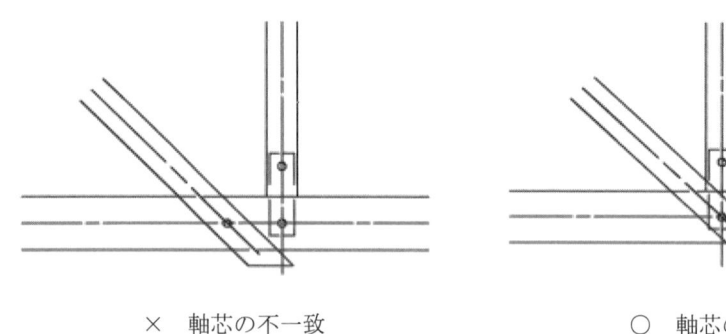

×　軸芯の不一致
（二次応力が生じやすく、割裂等の不具合注意）

○　軸芯の一致

図5.1.14　軸心の不一致による二次応力の危険性

③大梁側の木部破壊を接合部単位で検討した上で、複数の接合部が連続して並んだ場合（全体の割裂の検定を行わず設計された場合）（図5.1.15）.
　対処方法：十分な距離をあける．大梁下端から十分な縁距離を設けてボルト接合する．

×　連続する小梁接合用ボルトが大梁
　　下部に集中し縁あきも不足している

○　小梁の間隔をあけ、小梁接合用ボルト
　　の大梁縁あきを十分取る

図5.1.15　複数接合部の連続配置

③木口の割裂の防止

　接合部の割裂防止を確実にするために，木材同士あるいは木材と接合金物の間で支圧による応力伝達ができるよう設計することが好ましい．特に長期荷重に対しては，曲げ降伏型の接合部であっても，鞍掛け金物や梁受（箱）形式の金物，支圧受鋼板プレート形式の金物等は有効である．特に，図 5.1.16 のような梁端部においては，木材の繊維直角方向に引裂こうとする力により梁下端木口に割裂を生じやすいため，梁端部において梁下端部が支えられないような仕口は避け，木口の梁下端まで受け材（桁，金物など）に掛かるようにすることが好ましい（図 5.1.17、図 5.1.18）．

×　割裂が生じやすい　　　　　　○　割裂が生じにくい

×　割裂が生じやすい　　　　　　○　割裂が生じにくい

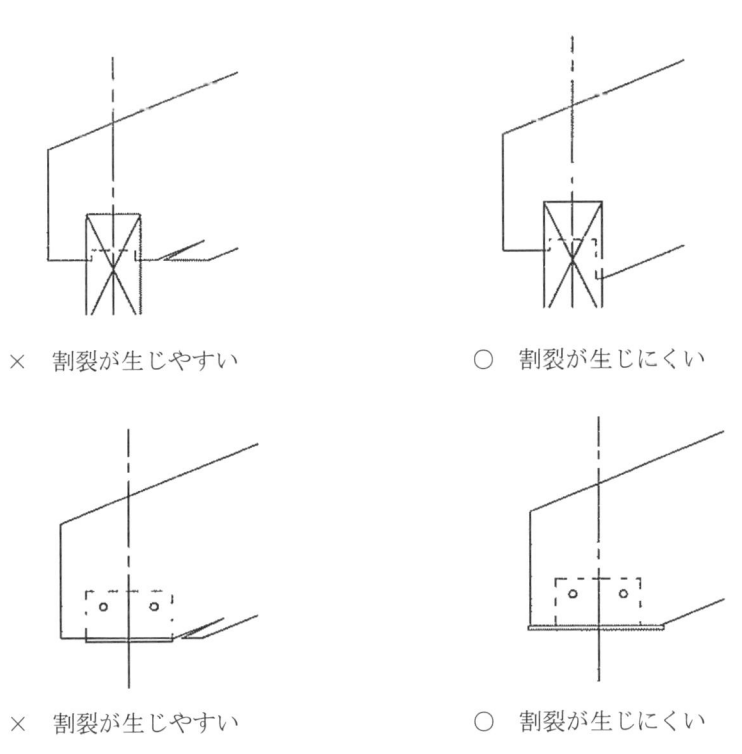

図 5.1.16　割裂を生じやすい接合，生じにくい接合

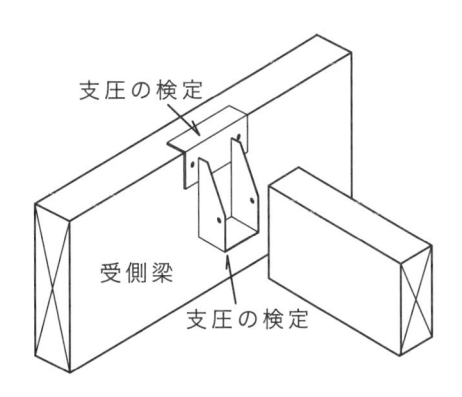

図 5.1.17　鞍掛けや梁受（箱）形式の金物例

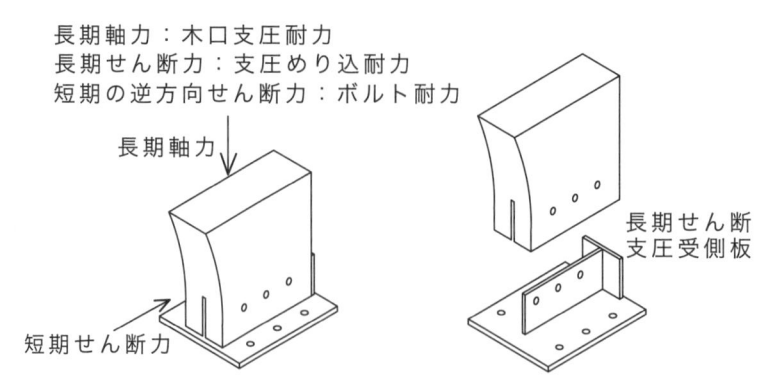

長期軸力：木口支圧耐力
長期せん断力：支圧めり込耐力
短期の逆方向せん断力：ボルト耐力

長期軸力

短期せん断力

長期せん断
支圧受側板

図 5.1.18　支圧受鋼板プレート形式の金物例

④経年劣化により設計時の性能が保証されない場合

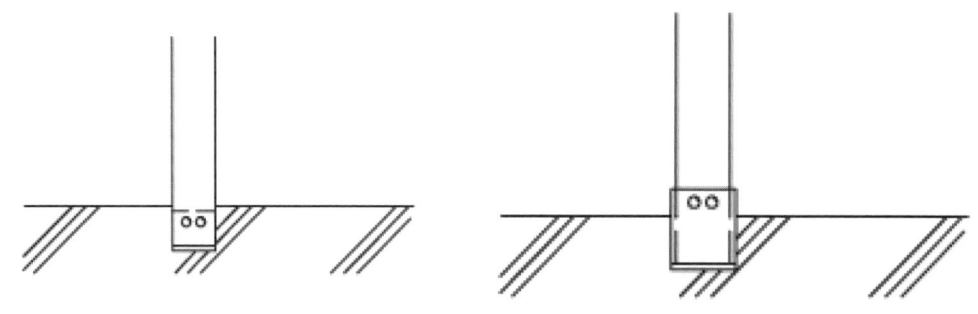

× 柱脚の木材部分が腐朽しやすい
（RC 部に木材部分を露出のまま直接埋設）

○ 柱脚の木材部分が腐朽しにくい
（箱金物と木材部分の際にコーキング併用）
（木材の露出部分を RC 部より上にする）

図 5.1.19　経年劣化による腐朽の危険性

5.2 ラグスクリュー・釘

ラグスクリューや釘を接合具に用いる場合，接合具の打ち込み深さは主材厚さを超えない，すなわち接合具を主材から貫通させないのが一般的と考えられる．また，接合具の長さが十分であれば接合具の曲げ降伏を含む靱性的な挙動が期待でき，木規準においても推奨されている．また，木規準では，釘接合部については降伏モードⅣのみを想定しており，ラグスクリュー接合部については靱性係数が明記されていない．そこで，本稿では上記を勘案し，降伏モードがⅣとなる接合のみについて耐力表等をまとめた．

5.2.1 接合形式と降伏モードおよび関連係数の整理

（1）接合形式別降伏モード

接合形式（木規準 p.33 図 6.3(a)，p.377 付録 3 付図 3.1 参照）と降伏モード（木規準 p.34 図 6.3(b) 参照）および関連係数を整理して下記に示す．終局強度比および靱性係数の値は，上述の理由により降伏モードⅣのみとしている．また，釘接合の値は，使用期間中の水分変動が温和な条件を想定している．

ⅳ）接合形式（ⅳ）･･･木材側材 1 面せん断型　　　［木規準 p.377 の付録 3 では接合形式 D］

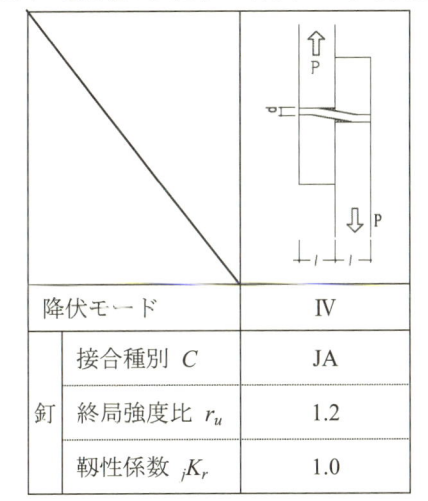

表 5.2.1 接合形式（ⅳ）の降伏モードと関連係数

	降伏モード		Ⅳ
釘	接合種別 C		JA
	終局強度比 r_u		1.2
	靱性係数 $_jK_r$		1.0

ⅴ) 接合形式（ⅴ）…鋼板添え板1面せん断型　　　［木規準 p.377 の付録3では接合形式 E］

表 5.2.2　接合形式（ⅴ）の降伏モードと関連係数

		降伏モード	Ⅳ
釘	接合種別 C		JA
	終局強度比 r_u		1.2
	靭性係数 $_jK_r$		1.0
ラグスクリュー	接合種別 C		JA
	終局強度比 r_u		1.1
	靭性係数 $_jK_r$		1.0

（2）**接合形式係数と関連係数の整理**

　接合形式係数は釘，ラグスクリューともに，モードⅣのみを対象とする．多数本打ちによる低減係数 $_jK_n$ については，釘では n=10 以上で 0.9，n=20 以上で 0.8 とする．ラグスクリューではボルトの $_jK_n$ を適用するものとする．図 5.2.1 はラグスクリューの本数と耐力比に関する実験結果[6]であり，左はモードⅢでの，右はモードⅣでの $_jK_n$ を重ねて示してある．これらのグラフから，ボルトの $_jK_n$ を適用しても差し支えないと考えられる．

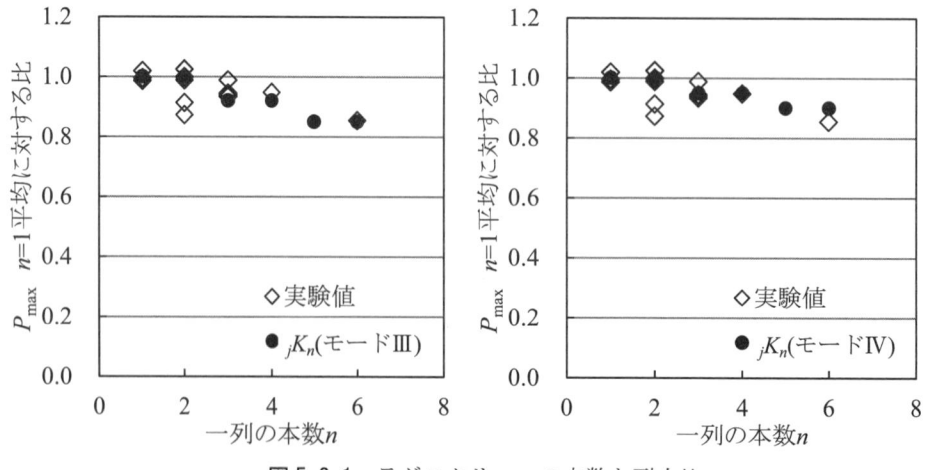

図 5.2.1　ラグスクリューの本数と耐力比

5.2.2 釘：単位接合部の長期許容せん断耐力表

釘の単位接合部について，以下の条件で長期許容せん断耐力を算出し表 5.2.3 にまとめた．

主材：樹種グループ J1～J3

側材：主材と同じ（合板等の面材は除く），鋼板

側材厚さの範囲は，木規準に定められた条件をみたし，かつ降伏モードがモードⅣとなるように定めた．

接合具：N 釘および CN 釘，長さ 50～150mm

表 5.2.3 単位釘接合部の長期許容せん断耐力表

接合形式		木材側材一面せん断（主材樹種＝側材樹種）								鋼板添え板一面せん断		
	樹種	J1			J2			J3			J1	J2	J3
接合具	線径 (mm)	p_a(N)	側材厚(mm)		p_a(N)	側材厚(mm)		p_a(N)	側材厚(mm)		p_a(N)	p_a(N)	p_a(N)
			最小	最大		最小	最大		最小	最大			
N50	2.75	254	20	25	238	22	25	222	23	25	359	337	314
N65	3.05	312	23	37	293	24	37	273	26	37	442	415	386
N75	3.4	359	23	44	337	25	44	314	27	44	508	477	444
N90	3.75	437	26	56	410	27	56	382	29	56	618	580	540
N100	4.2	524	27	62	492	29	62	458	31	62	742	696	648
N115	4.2	524	27	77	492	29	77	458	31	77	742	696	648
N125	4.6	629	30	83	591	32	83	550	34	83	890	836	778
N150	5.2	804	34	103	755	36	103	703	39	103	1137	1068	994
CN50	2.87	277	21	24	260	23	24	242	24	24	391	367	342
CN65	3.33	344	23	35	323	24	35	301	26	35	487	457	426
CN75	3.76	439	26	41	412	27	41	384	29	41	621	583	543
CN90	4.11	502	27	53	471	29	53	439	31	53	710	667	621
CN100	4.88	708	32	56	665	34	56	619	36	56	1001	940	875
CN115	5.26	823	34	67	773	36	67	719	39	67	1164	1093	1017
CN125	5.74	933	36	73	876	38	73	816	41	73	1320	1240	1154
CN140	6.2	1089	38	84	1023	41	84	952	44	84	1540	1446	1346
CN150	6.65	1253	41	90	1176	44	90	1095	47	90	1772	1664	1548

5.2.3 ラグスクリュー：単位接合部の長期許容せん断耐力表

ラグスクリューの単位接合部について，以下の条件で長期許容せん断耐力を算出し表 5.2.4 にまとめた．

主材：樹種グループ J1～J3

側材：鋼板

接合具：呼び径 d = 9～20mm，打ち込み深さ= $8d$ 以上

胴部長さが不十分な場合（側材厚さ+$2d$ 未満）は谷径（ここでは呼び径の 0.7 倍）の値を用いて計算する．

加力方向：繊維平行方向，および繊維直角方向

表 5.2.4 単位ラグスクリュー接合部の長期許容せん断耐力表（繊維平行方向加力）

加力方向	胴部長さ	径	単位接合部 p_a (kN)		
			J1	J2	J3
繊維平行方向	側材厚さ+$2d$ 以上	9.0	5.11	4.80	4.47
		12.0	9.08	8.53	7.94
		16.0	16.15	15.17	14.11
		20.0	25.23	23.70	22.05
	側材厚さ+$2d$ 未満	6.3	2.50	2.35	2.19
		8.4	4.45	4.18	3.89
		11.2	7.91	7.43	6.92
		14.0	12.36	11.61	10.81
繊維直角方向	側材厚さ+$2d$ 以上	9.0	3.61	3.39	3.16
		12.0	6.42	6.03	5.61
		16.0	11.42	10.72	9.98
		20.0	17.84	16.76	15.59
	側材厚さ+$2d$ 未満	6.3	1.77	1.66	1.55
		8.4	3.15	2.96	2.75
		11.2	5.60	5.25	4.89
		14.0	8.74	8.21	7.64

5.3 接合具の仕様

接合具（金物）の仕様は，本会鋼構造設計規準[1]に準ずるが，木質構造で用いる接合具には，中ボルト，ドリフトピンが多用されることや，使用する鋼板は比較的薄いものが多いことから，曲げ加工したものや隅肉溶接が一般的であるといった特徴がある．接合部設計の目安として，接合具の標準的な仕様を示す．

5.3.1 主な鋼材，ボルト等の種別と使用部位

主な鋼材，ボルト等の種別と使用部位は，表 5.3.1 に示す通りである．

表 5.3.1 鋼材種別と主な使用部位[2]

鋼材種別		主な使用部位
建築構造用圧延鋼材	SN400A*	塑性変形性能を期待しない部位，部材に使用
	SN400B*	広く一般の構造部位に使用
建築構造用圧延棒鋼	SNR400B*	アンカーボルト，ターンバックル，ボルト等に用いられる鋼棒
一般構造用圧延鋼材	SS400*	6mm 未満の丸鋼及び鋼材に使用する
一般構造用軽量形鋼	SSC400*	仕上げ材取付用 2 次部材，工作物
建築用ターンバックル	SS400* SNR400B*	耐震ブレース，水平ブレース
六角ボルト， 六角ナット， 座金	ボルトの材質は鋼又はステンレス鋼とする	アンカーボルト，ホールダウン金物用ボルト※，2 次部材の接合用
熱間圧延軟鋼板及び鋼帯	SPHC	羽子板ボルト等の横架材－横架材接合部※ ホールダウン金物等の耐力壁等の柱脚－基礎接合部※
冷間圧延軟鋼板及び鋼帯	SPCC	羽子板ボルト等の横架材－横架材接合部※ ホールダウン金物等の耐力壁等の柱脚－基礎接合部※
溶融亜鉛めっき鋼板及び鋼帯	一般用 SGHC 又は SGCC	山形プレート等の柱－横架材接合部※ ひねり金物等のたるき‐軒桁・母屋接合部※

*) 数字は強さを表す．

※) Z マーク金物又は C マーク金物を用いることが可能

接合金物のボルト，ナット，座金，鋼板の品質は，基本的には特記によるが，特記のない場合は表 5.3.2 の通りとする．また，せん断ボルトの木部用丸座金は特記によるものとし，特記のない場合は表 5.3.3 の通りとする．なお，引張りボルト用の木部座金は，木部めり込み等を考慮して別途検討する．

表 5.3.2　接合具と金物の鋼材種別

鋼材種別		強度区分	仕上
ボルト	JIS B 1180	4.8	中
ナット	JIS B 1181	4T	中
座金	JIS B 1256		中
鋼板	SS400	$F = 235$	

表 5.3.3　せん断ボルト用丸座金の最低寸法（木規準 p.239 表 6.4 参照）

ボルト径	M12	M16	M20
厚さ	3.2	4.5	6
外径	40	60	70
ボルト穴	14	18	22

5.3.2　ボルト，ドリフトピン，ラグスクリュー

（1）ボルト

木材と木材または木材と鋼材を緊結するボルトには，中ボルトが用いられる．一般的には以下のように使用する．

- スプリングワッシャー（SW）を用いる場合はナット側に使用する．ただし，両ねじボルトの場合は，片側に 1 個のみとする．
- 木部には木用座金を用いる．
- 仕上げは電気メッキもしくは溶融亜鉛メッキ：HDZ35 を標準とする．
- ボルト 1 組の長さは，JIS B 1180 の付表，または表 5.3.4 に示す Z ボルト（(財)日本住宅・木材技術センター規格）の長さに示されている呼び長さで示し，締め付け長さに応じて締め付け終了後，ナットの外に 3 山以上ねじ山が出る長さのものを用いる．
- 既製のボルトの中には，呼び径と胴部径が異なる場合があるので，注意が必要である．
- このような曲げ降伏型接合部は，高力ボルト接合のようにナットを強く締め付けることによる張力によって摩擦接合するものではない．したがって，ボルトを曲げ降伏させるために，高力ボルトは用いない．また，ボルトの締め付けトルクは座金にめり込みが生じない程度とする．
- 鋼材同士の接合には高力ボルト摩擦接合とせん断ボルト接合があり，それらの設計においては本会鋼構造設計規準に準ずる．

表 5.3.4　Z ボルトの長さ

呼び径	ボルト長さ (mm)
M12	110, 125, 140, 150, 165, 180, 195, 210, 225, 240, 255, 270, 285, 300, 315, 330, 345, 360, 375, 390, 405, 420, 435, 450, 480, 510, 540, 570, 600
両ネジ M12	210, 240, 270, 300, 330, 360, 390, 420, 450, 480, 510, 540, 570, 600
M16	125, 140, 150, 165, 180, 195, 210, 225, 240, 255, 270, 285, 300, 330, 360, 390, 420, 450, 480, 510, 540, 570, 600
両ネジ M16	300, 400, 500, 600, 800, 1000, 1040, 1100, 1160

（2）ドリフトピン

　木質構造接合部で用いるドリフトピンは，一般に丸鋼（軸径が一定のもの）の端部に面取りやテーパー（円錐状の加工）を施したものが用いられている．ドリフトピンの有効長さはスリットや鋼板の幅を除き，木材と接合具が接している長さとする．打ち込みやすさのためにドリフトピンの先端が傾斜している場合は，傾斜している部分の長さは有効長さに参入しないものとする．また，納まり上，ドリフトピンの材端は材面から若干控えることが多く，埋木をする場合には，その埋木部分を引いた長さで適切に設計することが必要である．

- ドリフトピンの打ち込みは，ドリフトピンの胴部が木材にスムースに密着するようにし，密着面のみがせん断に抵抗するものとして設計することとする．
- 仕上げは電気メッキもしくは溶融亜鉛メッキ：HDZ35 を標準とする．
- 過度な面取りはしないように注意すること．

（3）ラグスクリュー

　ラグスクリューは、材質および形状が規格化された一定の品質を有するものとする．材質は JIS G 3507 に規定される冷間圧造用炭素鋼線材 SWRCH10R あるいはそれと同等以上の強度を有するものとする。

- 仕上げは電気メッキもしくは溶融亜鉛メッキ：HDZ35 を標準とする．
- 一般に流通している製品の長さは表 5.3.5 の通り．しかしながら，胴部が太く短いラグスクリューは，木部で破壊するため，太さに比例した強度は期待できない．ラグスクリューが曲げ降伏して靱性のある接合部を形成させるためには，$l/d \geqq 8$ の寸法のラグスクリューを用いることが望ましい．
- 明確な規格がなく．材質もまちまちである場合があるため，使用するラグスクリューの品質には注意を要する．
- (財)日本住宅・木材技術センターが認証する Z マーク金物の中に，規格化されたラグスクリュー

がある．

表 5.3.5 ラグスクリューのサイズ　　　表中長さは流通品、（　）は特注を示す

呼び径	長さ(mm)
M9	50, 100, 125, 150, 180, 210, 240, (270, 300, 330, 360, 390, 420, 450)
M12	75, 90, 100, 125, 150, 180, 210, (270, 300, 350, 400)
M16	100, 125, 150, (180, 210)
M20	(240, 270)

5.3.3　製作金物

・精度は JASS 6 鉄骨精度指針[3]に準じて管理する．ただし，支圧考慮の接合部（柱脚，剛接合部，胴付部）において木部材を受けるプレートの精度は，$e \leqq b/100$ かつ $e \leqq 1.0\mathrm{mm}$ とする．

・鋼板厚 16mm 以下の溶接は，特記無き限り隅肉溶接とする．

　　　　　鋼板厚　6mm 以下　　例えば両側隅肉溶接 4mm サイズ
　　　　　　　　　9mm 以下　　　〃　　　　　　　6mm サイズ
　　　　　　　　　12mm 以下　　　〃　　　　　　　9mm サイズ
　　　　　　　　　12mm 超　　　隅肉または突合せ

・仕上げは錆止め（JIS K 5625）もしくは，溶融亜鉛メッキ：HDZ55（屋外仕様の場合）を標準とする．

5.4 鋼材部分（金物）の接合部強度

鋼板（金物）およびボルトを用いた接合部では，木材の許容応力の検定のみでなく，金物やボルトの応力検定も必要である．鋼材の接合部設計については，文献 1), 4), 5)に詳述されているので詳しくはそちらを参照されたい．

5.4.1 ボルトと鋼板の接合部耐力

ボルトと鋼板の接合部の代表的な長期許容耐力を表 5.4.1 に示す．なお，ここでは鋼材の短期許容耐力を一律長期許容耐力の 1.5 倍とした．

表 5.4.1 鋼板とボルトの長期応力に対する許容耐力

ボルト			せん断耐力 Q_y^{*1} (kN)		支圧耐力 P_B^{*2} (kN)				引張耐力 T_y^{*3} (kN)
呼び径	軸径 B_0 (mm)	軸部断面積 A_0 (mm^2)	1面せん断	2面せん断	母材板厚 t (mm)				
					4.5	6	9	12	
M12	12	113	10.2	20.4	10.6	14.1	21.2	28.2	13.3
M16	16	201	18.2	36.4	24.9	33.1	49.7	66.3	23.6
M20	20	314	28.4	56.8	58.4	77.9	116.8	155.7	36.9

*1 せん断耐力　$Q_y = n \cdot A_0 \cdot \sigma_y / 1.5\sqrt{3}$　（せん断面は，ボルト軸部とする）

*2 支圧耐力　$P_B = B_0 \cdot t \cdot 1.25\sigma_y / 1.5$

*3 引張耐力　$T_y = 0.75 A_0 \cdot \sigma_y / 1.5$

記号　A_0：ボルト軸部断面積，B_0：ボルト呼び径，n：せん断面の数，t：母材板厚
　　　σ_y：材料の降伏強さ（SS400 の場合，$\sigma_y = 235$ N/mm^2）

曲げ降伏型の接合部では，鋼材部分の接合（ボルトと鋼材）においても，接合部のボルトをボルト軸のせん断と板の支圧によって外力に抵抗させることとなる．したがって，ボルトの材質が高張力鋼であっても，中ボルトと同じ扱いになることに注意する．

5.4.2 鋼材同士のボルト配置

鋼材同士のボルト縁端距離，ピッチは，表5.4.2の通り．

表5.4.2 鋼材のボルト配置間隔

ボルト	縁端距離(mm)	ピッチ(mm)	
呼径(d)	最小[*1]	標準	最小
M12	22	50	30
M16	28	60	40
M20	34	70	50

[*1] せん断縁・手動ガス切断縁．ただし，ファスナーが2本以下あるいは筋違その他主要引張材の場合，ピッチは呼径(d)に対し$2.5d$以上とする．最大縁端距離は板厚の12倍以下かつ150mm以下とする．

5.4.3 溶接部の耐力

(1) 隅肉溶接継目の耐力

前面，側面および斜方隅肉溶接の単位長さあたりの降伏耐力 $_wq_y$ および最大耐力 $_wq_u$ は，下記の式による．

$$_wq_y = (1 + 0.4\cos\theta)\, a \cdot F_y / \sqrt{3}$$

$$_wq_u = (1 + 0.4\cos\theta)\, a \cdot F_u / \sqrt{3}$$

ここに，$_wq_y$：隅肉溶接継ぎ目の単位長さあたりの降伏耐力

$_wq_u$：隅肉溶接継ぎ目の単位長さあたりの最大耐力

a：溶接継ぎ目の有効のど厚　（図5.4.3-1）

$\phi = 90°$ のとき $a = 0.7S$ とする．（ϕ：母材同士のなす角度，S：隅肉の脚長）

θ：作用応力方向に対する隅肉溶接継ぎ目の角度（$\theta = 0°$ のとき前面隅肉，$\theta = 90°$ のとき側面隅肉に相当する．）

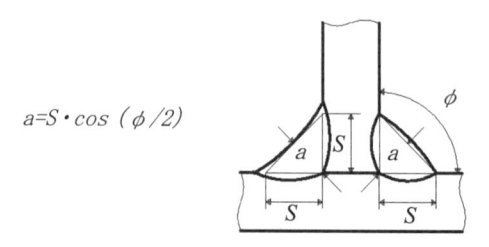

$a = S \cdot \cos(\phi/2)$

図5.4.1 有効のど厚の定義

（2）隅肉溶接における併用継目の降伏耐力および最大耐力

一つの継手に，方向が異なる隅肉溶接を併用する場合は，併用継目の降伏耐力および最大耐力は，それぞれの継目の降伏耐力および最大耐力の和とする．

（3）細則

a) 軸方向力を受ける材の重心軸と隅肉溶接継目群の重心は一致させることを原則とし，一致しない場合には偏心による影響を考慮して設計する．

b) 隅肉サイズは，原則として接合する母材のうち薄い方の板厚以下とする．ただし，T型継手では薄い方の板厚の 1.5 倍まで増すことができる．また，隅肉のサイズは 4mm 以上で，かつ $1.3\sqrt{t}$ (mm)以上（t は厚い方の母材板厚）でなければならない．ただし，隅肉のサイズが 10mm 以上である場合はこの限りではない．

c) 応力を伝達する隅肉溶接の長さは隅肉サイズの 10 倍以上で，かつ 40mm 以上を原則とする．継ぎ目の耐力算定に用いる有効長さ l_e は，回し溶接も含めた溶接全長からサイズの 2 倍を減じた値とする．

d) 側面隅肉溶接の有効長さが有効のど厚の 150 倍を超えるときは，応力の不均等分布を考慮して耐力を低減する．

e) 隅肉溶接により応力を伝達する重ね継手は，2 列以上の隅肉溶接継ぎ目を用いることを原則とし，薄い方の板厚の 5 倍以上，かつ 30mm 以上重ね合わせなければならない．

f) 隅肉溶接が使用できる材間の角度は 60 度から 120 度の範囲とする．

g) 溶接金属の強度を母材の強度と同一にして設計する場合，溶接材料の強度が母材の強度を下回らないように溶接材料を選択し，適切な溶接条件で施工する．

h) 接合金物の設計に際しては，図 5.4.2 に示すように，力の方向と溶接位置を考え，溶接場所を適切に選定する．特に偏心によって溶接部に生じる二次応力は，接合部耐力を低下させる要因となる．また，溶接ひずみや亀裂を避けるため，拘束応力が生じないようにする．

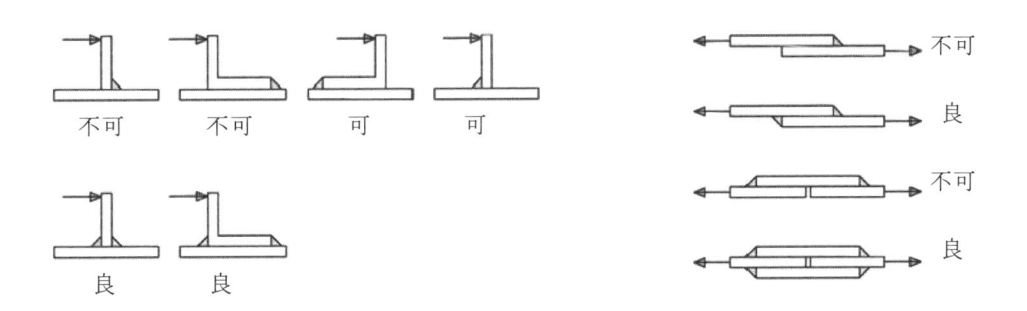

図 5.4.2 溶接時の注意事項

i)溶接継手が交差する場合は，図 5.4.3 のようにスカラップを設けるなど，適切に対処する．

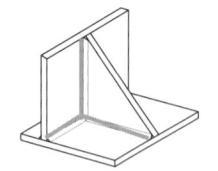

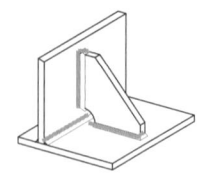

図 5.4.3 溶接継手交差部におけるスカラップの設置

引用文献（第 5 章）

1) 日本建築学会編：鋼構造設計規準－許容応力度設計法－，2005
2) 国土交通省大臣官房官庁営繕部：木造計画・設計基準，2011
3) 日本建築学会編：鉄骨精度測定指針，2007
4) 日本建築学会編：鋼構造接合部設計指針，2012
5) 日本建築学会編：高力ボルト接合設計施工ガイドブック，p.21，2003
6) 小林研治，安村基：鋼板を添板に用いたラグスクリュー接合部の一面せん断性能における接合具本数と配置の影響，日本建築学会大会学術講演梗概集，C-1，構造Ⅲ，pp.575〜576，2012.9

付　録

木材および木質材料の基準特性値については，平成 20 年 9 月現在における最新の日本農林規格および国土交通省告示に基づく数値を掲載．
（木質構造設計規準・同解説(第 4 版第 3 刷)の設計資料と同じ表を掲載している．）

1. 製材の基準特性値

(1) 繊維方向特性値

資料表 1.1 「製材の日本農林規格」目視等級区分構造用製材の繊維方向特性値

樹種	区分	等級	基準材料強度 (N/mm²)				基準許容応力度 (N/mm²)				基準弾性係数 (kN/mm²)		
			F_c	F_t	F_b	F_s	f_c	f_t	f_b	f_s	E_0	$E_{0.05}$	G_0
あかまつ	甲種構造材	1級	27.0	20.4	33.6	2.4	9.0	6.8	11.2	0.8	10.0	6.5	
		2級	16.8	12.6	20.4		5.6	4.2	6.8				
		3級	11.4	9.0	14.4		3.8	3.0	4.8				
	乙種構造材	1級	27.0	16.2	26.4		9.0	5.4	8.8				
		2級	16.8	10.2	16.8		5.6	3.4	5.6				
		3級	11.4	7.2	11.4		3.8	2.4	3.8				
べいまつ	甲種構造材	1級	27.0	20.4	34.2	2.4	9.0	6.8	11.4	0.8	12.0	8.5	
		2級	18.0	13.8	22.8		6.0	4.6	7.6				
		3級	13.8	10.8	17.4		4.6	3.6	5.8				
	乙種構造材	1級	27.0	16.2	27.0		9.0	5.4	9.0				
		2級	18.0	10.8	18.0		6.0	3.6	6.0				
		3級	13.8	8.4	13.8		4.6	2.8	4.6				
からまつ	甲種構造材	1級	23.4	18.0	29.4	2.1	7.8	6.0	9.8	0.7	9.5	6.0	
		2級	20.4	15.6	25.8		6.8	5.2	8.6				
		3級	18.6	13.8	23.4		6.2	4.6	7.8				
	乙種構造材	1級	23.4	14.4	23.4		7.8	4.8	7.8				
		2級	20.4	12.6	20.4		6.8	4.2	6.8				
		3級	18.6	10.8	17.4		6.2	3.6	5.8				
ダフリカからまつ	甲種構造材	1級	28.8	21.6	36.0	2.1	9.6	7.2	12.0	0.7	13.0	9.0	
		2級	25.2	18.6	31.2		8.4	6.2	10.4				
		3級	22.2	16.8	27.6		7.4	5.6	9.2				
	乙種構造材	1級	28.8	17.4	28.8		9.6	5.8	9.6				
		2級	25.2	15.0	25.2		8.4	5.0	8.4				
		3級	22.2	13.2	22.2		7.4	4.4	7.4				
ひば	甲種構造材	1級	28.2	21.0	34.8	2.1	9.4	7.0	11.6	0.7	10.0	7.5	E_0の値の1/15とする.
		2級	27.6	21.0	34.8		9.2	7.0	11.6				
		3級	23.4	18.0	29.4		7.8	6.0	9.8				
	乙種構造材	1級	28.2	16.8	28.2		9.4	5.6	9.4				
		2級	27.6	16.8	27.6		9.2	5.6	9.2				
		3級	23.4	12.6	20.4		7.8	4.2	6.8				
ひのき	甲種構造材	1級	30.6	22.8	38.4	2.1	10.2	7.6	12.8	0.7	11.0	8.5	
		2級	27.0	20.4	34.2		9.0	6.8	11.4				
		3級	23.4	17.4	28.8		7.8	5.8	9.6				
	乙種構造材	1級	30.6	18.6	30.6		10.2	6.2	10.2				
		2級	27.0	16.2	27.0		9.0	5.4	9.0				
		3級	23.4	13.8	23.4		7.8	4.6	7.8				
べいつが	甲種構造材	1級	21.0	15.6	26.4	2.1	7.0	5.2	8.8	0.7	9.5	6.5	
		2級	21.0	15.6	26.4		7.0	5.2	8.8				
		3級	17.4	13.2	21.6		5.8	4.4	7.2				
	乙種構造材	1級	21.0	12.6	21.0		7.0	4.2	7.0				
		2級	21.0	12.6	21.0		7.0	4.2	7.0				
		3級	17.4	10.2	17.4		5.8	3.4	5.8				
えぞまつとどまつ	甲種構造材	1級	27.0	20.4	34.2	1.8	9.0	6.8	11.4	0.6	10.0	7.5	
		2級	22.8	17.4	28.2		7.6	5.8	9.4				
		3級	13.8	10.8	17.4		4.6	3.6	5.8				
	乙種構造材	1級	27.0	16.2	27.0		9.0	5.4	9.0				
		2級	22.8	13.8	22.8		7.6	4.6	7.6				
		3級	13.8	5.4	9.0		4.6	1.8	3.0				
すぎ	甲種構造材	1級	21.6	16.2	27.0	1.8	7.2	5.4	9.0	0.6	7.0	4.5	
		2級	20.4	15.6	25.8		6.8	5.2	8.6				
		3級	18.0	13.8	22.2		6.0	4.6	7.4				
	乙種構造材	1級	21.6	13.2	21.6		7.2	4.4	7.2				
		2級	20.4	12.6	20.4		6.8	4.2	6.8				
		3級	18.0	10.8	18.0		6.0	3.6	6.0				

資料表 1.2 「製材の日本農林規格」機械等級区分構造用製材の繊維方向特性値

樹　　種	等級	基準材料強度 (N/mm²)				基準許容応力度 (N/mm²)				基準弾性係数 (kN/mm²)		
		F_c	F_t	F_b	F_s	f_c	f_t	f_b	f_s	E_0	$E_{0.05}$	G_0
あかまつ, べいまつ, ダフリカからまつ, べいつが, えぞまつ, とどまつ	E 50	—	—	—	資料表 1.7 の樹種に対応した F_s の値とする.	—	—	—	資料表 1.7 の樹種に対応した f_s の値とする.	—	—	E_0 の値の 1/15 とする.
	E 70	9.6	7.2	12.0		3.2	2.4	4.0		6.9	5.9	
	E 90	16.8	12.6	21.0		5.6	4.2	7.0		8.8	7.8	
	E 110	24.6	18.6	30.6		8.2	6.2	10.2		10.8	9.8	
	E 130	31.8	24.0	39.6		10.6	8.0	13.2		12.7	11.8	
	E 150	39.0	29.4	48.6		13.0	9.8	16.2		14.7	13.7	
からまつ, ひのき, ひば	E 50	11.4	8.4	13.8		3.8	2.8	4.6		4.9	3.9	
	E 70	18.0	13.2	22.2		6.0	4.4	7.4		6.9	5.9	
	E 90	24.6	18.6	30.6		8.2	6.2	10.2		8.8	7.8	
	E 110	31.2	23.4	38.4		10.4	7.8	12.8		10.8	9.8	
	E 130	37.8	28.2	46.8		12.6	9.4	15.6		12.7	11.8	
	E 150	44.4	33.0	55.2		14.8	11.0	18.4		14.7	13.7	
す　ぎ	E 50	19.2	14.4	24.0		6.4	4.8	8.0		4.9	3.9	
	E 70	23.4	17.4	29.4		7.8	5.8	9.8		6.9	5.9	
	E 90	28.2	21.0	34.8		9.4	7.0	11.6		8.8	7.8	
	E 110	32.4	24.6	40.8		10.8	8.2	13.6		10.8	9.8	
	E 130	37.2	27.6	46.2		12.4	9.2	15.4		12.7	11.8	
	E 150	41.4	31.2	51.6		13.8	10.4	17.2		14.7	13.7	

資料表 1.3 「枠組壁工法構造用製材の日本農林規格」目視等級製材およびたて継ぎ材の繊維方向特性値

樹種グループ	樹種	区分	等級	基準材料強度 (N/mm²)				基準許容応力度 (N/mm²)				基準弾性係数 (kN/mm²)
				F_c	F_t	F_b	F_s	f_c	f_t	f_b	f_s	E_0
SⅠ	D. fir-L	甲種	特級	25.8	24.0	36.0	2.4	8.6	8.0	12.0	0.8	12.6
			1級	22.2	16.2	24.6		7.4	5.4	8.2		11.7
			2級	19.2	15.0	21.6		6.4	5.0	7.2		10.7
			3級	11.4	8.4	12.6		3.8	2.8	4.2		9.5
		乙種	コンストラクション	21.6	11.4	16.2		7.2	3.8	5.4		10.0
			スタンダード	17.4	6.6	9.6		5.8	2.2	3.2		9.1
			ユーティリティ	11.4	3.0	4.2		3.8	1.0	1.4		8.5
		たて枠用たて継ぎ材		17.4	6.6	9.6		5.8	2.2	3.2		9.2
	Hem-Tam	甲種	特級	18.0	13.8	29.4	2.1	6.0	4.6	9.8	0.7	8.2
			1級	15.0	8.4	18.0		5.0	2.8	6.0		7.5
			2級	12.6	6.6	13.8		4.2	2.2	4.6		7.5
			3級	7.2	3.6	8.4		2.4	1.2	2.8		6.2
		乙種	コンストラクション	14.4	4.8	10.2		4.8	1.6	3.4		6.9
			スタンダード	11.4	3.0	5.4		3.8	1.0	1.8		6.2
			ユーティリティ	7.2	1.2	3.0		2.4	0.4	1.0		5.5
		たて枠用たて継ぎ材		11.4	3.0	5.4		3.8	1.0	1.8		6.2
SⅡ	Hem-Fir	甲種	特級	24.0	22.2	34.2	2.1	8.0	7.4	11.4	0.7	10.6
			1級	20.4	15.0	23.4		6.8	5.0	7.8		9.8
			2級	18.6	12.6	20.4		6.2	4.2	6.8		9.1
			3級	10.8	7.2	12.0		3.6	2.4	4.0		8.1
		乙種	コンストラクション	19.8	9.6	15.6		6.6	3.2	5.2		9.9
			スタンダード	16.8	5.4	9.0		5.6	1.8	3.0		9.0
			ユーティリティ	10.8	2.4	4.2		3.6	0.8	1.4		8.4
		たて枠用たて継ぎ材		16.8	5.4	9.0		5.6	1.8	3.0		9.9
	S-P-F または Spruce-Pine-Fir	甲種	特級	20.4	16.8	30.0	1.8	6.8	5.6	10.0	0.6	10.5
			1級	18.0	12.0	22.2		6.0	4.0	7.4		10.0
			2級	17.4	11.4	21.6		5.8	3.8	7.2		9.6
			3級	10.2	6.6	12.6		3.4	2.2	4.2		9.3
		乙種	コンストラクション	18.6	8.4	16.2		6.2	2.8	5.4		9.8
			スタンダード	15.6	4.8	9.0		5.2	1.6	3.0		8.9
			ユーティリティ	10.2	2.4	4.2		3.4	0.8	1.4		8.3
		たて枠用たて継ぎ材		15.6	4.8	9.0		5.2	1.6	3.0		8.9
	W. Ceder	甲種	特級	15.0	14.4	23.4	1.8	5.0	4.8	7.8	0.6	7.5
			1級	12.6	10.2	16.8		4.2	3.4	5.6		6.9
			2級	10.2	10.2	16.2		3.4	3.4	5.4		6.9
			3級	6.0	6.0	9.6		2.0	2.0	3.2		6.2
		乙種	コンストラクション	11.4	7.2	12.0		3.8	2.4	4.0		6.2
			スタンダード	9.0	4.2	6.6		3.0	1.4	2.2		5.5
			ユーティリティ	6.0	1.8	3.6		2.0	0.6	1.2		5.5
		たて枠用たて継ぎ材		9.0	4.2	6.6		3.0	1.4	2.2		5.5

資料表 1.4 寸法効果係数

寸法型式	応力の種類			
	圧縮:c	引張:t	曲げ:b	せん断:s
104, 203, 204, 404	1.00	1.00	1.00	1.00
106, 206, 406	0.96	0.84	0.84	
208, 408	0.93	0.75	0.75	
210	0.91	0.68	0.68	
212	0.89	0.63	0.63	

［注］ たて枠用たて継ぎ材の規格には寸法型式 203, 404 はない.

資料表 1.5 「枠組壁工法構造用製材の日本農林規格」機械等級（MSR）製材の繊維方向特性値

曲げ応力等級	基準材料強度（N/mm²）				基準許容応力度（N/mm²）				基準弾性係数（kN/mm²）
	F_c	F_t	F_b	F_s	f_c	f_t	f_b	f_s	E_0
900 Fb-1.0 E 900 Fb-1.2 E	9.6	5.4	13.2		3.2	1.8	4.4		6.9 8.2
1200 Fb-1.2 E 1200 Fb-1.5 E	12.6	9.0	17.4		4.2	3.0	5.8		8.2 10.4
1350 Fb-1.3 E 1350 Fb-1.8 E	13.8	11.4	19.8		4.6	3.8	6.6		8.9 12.4
1450 Fb-1.3 E	15.0	12.0	21.0		5.0	4.0	7.0		8.9
1500 Fb-1.3 E 1500 Fb-1.4 E 1500 Fb-1.8 E	15.6	13.2	22.2		5.2	4.4	7.4		8.9 9.6 12.4
1650 Fb-1.3 E 1650 Fb-1.4 E 1650 Fb-1.5 E 1650 Fb-1.8 E	16.8	15.0	24.0	資料表1.3の樹種に対応した値とする.	5.6	5.0	8.0	資料表1.3の樹種に対応した値とする.	8.9 9.6 10.4 12.4
1800 Fb-1.6 E 1800 Fb-2.1 E	18.6	17.4	26.4		6.2	5.8	8.8		11.1 14.5
1950 Fb-1.5 E 1950 Fb-1.7 E	19.8	20.4	28.8		6.6	6.8	9.6		10.4 11.8
2100 Fb-1.8 E	21.6	23.4	30.6		7.2	7.8	10.2		12.4
2250 Fb-1.6 E 2250 Fb-1.9 E	22.8	25.8	33.0		7.6	8.6	11.0		11.1 13.4
2400 Fb-1.7 E 2400 Fb-2.0 E	24.6	28.2	34.8		8.2	9.4	11.6		11.8 13.8
2550 Fb-2.1 E	26.4	30.0	37.2		8.8	10.0	12.4		14.5
2700 Fb-2.2 E	27.6	31.2	39.6		9.2	10.4	13.2		15.2
2850 Fb-2.3 E	29.4	33.6	41.4		9.8	11.2	13.8		15.9
3000 Fb-2.4 E	30.6	34.8	43.8		10.2	11.6	14.6		16.6
3150 Fb-2.5 E	32.4	36.6	45.6		10.8	12.2	15.2		17.2
3300 Fb-2.6 E	33.6	38.4	48.0		11.2	12.8	16.0		17.9

資料表 1.6 「日本建築学会木質構造設計規準・同解説」普通構造材の繊維方向特性値

樹　種		基準材料強度 (N/mm²)				基準許容応力度 (N/mm²)				基準弾性係数 (kN/mm²)		
		F_c	F_t	F_b	F_s	f_c	f_t	f_b	f_s	E_0	$E_{0.05}$	G_0
針葉樹	Ⅰ類 べいまつ，ダフリカからまつ	22.2	17.7	28.2	資料表1.7の樹種に対応した値とする.	7.4	5.9	9.4	資料表1.7の樹種に対応した値とする.	10.0	6.5	E_0の値の1/15とする.
	Ⅱ類 ひば，ひのき，べいひ	20.7	16.2	26.7		6.9	5.4	8.9		9.0	6.0	
	Ⅲ類 あかまつ，くろまつ，からまつ，つが，べいつが	19.2	14.7	25.2		6.4	4.9	8.4		8.0	5.5	
	Ⅳ類 もみ，えぞまつ，とどまつ，べにまつ，すぎ，べいすぎ，スプルース	17.7	13.5	22.2		5.9	4.5	7.4		7.0	4.5	
広葉樹	Ⅰ類 かし	27.0	24.0	38.4		9.0	8.0	12.8		10.0	6.5	
	Ⅱ類 くり，なら，ぶな，けやき，アピトン	21.0	18.0	29.4		7.0	6.0	9.8		8.0	5.5	
	Ⅲ類 ラワン	21.0	14.7	26.7		7.0	4.9	8.9		7.0	4.5	

[注] 繊維に直角方向の弾性係数 $_\perp E$ は，繊維方向の弾性係数 E の 1/25 としてよい.

資料表 1.7 「製材の日本農林規格」目視等級区分構造用製材および機械等級区分構造用製材、「日本建築学会木質構造設計規準・同解説」普通構造材のせん断特性値

樹　種		基準材料強度 (N/mm²)	基準許容応力度 (N/mm²)
		F_s	f_s
針葉樹	あかまつ，くろまつ，べいまつ	2.4	0.8
	ダフリカからまつ，からまつ，ひば，ひのき，べいひ，つが，べいつが	2.1	0.7
	もみ，えぞまつ，とどまつ，べにまつ，すぎ，べいすぎ，スプルース	1.8	0.6
広葉樹	かし	4.2	1.4
	くり，なら，ぶな，けやき，アピトン	3.0	1.0
	ラワン	1.8	0.6

(2) 繊維に直角方向の特性値

資料表 1.8 「製材の日本農林規格」目視等級区分構造用製材および機械等級区分構造用製材，「日本建築学会木質構造設計規準・同解説」普通構造材の繊維に直角方向の特性値

樹　　種			基準材料強度 (N/mm²)			基準許容応力度 (N/mm²)		
			部分圧縮（めり込み）		(ハ)全面圧縮	部分圧縮（めり込み）		(ハ)全面圧縮
			(イ)材中間部	(ロ)材端		(イ)材中間部	(ロ)材端	
針葉樹	Ⅰ類	べいまつ，ダフリカからまつ	9.0	7.2	2.8	3.0	2.4	0.93
	Ⅱ類	ひば，ひのき，べいひ	7.8	6.2	2.6	2.6	2.1	0.87
	Ⅲ類	あかまつ，くろまつ，からまつ，つが，べいつが	7.8	6.2	2.4	2.6	2.1	0.80
	Ⅳ類	もみ，えぞまつ，とどまつ，べにまつ，すぎ，べいすぎ，スプルース	6.0	4.8	2.2	2.0	1.6	0.73
広葉樹	Ⅰ類	かし	12.0	9.0	5.4	4.0	3.0	1.80
	Ⅱ類	くり，なら，ぶな，けやき，アピトン	10.8	8.1	4.2	3.6	2.7	1.40
	Ⅲ類	ラワン	9.0	6.8	4.2	3.0	2.3	1.40

［注］ 特性値の増減については，付図を参照のこと

資料表 1.9 「枠組壁工法構造用製材の日本農林規格」製材およびたて継ぎ材の繊維に直角方向の特性値

樹種グループ	樹　種	基準材料強度 (N/mm²)			基準許容応力度 (N/mm²)		
		部分圧縮（めり込み）		(ハ)全面圧縮	部分圧縮（めり込み）		(ハ)全面圧縮
		(イ)材中間部	(ロ)材端		(イ)材中間部	(ロ)材端	
SⅠ	D. fir-L	9.0	7.2	2.8	3.0	2.4	0.93
	Hem-Tam	7.8	6.2	2.6	2.6	2.1	0.87
SⅡ	Hem-Fir	6.0	4.8	2.2	2.0	1.6	0.73
	S-P-F または Spruce-Pine-Fir						
	W Ceder						

［注］ 特性値の増減については，付図を参照のこと

資料表 1.8 および 1.9 の付図

	許容めり込み応力度		許容圧縮応力度
	（イ）材中間部におけるめり込み	（ロ）材端におけるめり込み	（ハ）全面圧縮
加力状態		① $d \geq 100\,\mathrm{mm}：a \leq 100\,\mathrm{mm}$ ② $d < 100\,\mathrm{mm}：a \leq d$	

特性値の増減
1) ほぞなどを有することにより少量のめり込みを生じても構造上の支障がないと判断される場合，または少量のめり込みを生じても不都合の生じない構造の場合には，許容めり込み応力度を次の値の範囲以内で割り増して適用してよい．
   ① 長期および中長期の場合：基準許容応力度の 1.5 倍以下（割増し係数として表せば，長期許容応力度で 1.36，中長期許容応力度で 1.05）
   ② 中短期の場合：基準許容応力度の 2 倍以下（割増し係数として表せば，中短期許容応力度で 1.25）
2) 変形が重要となる構造物においては，状況に応じて表の値を低減して適用する．
3) 受圧面が追柾（おいまさ）の場合は，表の値を 2/3 として適用する．

(3) 繊維に傾斜する方向の特性値

資料表 1.10 繊維に傾斜する方向の特性値（すべての製材に共通）

繊維方向と加力方向とのなす角度 θ	基準材料強度または基準許容応力度
$0 \leq \theta \leq 10°$	繊維方向の値（資料表 1.1〜1.7）
$10° < \theta < 70°$	直線補間した値
$70° \leq \theta < 90°$	繊維に直角方向の値（資料表 1.8〜1.9）

2. 集成材・集成柱の基準特性値

(1) 繊維方向の特性値

資料表 2.1 「集成材の日本農林規格」構造用集成材(同一等級構成集成材)の繊維方向特性値 [(x-x 軸)、(y-y 軸) 同じ数値]

ひき板の積層数	強度等級	基準材料強度 (N/mm²)			基準許容応力度 (N/mm²)			基準弾性係数 (kN/mm²)	
		F_c	F_t	F_b	f_c	f_t	f_b	E_{c0}, E_{t0}, E_{b0}	$E_{c0.05}{}^*, E_{t0.05}{}^*, E_{b0.05}{}^*$
4枚以上	E 190-F 615	50.3	43.9	61.5	16.8	14.6	20.5	19.0	16.0
	E 170-F 540	44.6	38.9	54.0	14.9	13.0	18.0	17.0	14.0
	E 150-F 465	39.2	34.2	46.5	13.1	11.4	15.5	15.0	12.5
	E 135-F 405	33.4	29.2	40.5	11.1	9.7	13.5	13.5	11.5
	E 120-F 375	30.1	26.3	37.5	10.0	8.8	12.5	12.0	10.0
	E 105-F 345	28.1	24.5	34.5	9.4	8.2	11.5	10.5	9.0
	E 95-F 315	26.0	22.7	31.5	8.7	7.6	10.5	9.5	8.0
	E 85-F 300	24.3	21.2	30.0	8.1	7.1	10.0	8.5	7.0
	E 75-F 270	22.3	19.4	27.0	7.4	6.5	9.0	7.5	6.5
	E 65-F 255	20.6	18.0	25.5	6.9	6.0	8.5	6.5	5.5
	E55—F225	18.6	16.2	22.5	6.2	5.4	7.5	5.5	4.5
3枚	E 190-F 555	45.8	40.3	55.5	15.3	13.4	18.5	19.0	16.0
	E 170-F 495	40.5	35.6	49.5	13.5	11.9	16.5	17.0	14.0
	E 150-F 435	35.6	31.4	43.5	11.9	10.5	14.5	15.0	12.5
	E 135-F 375	30.4	26.7	37.5	10.1	8.9	12.5	13.5	11.5
	E 120-F 330	27.4	24.1	33.0	9.1	8.0	11.0	12.0	10.0
	E 105-F 300	25.5	22.4	30.0	8.5	7.5	10.0	10.5	9.0
	E 95-F 285	23.6	20.8	28.5	7.9	6.9	9.5	9.5	8.0
	E 85-F 270	22.1	19.5	27.0	7.4	6.5	9.0	8.5	7.0
	E 75-F 255	20.3	17.8	25.5	6.8	5.9	8.5	7.5	6.5
	E 65-F 240	18.8	16.5	24.0	6.3	5.5	8.0	6.5	5.5
	E55—F225	16.9	14.9	22.5	5.6	5.0	7.5	5.5	4.5
2枚	E 190-F 510	45.8	36.6	51.0	15.3	12.2	17.0	19.0	16.0
	E 170-F 450	40.5	32.4	45.0	13.5	10.8	15.0	17.0	14.0
	E 150-F 390	35.6	28.5	39.0	11.9	9.5	13.0	15.0	12.5
	E 135-F 345	30.4	24.3	34.5	10.1	8.1	11.5	13.5	11.5
	E 120-F 300	27.4	21.9	30.0	9.1	7.3	10.0	12.0	10.0
	E 105-F 285	25.5	20.4	28.5	8.5	6.8	9.5	10.5	9.0
	E 95-F 270	23.6	18.9	27.0	7.9	6.3	9.0	9.5	8.0
	E 85-F 255	22.1	17.7	25.5	7.4	5.9	8.5	8.5	7.0
	E 75-F 240	20.3	16.2	24.0	6.8	5.4	8.0	7.5	6.5
	E 65-F 225	18.8	15.0	22.5	6.3	5.0	7.5	6.5	5.5
	E 55-F 200	16.9	13.5	20.0	5.6	4.5	6.7	5.5	4.5

[注] *:弾性係数の信頼水準75%における95%下側許容限界値

資料表 2.2 「集成材の日本農林規格」構造用集成材（対称異等級構成集成材・特定対称異等級構成集成材）の繊維方向特性値

集成材の等級	基準材料強度 (N/mm²)				基準許容応力度 (N/mm²)				基準弾性係数 (kN/mm²)					
	F_c	F_t	F_b		f_c	f_t	f_b		E_c, E_t			E_b		
			$F_{bx \cdot x}$	$F_{by \cdot y}$			$f_{bx \cdot x}$	$f_{by \cdot y}$	E_{c0}, E_{t0}	$E_{c0.05}^*, E_{t0.05}^*$		$E_{bx \cdot x0}$	$E_{by \cdot y0}$	$E_{bx \cdot x0.05}^*$	$E_{by \cdot y0.05}^*$
E 170-F 495	38.4	33.5	49.5	35.4	12.8	11.2	16.5	11.8	15.5	13.0	17.0	15.5	14.0	13.0
E 150-F 435	33.4	29.2	43.5	30.6	11.1	9.7	14.5	10.2	13.5	11.5	15.0	13.5	12.5	11.5
E 135-F 375	29.7	25.9	37.5	27.6	9.9	8.6	12.5	9.2	12.0	10.0	13.5	12.0	11.5	10.0
E 120-F 330	25.9	22.4	33.0	24.0	8.6	7.5	11.0	8.0	11.0	9.0	12.0	11.0	10.0	9.0
E 105-F 300	23.2	20.2	30.0	21.6	7.7	6.7	10.0	7.2	9.5	8.0	10.5	9.5	9.0	8.0
E 95-F 270	21.7	18.9	27.0	20.4	7.2	6.3	9.0	6.8	8.5	7.0	9.5	8.5	8.0	7.0
E 85-F 255	19.5	17.0	25.5	18.0	6.5	5.7	8.5	6.0	7.5	6.5	8.5	7.5	7.0	6.5
E 75-F 240	17.6	15.3	24.0	15.6	5.9	5.1	8.0	5.2	6.5	5.5	7.5	6.5	6.5	5.5
E 65-F 225	16.7	14.6	22.5	15.0	5.6	4.9	7.5	5.0	6.0	5.0	6.5	6.0	5.5	5.0
E 65-F 220	15.3	13.4	22.0	12.6	5.1	4.5	7.3	4.2	5.5	4.5	6.5	5.5	5.5	4.5
E 55-F 200	13.3	11.6	20.0	10.2	4.4	3.9	6.7	3.4	4.5	4.0	5.5	4.5	4.5	4.0
ME 120-F 330	20.2	17.6	33.0	12.7	6.7	5.9	11.0	4.2	8.3	6.9	12.0	8.3	10.0	6.9
ME 105-F 300	17.9	15.6	30.0	11.7	6.0	5.2	10.0	3.9	7.5	6.3	10.5	7.5	9.0	6.3
ME 95-F 270	16.6	14.5	27.0	11.1	5.5	4.8	9.0	3.7	6.9	5.7	9.5	6.9	8.0	5.7
ME 85-F 255	15.9	13.9	25.5	11.0	5.3	4.6	8.5	3.7	6.3	5.2	8.5	6.3	7.0	5.2

[注] ＊：弾性係数の信頼水準 75% における 95% 下側許容限界値

資料表 2.3 「集成材の日本農林規格」構造用集成材（非対称異等級構成集成材）の繊維方向特性値

強度等級	基準材料強度 (N/mm²)						基準許容応力度 (N/mm²)						基準弾性係数 (kN/mm²)			
	F_c	F_t	正の曲げ		負の曲げ		f_c	f_t	正の曲げ		負の曲げ		$E_{c0}, E_{t0}, E_{by \cdot y0}$	$E_{c0.05}^*, E_{t0.05}^*, E_{by \cdot y0.05}^*$	$E_{bx \cdot x0}$	$E_{bx \cdot x0.05}^*$
			$F_{bx \cdot x}$	$F_{by \cdot y}$	$F_{bx \cdot x}$	$F_{by \cdot y}$			$f_{bx \cdot x}$	$f_{by \cdot y}$	$f_{bx \cdot x}$	$f_{by \cdot y}$				
E 160-F 480	36.5	31.8	48.0	31.8	34.5	31.8	12.2	10.6	16.0	10.6	11.5	10.6	14.5	12.0	16.0	13.5
E 140-F 420	31.7	27.7	42.0	27.0	28.5	27.0	10.6	9.2	14.0	9.0	9.5	9.0	13.0	11.0	14.0	11.5
E 125-F 360	28.2	24.6	36.0	24.0	25.5	24.0	9.4	8.2	12.0	8.0	8.5	8.0	11.5	10.0	12.5	10.5
E 110-F 315	24.5	21.3	31.5	21.6	24.0	21.6	8.2	7.1	10.5	7.2	8.0	7.2	10.0	8.5	11.0	9.0
E 100-F 285	22.1	19.3	28.5	19.2	22.5	19.2	7.4	6.4	9.5	6.4	7.5	6.4	9.0	7.5	10.0	8.5
E 90-F 255	20.7	18.1	25.5	18.0	21.0	18.0	6.9	6.0	8.5	6.0	7.0	6.0	8.0	6.5	9.0	7.5
E 80-F 240	18.5	16.2	24.0	15.0	19.5	15.0	6.2	5.4	8.0	5.0	6.5	5.0	7.0	6.0	8.0	6.5
E 70-F 225	16.6	14.5	22.5	13.8	18.0	13.8	5.5	4.8	7.5	4.6	6.0	4.6	6.0	5.5	7.0	6.0
E 60-F 210	15.7	13.7	21.0	12.3	16.5	13.2	5.2	4.6	7.0	4.4	5.5	4.4	5.5	5.0	6.0	5.0
E 60-F 205	14.3	12.5	20.5	10.8	16.0	10.8	4.8	4.2	6.8	3.6	5.3	3.6	5.0	4.5	6.0	5.0
E 50-F 170	12.2	10.6	17.0	8.4	14.0	8.4	4.1	3.5	5.7	2.8	4.7	2.8	4.0	3.5	5.0	4.5

[注] ＊：弾性係数の信頼水準 75% における 95% 下側許容限界値
x-x は，x 軸回りの特性値，y-y は y 軸回りの特性値

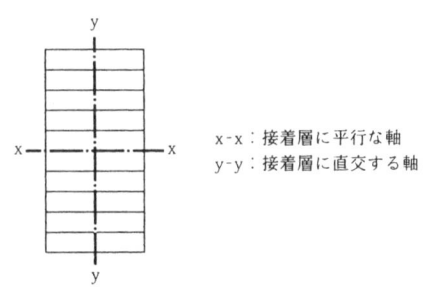

x-x：接着層に平行な軸
y-y：接着層に直交する軸

集成材・集成柱の断面座標

資料表 2.4 「集成材の日本農林規格」化粧ばり構造用集成柱の繊維方向特性値
[(x-x 軸), (y-y 軸) 同じ数値]

樹　　種	基準材料強度 (N/mm²)			基準許容応力度 (N/mm²)			基準弾性係数 (N/mm²)	
	F_c	F_t	F_b	f_c	f_t	f_b	E_{c0}, E_{t0}, E_{b0}	$E_{c0.05}$*, $E_{t0.05}$*, $E_{b0.05}$*
アピトン	36.6	32.4	45.6	12.2	10.8	15.2	13.0	11.0
いたやかえで，かば，ぶな，みずなら，けやき，ダフリカからまつ，サザンパイン，べいまつ	31.8	28.2	40.2	10.6	9.4	13.4	11.5	10.0
ひのき，ひば，からまつ，あかまつ，くろまつ，べいひ	29.4	25.8	37.2	9.8	8.6	12.4	10.5	9.0
つが，たも，しおじ，にれ，アラスカイエローシーダー，ラジアタパイン，べいつが	27.6	24.0	34.2	9.2	8.0	11.4	9.5	8.0
もみ，とどまつ，えぞまつ，べいもみ，スプルース，ロッジポールパイン，べにまつ，ポンデローサパイン，おうしゅうあかまつ，ラワン，ジャックパイン	25.2	22.2	31.2	8.4	7.4	10.4	8.5	7.5
すぎ，べいすぎ，ホワイトサイプレスパイン	24.0	21.0	29.4	8.0	7.0	9.8	7.5	6.5

[注]　＊：弾性係数の信頼水準 75% における 95% 下側許容限界値

資料表 2.5 集成材（全種類）・集成柱のせん断に対する特性値

せん断応力が生じる部分のひき板の樹種	せん断応力に対する基準材料強度 (N/mm²)		せん断応力に対する基準許容応力度 (N/mm²)		せん断応力に対する基準弾性係数 (kN/mm²)
	$F_{sx \cdot x}$	$F_{sy \cdot y}$	$f_{sx \cdot x}$	$f_{sy \cdot y}$	G_0
いたやかえで，かば，ぶな，みずなら，けやき，アピトン	4.8	4.2	1.6	1.4	
たも，しおじ，にれ	4.2	3.6	1.4	1.2	
ひのき，ひば，あかまつ，くろまつ，からまつ，ダフリカからまつ，べいまつ，サザンパイン，べいひ，ホワイトサイプレスパイン	3.6	3.0	1.2	1.0	E_0 の値の 1/15 とする
つが，アラスカイエローシーダー，べにまつ，ラジアタパイン，べいつが	3.3	2.7	1.1	0.9	
もみ，とどまつ，えぞまつ，べいもみ，スプルース，ロッジポールパイン，ポンデローサパイン，おうしゅうあかまつ，ラワン，ジャックパイン	3.0	2.4	1.0	0.8	
すぎ，べいすぎ	2.7	2.1	0.9	0.7	

ただし，せん断面に幅はぎ未評価ラミナを含む構造用集成材にあっては，表中の数値に 0.6 を乗じた数値とする

(2) 繊維に直角方向の特性値

資料表 2.6 繊維に直角方向の特性値（同一等級、対称異等級、非対称異等級の各構造用集成材、構造用集成柱に共通）

めり込みの応力が生じる部分のひき板の樹種	基準材料強度（N/mm²）			基準許容応力度（N/mm²）		
	部分圧縮（めり込み）		(ハ)全面圧縮	部分圧縮（めり込み）		(ハ)全面圧縮
	(イ)材中間部	(ロ)材端		(イ)材中間部	(ロ)材端	
いたやかえで、かば、ぶな、みずなら、けやき、アピトン	10.8	8.1	4.2	3.6	2.7	1.4
たも、しおじ、にれ、ラワン	9.6	7.2	3.6	3.2	2.4	1.3
ひのき、ひば、あかまつ、くろまつ、からまつ、ダフリカからまつ、べいまつ、サザンパイン、べいひ、ホワイトサイプレスパイン	8.1	6.6	3.0	2.7	2.2	1.0
つが、アラスカイエローシーダー、べにまつ、ラジアタパイン、べいつが	7.5	6.0	2.7	2.5	2.0	0.9
もみ、とどまつ、えぞまつ、べいもみ、スプルース、ロッジポールパイン、ポンデローサパイン、おうしゅうあかまつ、ラワン、ジャックパイン	6.6	5.1	2.4	2.2	1.7	0.8
すぎ、べいすぎ	6.0	4.8	2.1	2.0	1.6	0.7

1) 部分圧縮（めり込み）および全面圧縮の状態については，資料表 1.7 および 1.8 の付図を参照のこと
2) 全面圧縮の場合には，集成材を構成するひき板の中の最小値とする．

(3) 繊維に傾斜する方向の特性値

資料表 2.7 繊維に傾斜する方向の特性値（同一等級、対称異等級、非対称異等級の各構造用集成材、構造用集成柱に共通）

繊維方向と加力方向とのなす角度 θ	基準材料強度または基準許容応力度
$0 \leq \theta \leq 10°$	繊維方向の値（資料表 2.1〜2.5）
$10° < \theta < 70°$	直線補間した値
$70° \leq \theta \leq 90°$	繊維に直角方向の値（資料表 2.6）

3. 構造用単板積層材の基準特性値

(1) 繊維方向の特性値

資料表 3.1 「単板積層材の日本農林規格」構造用単板積層材の繊維方向特性値

[(x-x 軸)、(y-y 軸) 同じ数値]

曲げヤング係数区分	等級	基準材料強度 (N/mm²)			基準許容応力度 (N/mm²)			基準弾性係数 (kN/mm²)	
		F_c	F_t	F_b	f_c	f_t	f_b	E_0	$E_{c\,0.05}$*
180 E	特級	46.8	34.8	58.2	15.6	11.6	19.4	18.0	15.5
	1級	45.0	30.0	49.8	15.0	10.0	16.6		
	2級	42.0	25.2	42.0	14.0	8.4	14.0		
160 E	特級	41.4	31.2	51.6	13.8	10.4	17.2	16.0	14.0
	1級	40.2	27.0	44.4	13.4	9.0	14.8		
	2級	37.2	22.2	37.2	12.4	7.4	12.4		
140 E	特級	36.0	27.0	45.0	12.0	9.0	15.0	14.0	12.0
	1級	34.8	23.4	39.0	11.6	7.8	13.0		
	2級	32.4	19.8	32.4	10.8	6.6	10.8		
120 E	特級	31.2	23.4	39.0	10.4	7.8	13.0	12.0	10.5
	1級	30.0	19.8	33.0	10.0	6.6	11.0		
	2級	27.6	16.8	27.6	9.2	5.6	9.2		
110 E	特級	28.2	21.6	35.4	9.4	7.2	11.8	11.0	9.0
	1級	27.0	18.0	30.0	9.0	6.0	10.0		
	2級	25.8	15.6	25.8	8.6	5.2	8.6		
100 E	特級	25.8	19.8	32.4	8.6	6.6	10.8	10.0	8.5
	1級	25.2	16.8	27.6	8.4	5.6	9.2		
	2級	23.4	14.4	23.4	7.8	4.8	7.8		
90 E	特級	23.4	17.4	28.8	7.8	5.8	9.6	9.0	7.5
	1級	22.8	15.0	25.2	7.6	5.0	8.4		
	2級	21.0	12.6	21.0	7.0	4.2	7.0		
80 E	特級	21.0	15.6	25.8	7.0	5.2	8.6	8.0	7.0
	1級	19.8	13.2	22.2	6.6	4.4	7.4		
	2級	18.6	11.4	18.6	6.2	3.8	6.2		
70 E	特級	18.0	13.8	22.8	6.0	4.6	7.6	7.0	6.0
	1級	17.4	12.0	19.8	5.8	4.0	6.6		
	2級	16.2	9.6	16.2	5.4	3.2	5.4		
60 E	特級	15.6	12.0	19.8	5.2	4.0	6.6	6.0	5.0
	1級	15.0	10.2	16.8	5.0	3.4	5.6		
	2級	13.8	8.4	13.8	4.6	2.8	4.6		

[注] ＊：弾性係数の信頼水準75%における95%下側許容限界値

資料表 3.2 「単板積層材の日本農林規格」構造用単板積層材のせん断特性値

水平せん断性能の区分	基準材料強度 (N/mm²)		基準許容応力度 (N/mm²)		基準弾性係数 (kN/mm²)
	$F_{sx\text{-}x}$	$F_{sy\text{-}y}$	$f_{sx\text{-}x}$	$f_{sy\text{-}y}$	G_0
65 V-55 H	4.2	3.6	1.4	1.2	E_0 の値の 1/15 とする
60 V-51 H	3.9	3.3	1.3	1.1	
55 V-47 H	3.6	3.0	1.2	1.0	
50 V-43 H	3.3	2.7	1.1	0.9	
45 V-38 H	3.0	2.4	1.0	0.8	
40 V-34 H	2.7	2.1	0.9	0.7	
35 V-30 H	2.4	1.8	0.8	0.6	

(2) 繊維に直角方向の特性値

構造用単板積層材については、「2. 集成材・集成柱の繊維に直角方向の特性値」資料表 2.6 の「ひき板」を「単板」に読み替えて適用する。

(3) 繊維に傾斜する方向の特性値

資料表 3.3 繊維に傾斜する方向の特性値

繊維方向と加力方向とのなす角度 θ	基準材料強度または基準許容応力度
$0° \leqq \theta \leqq 10°$	繊維方向の値（資料表 3.1）
$10° < \theta < 70°$	直線補間した値
$70° \leqq \theta \leqq 90°$	繊維に直角方向の値（資料表 2.6）

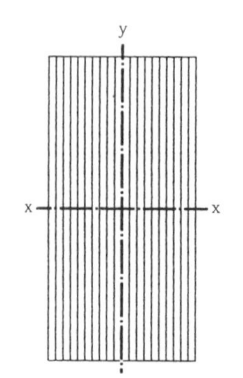

x-x：接着層に直交する軸
y-y：接着層に平行する軸
［集成材の場合とは異なることに注意］

構造用単板積層材の断面座標

4. 日本農林規格構造用合板の基準特性値

資料表 4.1 「合板の日本農林規格」構造用合板（1級）の表板の繊維に平行方向の基準許容応力度（1級構造用合板の見掛けの全断面に対する値）

厚さ (mm)	積層数	基準許容応力度 (N/mm²)								
		曲げ f_b			引張 f_t			圧縮 f_c		
		A-A B-B	A-C B-C C-C	A-D B-D C-D D-D	A-A B-B	A-C B-C C-C	A-D B-D C-D D-D	A-A B-B	A-C B-C C-C	A-D B-D C-D D-D
5.0	3	10.5	9.5	8.5	6.5	6.0	5.5	4.5	4.0	4.0
6.0	3	9.5	9.0	8.0	5.5	5.0	4.5	4.0	3.5	3.5
7.5	5	8.5	8.0	7.0	6.0	5.5	5.0	4.0	4.0	3.5
9.0	5	8.0	7.0	6.5	5.0	4.5	4.0	3.5	3.5	3.0
12.0	5	6.5	6.0	5.5	5.0	4.5	4.0	3.5	3.5	3.0
15.0	7	6.0	5.5	5.0	4.0	3.5	3.0	3.0	2.5	2.5
18.0	7	6.0	5.5	5.0	5.0	4.5	4.0	3.5	3.5	3.0
21.0	7	6.5	6.0	5.5	5.0	4.5	4.0	3.5	3.5	3.0
24.0	9	6.5	6.0	5.5	5.0	4.5	4.0	3.5	3.5	3.0

［注］ 記号 A, B, C, D は単板の等級を表す.「合板の日本農林規格」を参照.

資料表 4.2 「合板の日本農林規格」構造用合板（1級）の表板の繊維に直角方向の基準許容応力度（1級構造用合板の見掛けの全断面に対する値）

厚さ (mm)	積層数	基準許容応力度 (N/mm²)								
		曲げ f_b			引張 f_t			圧縮 f_c		
		A-A B-B	A-C B-C C-C	A-D B-D C-D D-D	A-A B-B	A-C B-C C-C	A-D B-D C-D D-D	A-A B-B	A-C B-C C-C	A-D B-D C-D D-D
5.0	3	2.0	2.0	2.0	3.5	3.5	3.5	2.5	2.5	2.5
6.0	3	3.5	3.5	3.5	4.5	4.5	4.5	3.5	3.5	3.5
7.5	5	3.0	3.0	3.0	3.5	3.5	3.5	2.5	2.5	2.5
9.0	5	4.0	4.0	4.0	4.5	4.5	4.5	3.5	3.5	3.5
12.0	5	5.0	5.0	5.0	4.5	4.5	4.5	3.5	3.5	3.5
15.0	7	5.0	5.0	5.0	5.5	5.5	5.5	4.0	4.0	4.0
18.0	7	5.0	5.0	5.0	4.5	4.5	4.5	3.5	3.5	3.5
21.0	7	4.5	4.5	4.5	4.5	4.5	4.5	3.5	3.5	3.5
24.0	9	4.5	4.5	4.5	4.5	4.5	4.5	3.5	3.5	3.5

［注］ 記号 A, B, C, D は単板の等級を表す.「合板の日本農林規格」を参照.

資料表 4.3 「合板の日本農林規格」構造用合板（1級）の表板の繊維と45度をなす方向の基準許容応力度（1級構造用合板の見掛けの全断面に対する値）

応力の種類		表板の繊維方向に対する応力の方向	応力の種類	基準許容応力度（N/mm²）		
				A-A B-B	A-C B-C C-C	A-D B-D C-D D-D
引張り		45°	f_t	1.8	1.6	1.5
圧縮		45°	f_c	2.4	2.3	2.2
めり込み		面に直角	$f_{c\perp}$	2.0	2.0	2.0
せん断	面内	0°, 90° 45°	f_s	1.4 2.8	1.3 2.6	1.2 2.4
	層内 （ローリング）	0°, 90° 45°	f_r	0.4 0.5	0.4 0.5	0.4 0.5

［注］ 記号 A, B, C, D は単板の等級を表す．「合板の日本農林規格」を参照．

資料表 4.4 「合板の日本農林規格」構造用合板（1級）の基準弾性係数（1級構造用合板の見掛けの全断面に対する値）

（単位：kN/mm²）

厚さ (mm)	積層数	ヤング係数（E）				せん断弾性係数（G）	
		曲げ		引張および圧縮			
		0°	90°	0°	90°	0°, 90°	45°
5.0	3	8.5	0.5	5.5	3.5		
6.0	3	8.0	1.0	4.5	4.5		
7.5	5	7.0	2.0	5.5	3.5		
9.0	5	6.5	2.5	4.5	4.5		
12.0	5	5.5	3.5	4.5	4.5	0.4	2.5
15.0	7	5.0	4.0	3.5	5.5		
18.0	7	5.0	4.0	4.5	4.5		
21.0	7	5.5	3.5	4.5	4.5		
24.0	9	5.5	3.5	4.5	4.5		

［注］ 0°, 90°, 45° は表板の繊維方向に対する応力の方向，値は等級にかかわらない．

資料表4.5 「合板の日本農林規格」ラワン合板（1級）で単板構成を変えた場合の単板の許容応力度および合板としての基準許容応力度の計算式

（単位：N/mm²）

応力の種類			表板の繊維方向に対する応力の方向	合板等級と単板の許容応力度			合板の基準許容応力度[1]の計算式
				A-A B-B	A-C B-C C-C	A-D B-D C-D D-D	
曲げ		f_b	0°	11.0	10.0	9.0	$f_b \cdot Z_0/Z_p$
			90°	9.0	9.0	9.0	$K^{[2]} \cdot f_b \cdot Z_{90}/Z_p$
引張り		f_t	0°	11.0[3]	10.0[3]	9.0[3]	$f_t \cdot A_0/A_p$
			90°	8.8	9.0	9.0	$f_t \cdot A_{90}/A_p$
			45°	1.8	1.6	1.5	全断面[5]
圧縮		f_c	0°	7.5[4]	7.0[4]	6.5[4]	$f_c \cdot A_0/A_p$
			90°	6.5	6.5	6.5	$f_c \cdot A_{90}/A_p$
			45°	2.4	2.3	2.2	全断面[5]
めり込み		$f_{c\perp}$	面に直角	2.0	2.0	2.0	全断面[5]
せん断	面内	f_s	0°, 90°	1.4	1.3	1.2	全断面[5]
			45°	2.8	2.6	2.4	
	層内（ローリング）	f_r	0°, 90°	0.4	0.4	0.4	
			45°	0.5	0.5	0.5	

[注] 1) A_0：繊維方向が表板のそれに平行な単板の断面積の総和.
　　　A_{90}：繊維方向が表板のそれに直角な単板の断面積の総和.
　　　A_p：合板の全断面積 $A_p = A_0 + A_{90}$
　　　I_0：繊維方向の表板のそれに平行な単板の，合板の中立軸に関する断面2次モーメントの総和.
　　　I_{90}：繊維方向の表板のそれに直角な単板の，合板の中立軸に関する断面2次モーメントの総和.
　　　I_p：合板の断面2次モーメント $I_p = I_0 + I_{90}$
　　　Z_0：繊維方向の表板のそれに平行な単板についての断面係数 $Z_0 = 2I_0/h_p$　h_p は合板の厚さ.
　　　Z_{90}：繊維方向の表板のそれに直角な単板についての断面係数.
　　　Z_p：合板の断面係数 $Z_p = 2I_0/h_p$
　　2) 3プライのみ $K=1.5$，5プライ以上は $K=1.0$
　　3) 3プライのみ．5プライ以上は 1.0 N/mm² 減じた値をとる．
　　4) 3プライのみ．5プライ以上は 0.5 N/mm² 減じた値をとる．
　　5) 表の値がそのまま合板の値．

資料表 4.6 「合板の日本農林規格」単板構成のみが異なるラワン合板（1級）の基準弾性係数の計算法

（単位；kN/mm²）

弾性係数の種類	表板の繊維方向に対する応力の方向	単板の基準弾性係数[1]	合板の基準弾性係数の計算法
ヤング係数 E	0°, 90°	9.0	$E \cdot I_0/I_p$, $E \cdot I_{90}/I_p$
せん断弾性係数 G	0°, 90° 45°	0.4 2.5	全断面[2]

［注］ 1) 値は等級によらない.
　　　 2) 表の値がそのまま合板の値.

資料表 4.7 「合板の日本農林規格」E−F表示構造用合板（1級）の基準特性値

強度等級	基準許容応力度（N/mm²）				基準曲げヤング係数（kN/mm²）		基準せん断弾性係数(0°, 90°)(kN/mm²)
	曲げ		せん断				
	0°	90°	面内	層内	0°	90°	
E 50-F 160	4.0	単板数が3の場合1.2 単板数が4の場合1.6 単板数が5の場合2.2 単板数が6以上の場合2.5	等級によらず 0.8	等級によらず 0.4	5.0	単板数が3の場合0.4 単板数が4の場合1.1 単板数が5の場合1.8 単板数が6以上の場合2.2	等級によらず 0.4
E 55-F 175	4.3				5.5		
E 60-F 190	4.7				6.0		
E 65-F 205	5.0				6.5		
E 70-F 220	5.5				7.0		
E 75-F 245	6.1				7.5		
E 80-F 270	6.7				8.0		

資料表 4.8 「合板の日本農林規格」構造用合板（2級）の基準特性値

厚さ（mm）	基準許容応力度（N/mm²）				基準曲げヤング係数（kN/mm²）		基準せん断弾性係数(0°, 90°)(kN/mm²)
	曲げ		せん断				
	0°	90°	面内	層内	0°	90°	
5	5.2	厚さによらず 0.8	厚さによらず 0.8	厚さによらず 0.4	6.5	0.4	厚さによらず 0.4
6	4.8				6.5	0.3	
7.5	4.3				5.5	0.3	
9	3.9				5.0	0.3	
12	3.3				4.0	0.3	
15	2.7				4.0	0.6	
18	2.4				4.0	1.1	
21	2.2				4.0	1.1	
24 以上	2.2				3.5	1.4	

［注］ 中間の厚さについては比例計算で求める.

資料表 4.9 「合板の日本農林規格」有効断面係数比表示構造用合板（2 級）の基準特性値

（単位：kN/mm²）

厚さ（mm）	基準曲げヤング係数		基準許容曲げ応力度		基準許容せん断応力度 基準せん断弾性係数
	0°	90°	0°	90°	
5	6.5				
6	6.5				
7.5	5.5				
9	5.0				
12	4.0	$E_0 \cdot \left(\dfrac{1-R_0}{R_0}\right) \cdot K$	$\dfrac{F}{8} \cdot R_0$	$\dfrac{F}{8} \cdot R_{90} \cdot K$	資料表 4.8 と同じ
15	4.0				
18	4.0				
21	4.0				
24 以上	3.5				

[注] E_0：0° 方向基準曲げヤング係数
　　　R_0：0° 方向有効断面係数比（$=Z_0/Z_p, I_0/I_p$）
　　　R_{90}：90° 方向有効断面係数比（$=Z_{90}/Z_p$）
　　　K：3 ply の場合 1.5，その他の場合 1.0
　　　F：使用されている樹種のなかで強度が最も低い樹種の曲げ強さの 5％ 下限値．
　　　　　不明の場合はエンゲルマンスプルースの値 43.9 N/mm² を使用してもよい．
　　　式中の係数 1/8 の意味：節等の欠点による低減係数 1/2，安全係数 1/2，基準化係数 1/2．

資料表 4.10 「合板の日本農林規格」構造用合板の合水率調整係数（含水率 25％以上）

許容応力度に対する調整係数		弾性係数に対する調整係数	
応力の種類	調 整 係 数	弾性係数の種類	調 整 係 数
曲げ・引張り・せん断	0.6	ヤング係数	0.8
圧　　縮	0.4	せん断弾性係数	0.6

含水率が 15％ と 25％ の中間にある場合の許容応力度と弾性係数の調整係数は直接補間で求める．
なお，合板の含水率が 20％ を超えるような状態で長期間使用される場合は，特類合板を使用する．

5. 木材の基準比重と対応樹種、および基準支圧強度

資料表 5.1 木材の比重と支圧強度

グループ	樹種	基準比重	基準支圧強度(N/mm^2)	
			繊維方向	繊維直角方向
J1	べいまつ・くろまつ・あかまつ・からまつ・つが 等 (比重が 0.50 程度のもの)	0.42	25.4	12.7
J2	べいひ・べいつが・ひば・ひのき・もみ 等 (比重が 0.44 程度のもの)	0.37	22.4	11.2
J3	とどまつ・えぞまつ・べにまつ・スプルース・すぎ・べいすぎ 等 (比重が 0.38 程度のもの)	0.32	19.4	9.7

注1：接合具の径(d)は 26mm 以下．径が 26mm を越える場合は実験等により求める．
注2：釘は荷重方向にかかわらず繊維方向の値をとる．
注3：荷重方向が繊維に傾斜する場合は、本書表 2.2.3 又は(本書 2.3)式により求める．

6. 終局強度比

資料表 6.1 終局強度比 (r_u) の値

単位接合部の降伏モード	終局強度比 r_u
I	1.0
II または III	1.1
IV	1.2

7. 割裂破壊定数

資料表 7.1 割裂破壊定数 (C_r) の値

樹種グループ	C_r (N/mm$^{1.5}$)
J1	12.0
J2	10.0
J3	8.0

8. 列本数による耐力低減係数

資料表 8.1 1列のボルト本数（n）による耐力の低減係数（$_jK_n$）

単位接合部の降伏モード	1列のボルト本数（n）			
	1〜2	3〜4	5〜6	7〜10
[I]	1.0	0.9	0.8	0.7
[II][III]	1.0	0.92	0.85	0.8
[IV]	1.0	0.95	0.9	

9. 靭性係数

資料表 9.1 靭性係数（$_jK_r$）の値

接合種別	靭性係数 $_jK_r$
JA	1.0
JB	0.9
JC	0.75

10. 荷重継続期間影響係数

資料表 10.1 荷重継続期間影響係数（$_jK_d$）の値

荷重継続期間	荷重継続期間影響係数 $_jK_d$
長期	1.1
中長期（長期積雪時）	1.43
中短期（短期積雪時）	1.6
短期	2

11. 含水率影響係数

資料表 11.1 含水率影響係数（$_jK_m$）の値

使用環境	含水率影響係数 $_jK_m$
I	0.7
II	0.8
III	1

木質構造接合部設計事例集

| 2012年10月20日 | 第1版第1刷 |
| 2022年5月20日 | 第5刷 |

編 集 著作人	一般社団法人　日 本 建 築 学 会
印刷所	株 式 会 社 愛 甲 社
発行所	一般社団法人　日 本 建 築 学 会

108-8414　東京都港区芝5-26-20
電　話・(03) 3 4 5 6 - 2 0 5 1
Ｆ Ａ Ｘ・(03) 3 4 5 6 - 2 0 5 8
http://www.aij.or.jp/

発売所　丸 善 出 版 株 式 会 社

101-0051　東京都千代田区神田神保町2-17
神田神保町ビル
電　話・(03) 3 5 1 2 - 3 2 5 6

Ⓒ 日本建築学会 2012

ISBN978-4-8189-0605-1 C3052